La reliure traditionnelle 1993

DES

CLASSES DANGEREUSES

DE LA POPULATION

DANS LES GRANDES VILLES.

I.

IMPRIMÉ CHEZ PAUL RENOUARD, RUE GARANCIÈRE, 5.

DES

CLASSES DANGEREUSES

DE LA POPULATION

DANS LES GRANDES VILLES,

ET

DES MOYENS DE LES RENDRE MEILLEURES.

OUVRAGE RÉCOMPENSÉ EN 1838,

PAR L'INSTITUT DE FRANCE (ACADÉMIE DES SCIENCES MORALES ET POLITIQUES).

PAR H.-A. FRÉGIER,

CHEF DE BUREAU A LA PRÉFECTURE DE LA SEINE.

Tome premier.

A PARIS,

CHEZ J.-B. BAILLIÈRE,

LIBRAIRE DE L'ACADÉMIE ROYALE DE MÉDECINE,

RUE DE L'ÉCOLE-DE-MÉDECINE, N° 17.

LONDRES, H. BAILLIÈRE, 219, REGENT-STREET.

1840.

AVANT-PROPOS.

La question de morale qui a donné lieu à la recherche et à l'étude des faits d'après lesquels cet ouvrage a été conçu et rédigé primitivement, avait pour objet de déterminer les élémens dont se compose, dans les grandes villes, la partie de la population réputée dangereuse, par ses vices, son ignorance et sa misère, et d'indiquer les moyens à employer pour la rendre meilleure. (1)

Cette question, quoique fort importante, si l'on en juge par les termes mêmes de son énoncé, était cependant restreinte à l'observation d'une classe spéciale : la classe dangereuse et ignorante. Afin d'offrir un tableau complet de la lie des grandes villes,

---

(1) Voici les termes même de la question mise au concours par l'Académie des sciences morales et politiques : *Rechercher d'après des observations positives, quels sont les élémens dont se compose à Paris, ou dans toute autre grande ville, cette partie de la population qui forme une classe dangereuse par ses vices, son ignorance et sa misère; indiquer les moyens, que l'administration, les hommes riches ou aisés, les ouvriers intelligens et laborieux pourraient employer pour améliorer cette classe dangereuse et dépravée.*

j'aurais dû ajouter au point de vue marqué dans le programme de l'Académie des sciences morales et politiques un autre point de vue beaucoup moins étendu, mais non moins curieux : celui de la classe dangereuse lettrée, à cause du rôle que l'intelligence joue dans la dépravation des individus auxquels ce point de vue se rapporte. Mais les limites assignées par l'Académie à la question mise au concours, m'imposaient le devoir de ne pas sortir du cadre, qu'elle avait tracé aux concurrens. Je dus, en conséquence, laisser dans l'ombre la partie de la population dangereuse, qui formait le complément naturel de mon mémoire.

Lorsque je fus informé de la distinction dont l'Académie avait bien voulu honorer ce travail, et de la récompense qu'elle m'avait décernée, j'éprouvai aussitôt le besoin d'agrandir le plan de mon ouvrage. Je dis mon ouvrage, car le manuscrit du mémoire envoyé par moi au concours, n'avait pas moins de 400 pages in-folio. J'entrepris de nouvelles recherches, et je fus bientôt à portée de remplir le vide forcé de mon premier plan qui n'était et ne pouvait être que celui de l'Académie. En me déterminant à donner plus de développement u sujet de mon mémoire, je pris à tâche en même temps de me conformer scrupuleusement aux observations judicieuses de l'Académie qui m'avait signalé quelques imperfections.

L'œuvre que je publie est le produit des nouvelles recherches que j'ai faites, et de la refonte d'une partie de mon premier travail. J'aurais voulu indiquer ici les changemens et les additions que j'ai apportés au mémoire qui a obtenu le suffrage de l'Académie, afin de n'être pas taxé d'étendre son approbation à des idées et à des opinions qu'elle n'aurait pas été à même d'apprécier. Mais, toute réflexion faite, j'ai cru qu'il serait plus convenable d'appeler par des notes l'attention du lecteur sur les parties neuves de mon travail, au fur et à mesure qu'elles passeraient sous ses yeux.

Ce livre est, tout ensemble, un ouvrage d'administration et de morale. L'administrateur y trouvera des documens et des traits de mœurs peu connus jusqu'ici, sur les classes vicieuses et misérables qui foisonnent dans la ville de Paris, de même que dans les autres capitales du monde civilisé. Il pourra juger des précautions et des moyens répressifs employés par l'autorité publique pour garantir l'ordre intérieur de cette grande cité, ainsi que la sûreté de ses habitans et de leurs propriétés. Le moraliste, en lisant le même ouvrage, aura la faculté d'y étudier le vice dans ses principales variétés, d'en approfondir les causes, et de suivre pas à pas le progrès de ses développemens.

La morale s'est constamment produite dans les écrits des philosophes sous des formes didactiques et purement spéculatives; ses préceptes, son utilité, son influence sur le bonheur de l'homme, y sont exposés avec une raison élevée, avec une onction touchante, avec une éloquence pleine d'énergie. J'ai cru devoir m'imposer un autre rôle. Il m'a semblé que la morale basée sur les faits, et découlant du fond même de la narration, offrirait un nouvel aspect et un nouvel attrait. L'histoire n'est si intéressante que parce que la sentence de l'historien est placée à côté du fait, et qu'elle s'efface quelquefois pour laisser au fait tout seul le soin d'instruire, ou, pour mieux dire, d'enseigner le lecteur. Il en est de même des jeux de la scène; il en est de même de l'apologue.

Cette union des faits et de la morale m'a paru si naturelle et si féconde, que dans la partie philosophique de mon travail, j'ai jugé convenable de m'interdire toute espèce d'artifice oratoire. J'ai décrit les mœurs du vice, ses désordres et ses excès. Je l'ai personnifié, caractérisé, dans les principales conditions de la société, et j'ai ensuite rappelé les lois éternelles du devoir, en essayant, autant que je le pouvais, de rajeunir leur application par des moyens nouveaux. Du reste, les moralistes ont beau s'efforcer de varier leur thème sur le sujet le plus élevé, mais le plus commun des exercices de la pensée, le travail et l'ordre viendront toujours se placer sous leur plume, au premier rang des vérités morales. Ces vérités ne m'ont jamais plus frappé qu'en rédigeant cet écrit. La logique et le sens intime me les auraient apprises, alors même que je les aurais ignorées, et elles jaillissaient si lumineuses des faits que je racontais, qu'il me semblait que nul, avant moi, n'avait encore énoncé ces préceptes antiques de la sagesse humaine.

Les données statistiques sur la classe vicieuse, proprement dite, et sur la classe dangereuse, qui font l'objet de la première partie de cet écrit, reposent les unes sur des chiffres positifs, les autres sur des aperçus et des évaluations approximatives. Ces dernières données ont quelque chose de vague et d'arbitraire, parce qu'elles échappent à toute appréciation et à tout calcul positif, à la différence des publications statistiques analogues du gouvernement où sont consignés tous les faits accomplis de la justice criminelle. La diversité de ces deux espèces de données devait nécessairement se reproduire dans le but propre à chacune d'elles. En effet, les publications

ERRATA.

Page 10, ligne 13, ou, *lisez* : et.
— 37, — 5, reprochés, *lisez* : reprochées.
— 39, — 13, eu, *lisez* : eus.
— Ibid. — 16, aisés, *lisez* : aisées.
— 63, — 10, ainsi, à retrancher.
— 77, — 21, contradiction, *lisez* : contradictoire.
— 100, — 9, dissolues, *lisez* : dissolus.
— 111, — 2, au sommaire; ajoutez aisée à classe vicieuse.
— 254, — 26, des, *lisez* : de.
— 297, — 8, leur, *lisez* : lui.
— 304, — 10, et, *lisez* : et que.
— 326, — 23, cohabition, *lisez* : cohabitation.
— 344, — 8, les conditions, *lisez* : la condition.
— 384, — 7, les travailleurs, *lisez* : le travailleur.
— Ibid. — 10, moyens, *lisez* : moyens de travail.
— 387, — 16, pour, *lisez* : par.
— 390, — Voyez en remarque, qu'ils forment, *lisez* : qu'ils ont formées.
— 395, — 5, livrée, *lisez* : livrées.
— 401, — 4, loi, *lisez* : foi.
— 412, — 12, sa, *lisez* : la.

DES

CLASSES DANGEREUSES

DE LA POPULATION

DANS LES GRANDES VILLES.

INTRODUCTION. [1]

Chez tous les peuples, même chez les plus policés et les plus moraux, le vice se montre dans tous les rangs de la société. Il n'en saurait être autrement, puisque le vice est inhérent à l'imperfection de notre nature, et que, s'il est au pouvoir de l'homme de ne pas faillir en dirigeant ses passions vers un but moral et en les contenant dans une juste mesure, il est au-dessus de ses forces d'être impeccable. L'homme le meilleur est donc celui qui est

---

(1) Cette partie a été refaite presque entièrement.

le moins vicieux ; la loi de l'humanité le veut ainsi. La religion dont l'objet est d'élever l'homme à la contemplation des vérités éternelles, à l'amour de la justice et du beau moral, ne désespère jamais du salut de ceux qu'elle enseigne. En faisant des efforts continuels pour épurer leurs penchans, elle les soutient dans leur chute et les relève avec tendresse dès qu'ils ouvrent leur âme au repentir. La philosophie plus froide, mais non moins consolante, compatit aussi par la douceur de ses préceptes à la faiblesse de la nature humaine. Amortir l'action des sens, travailler au perfectionnement moral de l'homme, telle est la double tâche de la religion et de la philosophie.

Toutefois, la doctrine de l'une et de l'autre n'ayant point une sanction visible et palpable, puisque cette sanction est toute spirituelle, il s'ensuit que, là où les croyances sont affaiblies, là où la conscience n'exerce que peu d'empire, là où elle se déprave, l'homme demeure sans frein et abandonné à sa propre faiblesse; entraîné par la fougue des sens, étourdi par les plaisirs, il ne cède qu'à la fatigue et à la satiété; il ne s'arrête, il ne se repose que pour recommencer ; il vit désormais dans les sens et pour les sens; il n'a d'autre fin que le plaisir, et ce plaisir est porté presque toujours jusqu'à la bassesse et à la brutalité.

L'homme vicieux, car c'est lui que nous venons de peindre, s'avilit peu-à-peu dans quelque condition qu'il se trouve placé, et afflige ou corrompt par son exemple tous ceux qui l'entourent. Riche, il ôte à la bienfaisance ce qu'il donne à la débauche et à d'autres excès ; il tarit par la contagion de ses désordres et de ses leçons la source des sentimens honnêtes dans le cœur des personnes que leur fortune et leur rang mettent en rapport avec ui; pauvre, il impose à sa famille et à lui-même des privations pénibles pour se plonger dans l'ivresse ou pour se livrer à la funeste passion du jeu, et ses écarts sont encore plus dangereux que ceux du riche, car, dans la classe pauvre, le desir s'exaspère d'autant plus que celui qui l'éprouve a moins de moyens de le satisfaire.

Tant que les désordres du vicieux ne tournent qu'à son préjudice, il ne saurait être inquiété que par sa conscience, car il n'est justiciable alors que des lois de la morale. Le cri du remords est le seul châtiment qui lui soit réservé, et encore ce châtiment ne se fait sentir au-dedans de lui qu'autant que sa conscience n'est pas tout-à-fait dépourvue de moralité. L'homme est libre non-seulement d'abuser de ses facultés contre lui-même, mais aussi d'engloutir dans sa propre ruine la fortune et les moyens d'existence de sa famille, sans encourir d'autre peine que la désapprobation de son sens intime. Ce dernier usage de sa liberté est tout ensemble monstrueux et tyrannique, et pourtant, il est fondé, il faut bien le dire, sur la puissance du père de famille, telle que nos mœurs l'ont faite.

La liberté de l'homme n'est contrainte de s'arrêter que devant l'intérêt de la société. Ici commence un nouvel ordre de choses ; nous sortons de l'ordre moral pour entrer dans l'ordre civil. L'établissement de toute société repose sur un pacte qui exige de la part de chaque membre du corps social, le respect du droit d'autrui; qui dit société civile, dit subordination, discipline; et comme cette subordination, cette discipline, serait illusoire si elle n'était placée sous l'empire des lois, le dépositaire des forces sociales, c'est-à-dire le législateur, a dû punir les atteintes portées à ces lois par des peines plus ou moins sévères, suivant la gravité des infractions.

D'après la constitution actuelle des sociétés dans le monde civilisé, les lois pénales ont exclusivement pour but la répression des actes nuisibles à l'intérêt collectif de la société, ou à l'intérêt particulier des individus. Là où il n'y a ni offense ni dommage envers autrui, l'action pénale n'a point de prise : telle est la ligne de démarcation qui sépare le domaine de la loi civile du domaine de la loi morale.

Cependant, bien que le législateur ne se soit préoccupé que des actes qualifiés dans les codes des nations, contraventions, délits ou crimes, il n'en est pas moins vrai, que ces actes sont le produit du relâchement ou de la dépravation des mœurs, et que celles-ci sont en réalité la cause génératrice du crime aussi bien que de la vertu. Ceci prouve combien un homme d'état, prudent et habile, a droit de s'inquiéter du perfectionnement moral du pays qu'il est appelé à gouverner. En effet, plus les mœurs d'un peuple sont sages et conformes aux saines notions du bon et de l'honnête, plus le gouvernement de ce peuple est facile; les mœurs, quand elles sont bien réglées, étant généralement plus sévères dans leurs habitudes que les lois dans leurs prescriptions, il s'ensuit que, par leur influence, elles contribuent plus que toute autre cause au bon ordre de la société, et qu'elles en sont, tout à-la-fois, le plus ferme soutien et le plus riche ornement.

Malgré la juste sollicitude des gens de bien pour l'intégrité des mœurs, l'art social est si compliqué et si difficile, qu'il y aurait de l'injustice et de la déraison à rendre les gouvernemens responsables de la direction des mœurs privées, quand la philosophie elle-même a posé en principe que la vie domestique devait être murée. Les gouvernemens ne peuvent concourir au perfectionnement des mœurs que de deux façons, ou par un bon système d'éducation, ou par l'exercice d'une surveillance sévère sur tout ce qui peut avoir pour effet de porter atteinte à l'honnêteté publique. Le soin direct, et, si je puis ainsi parler, l'élaboration des mœurs privées appartient au père de famille et au ministre de la religion; mais principalement au premier, qui, sous ce rapport, semble tenir dans ses mains, non-seulement la destinée des membres de sa famille, mais encore celle de la société tout entière qui, à vrai dire, n'est autre que l'image multiple de la famille.

Les lois pénales et l'autorité chargée de veiller à leur exécution ayant pour but essentiel de réprimer les attaques dirigées contre la société, c'est-à-dire, contre les choses et les personnes qui l'intéressent, il suit de là que l'administration doit porter ses regards bien moins sur les classes vicieuses que sur celles qui, joignant au vice la perversité et le dénûment sont justement suspectes de vivre aux dépens de la société. Le vicieux riche ou aisé, qui dissipe son superflu et même une partie de son capital en plaisirs condamnables, inspire la pitié et le dégoût, mais non la crainte; il ne devient dangereux que lorsqu'il reste sans moyens d'existence et sans goût pour le travail. Mais ce dernier cas est rare : dans les classes qui jouissent de la fortune ou de l'aisance, le vicieux est prévoyant : il ne donne au plaisir et à la dissipation que ce qu'il ne peut pas retrancher aux nécessités de la vie. C'est ce qui explique pourquoi les classes moyennes et élevées de la société fournissent en général peu de recrues à la criminalité.

Les classes pauvres et vicieuses ont toujours été et seront toujours la pépinière la plus productive de toutes les sortes de malfaiteurs : ce sont elles que nous désignerons plus particulièrement sous le titre de *classes dangereuses;* car, lors même que le vice n'est pas accompagné de la perversité, par cela qu'il s'allie à la pauvreté dans le même individu, il est un juste sujet de crainte pour la société, il est dangereux. Le danger social s'accroît et devient de plus en plus pressant, au fur et à mesure que le pauvre détériore sa condition par le vice et, ce qui est pis par l'oisiveté. Du moment que le pauvre, livré à de mauvaises passions, cesse de travailler, il se pose comme ennemi de la société, parce qu'il en méconnaît la loi suprême, qui est le travail.

La classe oisive, errante et vicieuse, foisonne dans les grandes villes et y afflue du dehors attirée par l'appât d'un gain illicite. Ce gain environné de hasards et fertile en émotions fortes, est plus capable de tenter des individus gouvernés par leurs passions, que le salaire légitime d'un honnête travail; profondément dépravée, cette classe désole la société autant par ses attentats que par ses pernicieuses leçons; elle tient par des liens étroits et cachés aux maisons de débauche, donne la main à la partie corrompue des classes ouvrières et s'étudie à gagner par l'attrait de l'indépendance et de l'esprit d'aventure les enfans ignorans et crédules de ces mêmes classes; ennemie par la destinée qu'elle s'est faite à elle-même de la sûreté des personnes et des propriétés, elle travaille secrètement à ravir à celui qui ne possède rien l'estime de soi-même, afin d'en faire un disciple de sa dépravation et plus tard un complice de ses crimes.

Ce que nous venons de dire des avances faites par le vice audacieux et malfaisant à la portion déjà gâtée des classes ouvrières, n'est que trop vrai. En effet, ceux qui exercent une profession, mais qui dissipent le salaire de leur travail pour satisfaire des penchans vicieux, se rapprochent par la nature de leurs goûts de la classe réputée suspecte et dangereuse; ils l'attirent à leur insu par ce trait de ressemblance et l'enhardissent à préconiser devant eux le vice qu'ils mettent tous également en pratique. Cette funeste sympathie du vice produit bientôt des fruits amers. Ces malheureux, qui, par l'exercice de leur profession, se rattachaient encore en apparence à la masse des ouvriers honnêtes et laborieux, dépouillent peu-à-peu, sous la maligne influence de leurs compagnons de désordres, les habitudes de travail qui leur restaient et finissent par embrasser leur vie fainéante et criminelle.

Parmi les individus qui composent la classe suspecte et dangereuse, il en est qui n'ont encore subi aucune condamnation, et d'autres, au contraire, qui ont séjourné plus ou moins long-temps dans les prisons par suite des délits ou des crimes dont ils ont été convaincus; ceux-ci, désignés sous le nom de condamnés libérés, se montrent pour la plupart, en rentrant dans la société, rétifs au joug des lois et des nécessités sociales et forment la classe la plus dépravée comme la plus redoutable de la population dangereuse.

La majeure partie de cette population est illétrée, ou ne connaît guère que les premiers rudimens de la langue. A côté d'elle, viennent se grouper ces êtres équivoques en apparence, mais avilis et pervers au fond, qui se complaisent dans les grandes cités et surtout à Paris, vivant moitié du salaire qu'ils gagnent par leur travail, moitié de rapine et d'escroquerie; ils tiennent le milieu entre les voleurs de bas étage et les escrocs de bel air ; ils ont un pied dans la société légale et un pied dans la geôle où ils sont destinés à mourir quand ils ne meurent pas à l'hôpital des suites de leurs excès. Nés la plupart de parens honnêtes et aisés, ayant reçu de l'instruction, mais n'ayant pas su en profiter, paresseux et adonnés au vice de bonne heure, ils quittent, après de nombreux désordres, la maison paternelle pour se réfugier dans les grands centres de population. Là ils se recherchent, se rassemblent, s'excitent à l'envi contre la société qu'ils calomnient, et composent cette tourbe d'hommes dangereux qui se grossit ou se renouvelle tous les jours en recevant dans son sein le rebut de toutes les professions qui tiennent de près ou de loin aux arts libéraux.

C'est en partie de là et en partie des classes élevées de la société que sortent ces escrocs remarquables par leurs manières souples et élégantes qui établissent le théâtre de leurs exploits, soit dans les maisons de jeu tenues par des femmes galantes, dont ils sont les affidés, soit dans les salons fréquentés par la société la plus recherchée et la plus polie.

Les femmes figurent aussi parmi les élémens de la population vicieuse et suspecte des grandes villes. Quoiqu'elles n'y soient qu'en minorité, elles n'en sont pas moins un ressort très puissant et très redoutable de cette population qui est toute passionnée. S'il est vrai qu'on ne pourrait sans partialité et sans injustice contester l'influence douce, pacifique et moralisante des femmes sur la société, on ne saurait nier non plus que celles qui dédaignent d'exercer cette noble influence, et qui préfèrent à une vie pure et retirée la triste célébrité du scandale et du vice, ne contribuent d'une manière très active à corrompre dans le cœur des masses, le sentiment moral qu'elles devraient épurer, et ne jouent un rôle important comme cause première ou comme instrument dans tous les genres d'attentats qui affligent la société.

Cette partie des classes dangereuses se recrute dans tous les rangs de la hiérarchie sociale, dans les plus élevés comme dans les plus bas; elle embrasse toutes les variétés de la dépravation, la prostituée, la proxénète qui trafique de la personne de celle-ci, la femme galante, complice de l'escroc et la voleuse.

Les enfans fournissent eux-mêmes des élémens à la classe corrompue qui désole la société, tant le vice est contagieux. Il en est qui, à peine adolescens, ont complètement rompu avec leurs familles et ne subsistent dans leur état d'isolement et de vagabondage qu'à l'aide de petits vols et de méfaits de toute espèce.

En écrivant sur les classes dangereuses, je me suis appliqué à donner à mes recherches toute l'étendue que réclamait la nature même du sujet ; la circonscription de mon plan n'a pas été la partie la moins difficile de la tâche que j'avais à remplir. Dans certaines classes de la société, le vice porté à l'excès, confinant pour ainsi dire au crime, j'ai dû tracer le tableau des désordres des portions vicieuses de ces classes, avant d'entreprendre celui de leurs méfaits. C'est de cette manière que j'ai été conduit à esquisser les mœurs des classes ouvrières pour montrer clairement la liaison qui existe entre le vice et la perversité. La progression de l'un à l'autre est d'autant plus rapide parmi ces dernières classes, que le vicieux a moins de moyens d'y satisfaire ses penchans et qu'il est moins éclairé. J'ai essayé de faire ressortir la même liaison, en ce qui touche la paresse et les excès familiers à un certain nombre d'individus appartenant aux rangs aisés de la société ; on en jugera par les détails de mœurs que je fournirai, en m'occupant des catégories dans lesquelles ces individus se trouvent placés.

Les explications dans lesquelles je viens d'entrer, ne peuvent manquer de faire comprendre au lecteur, pourquoi j'ai confondu sous la dénomination unique de *classes dangereuses*, la portion suspecte de la population, en même temps que la portion de celle-ci, dépravée par ses vices. Les rapports étroits qui existent entre elles ne me permettaient pas de les séparer, quoique au fond il y eût une extrême injustice à les frapper indistinctement de la même réprobation.

Convenait-il de placer sous la rubrique de *classes dangereuses*, comme un élément nécessaire du plan que je me suis tracé, les individus qui fomentent les séditions populaires et qui y prennent une part active? je ne l'ai point pensé. La sédition est heureusement un accident rare dans la vie civile, et les maux, dont je m'occupe, sont permanens; ils pèsent sur la société dans ses momens difficiles comme dans ses momens prospères. La dépravation des mœurs, le larcin et le vol sont de tous les temps et de tous les lieux, ce qu'on ne saurait dire de la sédition, qui sous les gouvernemens sages et fondés sur le droit, n'est jamais qu'une crise passagère, occasionée par la fermentation mal contenue des partis, les écarts de l'opinion, et l'insuffisance des lois.

Après avoir défini ce que nous entendons par classes dangereuses, il nous reste à faire connaître l'économie du plan de cet ouvrage, ainsi que ses principales divisions.

Les classes dangereuses étendent partout leurs méfaits, dans les villes aussi bien que dans les campagnes. Les individus dont elles se composent, appartiennent à la population rurale non moins qu'à la population urbaine, mais principalement à celle-ci, dans le sein de laquelle la corruption se propage plus aisément. Pour offrir au public un travail complet sur le sujet que je me suis proposé de traiter, j'aurais dû embrasser dans mes investigations les nombreuses et diverses catégories de malfaiteurs, sans distinction de lieux et sans restriction. Néanmoins, comme le dessein de cet ouvrage ne tend pas seulement à décrire et à réformer les mœurs de la classe vicieuse proprement dite, et de la classe suspecte et dangereuse; comme il tend en outre à faire connaître, sinon d'une manière positive, au moins par approximation la force effective des élémens qui entrent dans la composition de ces deux classes, j'ai cru devoir limiter le champ de mes recherches, afin d'atteindre plus sûrement le but que je me suis prescrit.

J'ai donc fixé mon point de vue à Paris, dans la capitale de la France, convaincu que les lumières qui sortiraient de mes enquêtes et des documens que j'aurais recueillis par d'autres voies, répandraient un jour utile sur la population dangereuse des autres grandes villes du royaume, et que, par induction, il serait même possible de se faire une idée, à l'aide de mon travail, des agglomérations vicieuses et malfaisantes qui s'agitent dans les métropoles et dans les cités considérables des pays étrangers à la France. Les causes du crime sont en effet les mêmes en tous lieux. Les actes qualifiés de ce nom peuvent être la suite de manœuvres et de procédés différens, selon le genre d'activité ou d'industrie des localités où ils se consomment; leurs auteurs peuvent recevoir des appellations qui n'ont point de conformité entre elles; mais ces variantes dans la perpétration de l'acte frauduleux ou criminel, ainsi que dans la qualification du coupable ne changent rien au fond du méfait : c'est toujours une entreprise illicite contre la propriété d'autrui et parfois un attentat contre sa personne, soit pour effacer la trace de cette entreprise, soit pour en assurer le succès.

Ceci posé, l'objet de cet écrit consiste à déterminer quels sont les élémens dont se compose à Paris la partie de la population dangereuse par ses vices, ses habitudes de fraude et de rapine, sa misère, et à indiquer par quels moyens on pourrait réussir à rendre meilleure cette classe dépravée et malheureuse.

Pour arriver à la solution de ce problème, nous diviserons notre sujet en quatre parties.

La première contiendra une statistique raisonnée de la classe vicieuse proprement dite, ainsi que de la classe dangereuse; elle signalera les lacunes existantes, qu'il serait possible de combler, dans les connaissances actuelles de la statistique, et les voies qu'il y aurait à suivre pour obtenir des chiffres positifs ou des approximations, selon les difficultés de la matière.

Dans la seconde on décrira les mœurs, les habitudes et le genre de vie de l'une et de l'autre classe.

La troisième exposera les préservatifs à employer pour prévenir l'invasion du vice.

Et la quatrième traitera des remèdes.

PREMIÈRE PARTIE.

DOCUMENS STATISTIQUES SUR LES CLASSES DANGEREUSES. LACUNES QU'IL EST POSSIBLE OU IMPOSSIBLE DE COMBLER. — VOIES A SUIVRE POUR OBTENIR, RELATIVEMENT A LA FORCE DE CES CLASSES, DES DONNÉES POSITIVES OU DES CHIFFRES APPROXIMATIFS.

TITRE Ier.

DE LA CLASSE VICIEUSE.

CHAPITRE Ier.

Moyens de connaître le nombre des ouvriers à Paris. — Livrets. — Leur régime. — Améliorations qu'il pourrait recevoir. — Nombre des ouvriers calculé d'après la moyenne des livrets expédiés pendant quatre ans. — Autre mode de supputation basé sur le nombre des ouvriers habitant des maisons garnies. — Fixation du nombre des ouvriers, des apprentis et des chiffonniers. — Revue des moyens d'enquête à employer pour évaluer la force numérique des ouvriers vicieux. — Difficultés inhérentes à tous ces moyens. — Estimation du nombre des ouvrières vicieuses, sujette aux mêmes difficultés. — Évaluation par aperçu de la partie vicieuse de ces deux classes et de celle des chiffonniers.

La partie pauvre et vicieuse des classes ouvrières étant sans contredit, l'élément de la population qui contribue le plus au recrutement de la classe des malfaiteurs, il importe avant d'en essayer la description numérique, de rechercher quelle peut être l'évaluation par catégorie, des ouvriers, ouvrières, apprentis et chiffonniers, qui, dans la capitale, composent le fond de la population industrielle. Cette recherche est même indispensable pour obtenir les renseignemens spéciaux qui doivent trouver place dans ce chapitre.

Paris est le centre des arts mécaniques comme de tous les autres arts. Il renferme beaucoup d'ateliers, de boutiques, de fabriques et de manufactures. Les ouvriers employés dans ces établissemens sont en très grand nombre. Toutefois, l'autorité publique n'a que des moyens insuffisans pour parvenir à connaître ce nombre ; la loi du 12 germinal, an xi, qui a institué les livrets, aurait pu, si elle avait été plus prévoyante, mettre l'administration à portée de réunir les documens nécessaires pour établir la situation numérique de la population ouvrière; mais, outre qu'elle ne contient pas de dispositions coercitives à l'égard des ouvriers qui refuseraient de se soumettre à la mesure d'ordre public qu'elle prescrit, les entrepreneurs intéressés plus que qui que ce soit à l'exacte observation des réglemens de police publiés pour assurer l'exécution de cette loi, n'y tiennent pas la main, et beaucoup s'y montrent même indifférens, de sorte que l'administration se trouve hors d'état de suivre d'une manière régulière les mouvemens qui s'opèrent d'un atelier ou d'une manufacture dans une autre, de la part des ouvriers; et d'une autre côté, une grande partie de ceux-ci négligent ou refusent de se munir de livrets, sous prétexte que la mesure ne s'étend pas à tous les établissemens industriels et de commerce, et qu'elle semble les placer en état de suspicion en les soumettant à une surveillance particulière.

Le préfet de police a essayé de suppléer à l'insuffisance de la loi et de l'arrêté du gouvernement du 9 frimaire an XII, qui en règle l'exécution, par une ordonnance du 1er avril 1831, portant injonction aux fonctionnaires dépendans de son administration de poursuivre devant le tribunal de police, comme contrevenans, les ouvriers qui négligeraient de se pourvoir d'un livret. Mais les tribunaux ont paralysé les effets de cette ordonnance, sur le motif qu'elle prescrivait des mesures coercitives qui n'avaient point leur source dans la loi organique.

L'administration ne s'est pas arrêtée à cette tentative; elle a conçu un nouveau projet touchant le régime des livrets, analogue à ce qui se pratique en Allemagne, en Suisse, en Savoie, où le livret tient lieu de passeport à l'ouvrier. Néanmoins, ce projet, qu'il était question de convertir en ordonnance royale et qui contenait des dispositions répressives à l'égard des ouvriers dépourvus de livrets, n'a pas eu de suite jusqu'à présent. En définitive, les choses en sont restées au même point, c'est-à-dire, que la loi du 12 germinal est exécutée d'une manière incomplète, et que le préfet de police n'a par devers lui aucun moyen de coaction pour vaincre la force d'inertie des récalcitrans.

Quoi qu'il en soit, un réglement administratif sous forme d'ordonnance royale, serait impuissant à prêter à ce magistrat une force de répression qui n'aurait d'efficacité qu'autant qu'elle résulterait de dispositions législatives formelles. Il faut espérer que le ministre de l'intérieur, saisi de la difficulté, s'empressera de mettre un terme aux embarras de la préfecture de police, en présentant aux chambres, à l'une des plus prochaines sessions, un projet de loi qui fournisse à l'administration le moyen de contraindre l'ouvrier à se munir d'un livret, pour pouvoir exercer régulièrement sa profession, et qui d'autre part assimile le livret au passeport, afin d'attacher l'ouvrier à sa possession.

Il est aisé de prévoir que, dans l'état actuel des choses, la police administrative ne peut connaître que très imparfaitement le nombre des ouvriers. Les renseignemens fournis par le registre qui constate la délivrance des livrets ne sauraient offrir que des quantités partielles et incomplètes, incapables de servir de base à la fixation d'un chiffre général et unique.

En effet, si l'on recherche à combien s'élève le nombre des ouvriers à qui des livrets ont été remis du 1er janvier 1832 au 1er janvier 1836, durant une période de quatre ans, on verra que ce nombre ne monte en moyenne par an qu'à 25,000 environ.

Il est à observer que plusieurs classes d'ouvriers viennent des départemens à Paris, pour y trouver du travail, et qu'en général elles sont munies de leurs livrets. Ces livrets ne sont sujets, aux termes des réglemens, qu'à un simple visa de la préfecture de police. Cependant, comme ils sont manuscrits, qu'ils offrent moins de renseignemens sur l'ouvrier, et moins d'instructions que ceux de Paris, qui d'ailleurs sont imprimés, les entrepreneurs et les commissaires de police engagent, autant qu'ils le peuvent, les porteurs de ces livrets à les échanger contre des livrets préparés à la préfecture; quelques-uns les conservent, tandis que d'autres les remplacent.

En somme, quoique depuis quelques années il y ait une augmentation notable dans le nombre des livrets expédiés à Paris, la moyenne de ce nombre, telle que nous l'avons établie, ne forme guère que le tiers de la masse présumée des ouvriers dans cette ville; le reste se compose ou d'ouvriers porteurs de livrets visés, ou d'insoumis. Ceux-ci sont les plus nombreux.

On peut donc évaluer le nombre total des ouvriers, d'après un premier aperçu, à 75,000, en prenant pour base la moyenne des livrets expédiés par la préfecture de police.

Il existe un autre mode de supputation, ayant pour point de départ le nombre des ouvriers logeant dans des maisons garnies. La police de surveillance de ces maisons est si bien organisée, que l'on doit considérer comme certain et irrécusable le chiffre obtenu à l'aide des relevés hebdomadaires dressés par les soins du chef de la police municipale. Ce chiffre, variable suivant l'activité ou l'intermittence du travail, se reproduit chaque année, à part quelques oscillations accidentelles, dans des limites correspondantes aux phases propres du travail. Ainsi, du mois de novembre au mois de mars, c'est-à-dire pendant la morte saison, l'on évalue la population des maisons garnies à 25 et jusqu'à 26,000 ouvriers; et, pendant le reste de l'année qui forme la saison des travaux, cette population flotte entre 32 et 35,000.

L'année ouvrable ne se compose pas de la même manière pour toutes les professions industrielles.

J'ai cru devoir adopter la limitation qui précède, parce qu'elle coïncide avec la période la plus active de l'année, à Paris, cette période étant plus particulièrement celle des travaux de construction.

Le domicile des ouvriers peut se diviser en trois catégories d'habitations. La première comprend les maisons garnies soumises à la surveillance de la police; la deuxième, les chambrées; et la troisième, les habitations ordinaires.

Les maisons garnies renferment aussi des chambrées; mais ces chambrées, faisant usage de meubles qui appartiennent aux logeurs, ne doivent pas être confondues avec les chambrées existant dans les maisons particulières, lesquelles sont composées d'ouvriers se cotisant entre eux pour l'acquisition de leur mobilier, et qui, à ce titre, sont affranchis dans leur intérieur de toute surveillance de la part de l'autorité publique.

Les ouvriers formant chambrées libres, ou ayant soit isolément, soit avec leurs familles, un logis particulier représentent approximativement une population double de celle qui demeure dans les maisons garnies, de sorte que la masse de la population ouvrière, à Paris, peut être évaluée, suivant les périodes ci-dessus indiquées de 75 à 78,000, ou de 96,000 à 105,000.

Ces nombres, quoique approximatifs, nous semblent mériter d'autant plus de créance, que le premier d'entre eux concorde parfaitement avec celui que nous avons obtenu au moyen de notre premier calcul. Il eût été à désirer cependant que ce calcul eût pu nous fournir une série de nombres semblables à ceux de la série que nous venons d'indiquer : les rapports eussent été complets.

Quoi qu'il en soit, j'ajouterai à ces deux modes de supputation un fait qui me paraît de nature à corroborer encore la justesse des chiffres que je viens de poser. Ce fait est que le nombre d'ouvriers venant année commune des départemens à Paris est de 30,000. Il est constaté par un document inséré dans le volume de recherches statistiques publié en 1829 par M. le comte de Chabrol, alors préfet de la Seine. On lit page 46 de ce volume, que le préfet de police en exercice dans le même temps, avait fourni ce nombre à son collègue, et qu'il y avait fait entrer les ouvriers en bâtimens pour deux tiers. Or, le nombre de ces 30,000 ouvriers représente exactement la différence existant entre le premier et le dernier terme de la série des estimations que j'ai adoptées, et devient ainsi une nouvelle preuve de la vérité de ce que j'ai avancé touchant la force relative des classes l'ouvriers, durant les périodes de ralentissement ou d'activité du travail. Il y a une autre conséquence à tirer du même fait, c'est que la masse des ouvriers réellement domiciliés à Paris ne s'élève pas au-delà de 75,000.

Nous prendrons ce dernier chiffre pour point de départ, afin d'arriver à la fixation du nombre des ouvrières. Je m'arrête à ce chiffre, parce que les 30,000 ouvriers formant la partie flottante du maximum des classes d'ouvriers, estimé à 105,000, laissent leurs femmes dans les départemens auxquels ils appartiennent, et ne sauraient dès-lors figurer dans le chiffre fixe et permanent qui doit nous servir de boussole.

Cela posé, examinons jusqu'à quel point le nombre des ouvrières peut se rapprocher de celui des ouvriers domiciliés. Ceux-ci ne vivent pas tous en ménage avec des femmes légitimes ou concubinaires; il en est près d'un tiers qui sont célibataires. Si donc la situation des ouvriers à Paris est telle que nous venons de l'indiquer, il faudrait fixer à 50,000 le nombre de ces derniers qui sont unis à des femmes par le lien du mariage ou par des nœuds illégitimes, et rechercher dans la masse des femmes que nous évaluerons au même nombre, combien il y a d'ouvrières.

Le résultat qu'on obtiendrait par ce moyen offrirait probablement un nombre d'ouvrières égal aux 4/5es de la masse, soit 40,000, et les 10,000 femmes restantes seraient classées dans des professions de toute espèce, étrangères aux arts industriels. Ce résultat serait, je crois, le moins hasardé, et faute de données plus précises, je l'admettrai sans autre observation.

Outre ces 40,000 ouvrières, il n'y aurait pas d'exagération à évaluer à 20,000 celles qui sont célibataires et qui résident, soit dans le sein de leur famille, soit dans des chambres particulières. Ce chiffre et le précédent m'ont paru en rapport avec les nombreuses filatures et fabriques de papier peint établies à Paris, où les ouvrières forment plus de la moitié des personnes employées, et avec les ateliers encore plus nombreux, où se confectionnent des objets qui comportent par leur exiguïté et leur délicatesse la main-d'œuvre des femmes.

Dans le tableau que nous venons de tracer des classes ouvrières, il y aurait lacune si nous ne consignions pas le chiffre des apprentis ou plutôt des jeunes garçons en état de travailler, qui sont employés dans les divers établissemens industriels. On voit que l'acception prêtée ici au mot apprenti est, pour ainsi dire, illimitée, et sort des termes ordinaires. Le chiffre dont il s'agit peut être porté à deux par famille d'ouvriers mariés ou vivant en état de concubinage, c'est-à-dire à 100,000.

Il existe donc à Paris 235,000 ouvriers de tout sexe et de tout âge à l'époque du ralentissement du travail, et 265,000 pendant la période de pleine activité.

En exposant quels sont les principaux élémens de la classe pauvre mais laborieuse, je ne dois pas omettre de faire connaître le nombre des chiffonniers, espèce de manouvriers qui se rattachent aux manufactures par la nature même des objets sur lesquels s'exerce leur industrie. Ce métier, qui est un des moins honorés, a, malgré le dégoût qu'il inspire généralement, un attrait particulier pour certaines gens et surtout pour les enfans, parce qu'il n'assujettit à aucun apprentissage, et qu'en outre, il permet à celui qui l'exerce, de vaguer constamment sur la voie publique et de gagner aisément un salaire raisonnable. On compte 2,000 chiffonniers, et à-peu-près un pareil nombre de femmes et d'enfans exerçant la même profession, en tout 4,000.

Nous avons jugé à propos d'entrer dans quelques détails au sujet de la masse des classes ouvrières, pour faire voir qu'on ne pouvait guère espérer de la réduire à une expression numérique, à moins de recourir à des approximations plus ou moins arbitraires. On remarquera peut-être que nous n'avons pas fait mention des bureaux de placement dans la désignation des sources que nous avons consultées.

Ces bureaux ayant cessé d'être autorisés par l'administration, et étant devenus pour l'industrie un objet de spéculation libre, le nombre s'en est beaucoup accru, et dès-lors il eût été difficile de les consulter tous. D'un autre côté, et dans la supposition où ils eussent été également accessibles à nos recherches, ils n'auraient pu nous fournir que des chiffres erronés ou incomplets; erronés en ce que les ouvriers étant sujets à des mutations fréquentes auraient pu être placés successivement par plusieurs bureaux, et figurer dans l'effectif de chacun d'eux comme autant d'individus distincts, tandis qu'en réalité ces individus n'eussent été qu'une seule et même personne; incomplets, puisque les bureaux n'étant pas des intermédiaires nécessaires entre l'ouvrier et l'entrepreneur, les documens émanés d'eux auraient offert d'autant plus de lacunes qu'il y aurait eu plus de placemens opérés sans leurs concours.

J'aborde immédiatement la question dont les explications précédentes ont eu pour objet de préparer la solution. Cette question consiste à savoir quelle est la force numérique par profession, des ouvriers qui se livrent habituellement à la fainéantise ou à l'intempérance, deux vices qui ont beaucoup d'affinité l'un avec l'autre.

On ne saurait y répondre que de trois manières, ou par voie d'information auprès de la police administrative, ou en se mettant en rapport avec les entrepreneurs, ou par des renseignemens obtenus dans les estaminets et les cabarets.

Dans les grandes villes, et surtout à Paris, la police ne peut exercer une surveillance assez directe ni assez étendue pour avoir action sur les individus qui ont coutume de mener une vie déréglée et licencieuse. Il faudrait qu'elle disposât de légions d'agens, et ceux qui connaissent les ressorts de cette grande et utile machine autrement que par les préjugés vulgaires, savent que ses moyens d'action sont très bornés, en raison de l'immense population de Paris. D'ailleurs, la police a pour mandat de poursuivre les faits qualifiés contravention, délit ou crime, par la loi pénale; et le vice proprement dit n'est pas punissable toutes les fois qu'il reste en dehors des prévisions de cette loi. Notre civilisation, quoique fort avancée, ne supporterait pas très probablement des mesures préventives de police, qui auraient pour effet de signaler, dans les cabarets et autres lieux de ce genre, les ivrognes et les joueurs, dans la vue de leur ôter les moyens de se livrer à leurs habitudes vicieuses. Ces mesures sont pourtant en vigueur dans la Nouvelle-Angleterre et dans les autres états de l'Union américaine, où les mœurs et les lois exercent une égale influence. Le législateur a prononcé des peines pécuniaires contre les chefs de ces établissemens qui n'observent pas les réglemens de police à ce sujet.

Pour nous, il ne nous est pas encore donné de prétendre à cette hauteur de moralité publique. L'administration est désarmée en présence de l'homme vicieux, tant que ses excès ne tendent pas à troubler la paix de la cité. Elle ne peut juger de la corruption des différentes classes d'ouvriers que par les faits qui tombent sous sa juridiction ; et ces faits, encore qu'ils aient leur source dans les désordres d'une mauvaise vie, ne forment qu'une faible partie de ceux que l'honnêteté publique réprouve. Le plus grand nombre de faits qui blessent celle-ci se dérobent nécessairement aux explorations de l'autorité, parce qu'ils se passent dans l'intérieur des cabarets et des estaminets où ses agens, quoique autorisés à les inspecter quand ils le jugent convenable, ne s'introduisent que lorsque la clameur publique ou des plaintes particulières les y appellent pour constater des actes déclarés répréhensibles par la loi.

Il en est de même des maisons de prostitution accessibles à toute heure aux préposés de la police, mais où ils ne pénètrent d'ordinaire que par intervalle, soit pour y assurer l'exécution des réglemens de police, en matière de prostitution, soit pour y opérer la recherche des malfaiteurs.

Hors de là, les enquêtes de l'autorité appartiennent au domaine de la simple observation; elles ne sont plus de droit étroit. Ces enquêtes ne sauraient avoir qu'un caractère très vague, puisqu'elles ne peuvent porter que sur les masses et non sur les individus. L'administration serait bien à portée de dire jusqu'à un certain point, d'après les allures habituelles des ouvriers de telle ou telle profession, que ces ouvriers sont plus ou moins vicieux, comparativement à des ouvriers exerçant une autre profession; mais au-delà, il n'y a plus que doute, incertitude, obscurité. Du moment qu'il s'agit d'énoncer des faits précis, des nombres, les moyens d'investigation font défaut aux agens de l'autorité; ceux-ci se perdent dans la foule des individus qui s'offrent à leur vue; leur esprit même ne sait où se prendre, tant il y a de degrés dans les désordres; les moyens de départ et d'évaluation leur échappent; et si après beaucoup d'étude et de méditation ils peuvent se permettre d'asseoir une opinion, d'indiquer un nombre, ce ne peut être que par conjecture, ou plutôt par divination.

Si l'administration, avec l'ascendant moral de l'autorité dont elle est revêtue, et avec les nombreux moyens d'action qu'elle tient à sa disposition, est hors d'état de déterminer même approximativement (et par approximation, j'entends une estimation fondée sur des chiffres recueillis avec soin, discutés avec sagacité, et approchant plus ou moins de l'évaluation présumée être la vérité); si, dis-je, l'administration est hors d'état de fixer approximativement le nombre d'ouvriers vicieux que chaque profession renferme, quelle ne doit pas être l'impuissance du simple particulier pour atteindre le même but?

En supposant que son zèle ne se ralentisse pas pour mener à fin une si rude opération, trouvera-t-il accueil chez tous les marchands de vins qu'il devra consulter, chez tous les maîtres d'estaminets? Ces gens ne garderont-ils pas le silence de peur de nuire à leurs intérêts? S'ils parlent, ne s'étudieront-ils pas à affaiblir la gravité du mal; enfin, dans le cas même où ils seraient disposés à s'expliquer avec franchise, seraient-ils capables de satisfaire la curiosité de l'observateur par des renseignemens précis; ou, tout au moins, par des approximations? Je ne le pense pas, à en juger d'après le résultat des démarches que j'ai faites moi-même auprès de bon nombre d'entre eux. Les faits sont trop confus dans leur esprit, lorsqu'ils consentent à vous répondre, et la plupart s'enveloppent dans une circonspection qui ne permet pas de pousser l'enquête au-delà des premières questions.

Quelles lumières pourrait-on attendre des entrepreneurs? Les plus vigilans seraient sans doute en état de répondre sur la conduite tenue par leurs ouvriers dans leurs établissemens, mais hors de là, quel moyen de contrôle ont-ils? Aucuns. Ceux-là même qui s'informent avec le plus de sollicitude des mœurs de leurs ouvriers dans leurs familles et au-dehors (et malheureusement ce n'est pas le plus grand nombre), ignorent beaucoup de choses. Ce qu'ils savent, ils le tiennent des contre-maîtres ou des chefs d'ateliers, que la prudence rend ordinairement très sobres de semblables communications, et qui, d'ailleurs, pour la plupart, sont aussi vicieux que les ouvriers.

Les recherches que l'on serait tenté d'entreprendre à l'égard des mœurs des ouvrières n'éprouveraient pas moins de difficultés. La dépravation quoique plus cachée dans cette partie de la population n'en est pas moins réelle et échappe par son étendue même aux appréciations de la statistique.

Cependant, tout en reconnaissant que les matériaux manquent pour établir des catégories et des nombres par profession, je ne dois pas taire que, selon mes impressions et mes conjectures, le nombre des ouvriers susceptibles d'être placés dans la classe vicieuse n'est pas moindre d'un tiers du maximum de la masse, que nous avons estimé à 105,000, et celui des ouvrières de la même quantité. Cette double approximation paraîtra peut-être exagérée au premier abord, mais j'espère convaincre le lecteur qu'elle ne doit pas être éloignée de l'estimation la plus vraisemblable.

Nous poserons donc en fait que la partie vicieuse des ouvriers peut être évaluée à . 35,000
et celle des ouvrières à 20,000

Il n'est pas dans mon intention de prétendre que les personnes représentées par ces nombres soient toutes vicieuses au même degré. Il y a des gradations dans leur dérèglement, mais, à l'égard des ouvriers que j'ai détachés de la masse, l'intempérance est un vice qui leur est commun à tous, et il en est près de la moitié (17,000) chez qui elle est portée jusqu'à l'abrutissement; et, à l'égard des ouvrières, on peut admettre que les deux tiers d'entre elles doivent être rangées dans les catégories les plus corrompues de la classe vicieuse, à cause de la bassesse de leurs inclinations, de leur immoralité ou de leurs débordemens. Sur ce nombre, il en est 2,000 qui entrent pour moitié dans le chiffre des filles publiques insoumises dont il sera question autre part.

Quant aux chiffonniers, nous en évaluerons la partie corrompue à la moitié, c'est-à-dire à 2,000, y compris femmes et enfans. Ce nombre, réuni aux fractions extraites des nombres précédens, donne un total de 33,000 individus, lequel constitue un des principaux élémens de ce ramas d'individus formant dans les grandes villes la lie de la population.

Pour achever le tableau de la classe vicieuse, nous examinerons dans le chapitre suivant les élémens de cette classe qui se rattachent aux professions rangées dans la hiérarchie sociale au-dessus de celles exercées par les ouvriers.

CHAPITRE II.

Élémens de la portion vicieuse des classes aisées. — Procédés employés pour arriver à la connaissance de ces élémens. — Catégories principales. — Difficultés d'estimer le nombre de la partie vicieuse de chaque catégorie. (1)

Les recherches, que j'ai faites sur les mœurs des diverses classes de la population parisienne, ont été dirigées vers un but unique, tendant à déterminer quels sont les rapports plus ou moins étroits qui lient ces classes à la classe dangereuse, c'est-à-dire, à la partie de la population qui vit en dehors des conditions de la probité légale. Il est avéré, ainsi que je l'ai dit, dans l'introduction de cet ouvrage que les classes pauvres sont celles qui fournissent le plus d'alimens à la criminalité et que les rangs aisés de la société y contribuent pour la moindre part. Cette part peut être évaluée à un dixième. Telle est du moins la proportion qui ressort du chiffre des délits et des crimes commis annuellement dans Paris et qui, dénoncés à la police, donnent lieu à des arrestations et à des poursuites judiciaires. Ce chiffre représentatif des abus de confiance, des escroque-

(1) Ce chapitre est tout-à-fait neuf.

ries, des banqueroutes, des vols et des faux, déférés à la justice, s'élève, en moyenne, à environ 3,500.

Pour parvenir à connaître quelles sont les classes d'où sortent habituellement les individus à qui ces diverses natures de méfaits sont reprochés, j'ai compulsé avec soin les extraits de greffe adressés par le parquet à la chancellerie pour servir à la confection des tableaux statistiques, publiés à la suite des comptes rendus chaque année au roi, par M. le garde-des-sceaux du mouvement de la criminalité en France (1). J'ai cru devoir borner mes recherches aux condamnations prononcées en 1835, 1836 et 1837 soit par le tribunal de police correctionnelle soit par la cour d'assises, pour des délits et des crimes de la nature de ceux que je viens d'indiquer. A l'aide du relevé, que j'ai fait de celles de ces condamnations afférentes aux individus désignés dans les extraits comme exerçant des professions ou comme prenant des qualités qui les distinguent des classes ouvrières, je me suis trouvé en état d'établir, quelles étaient les catégories des rangs aisés de la société qui étaient le plus grevées d'élémens vicieux et dangereux en même temps;

(1) Je dois les communications qui m'ont été faites à ce sujet, à l'obligeance de M. Desclozeaux, alors directeur des affaires criminelles, et à M. Arondeau, sous-chef au bureau de la statistique.

je ne m'appesantirai que sur celles-ci (quoique tous les rangs de la société paient indistinctement leur tribut au crime), parce que ce sont elles qui, en raison de leur force numérique, paraissent les plus chargées d'individus adonnés au vice et à l'exercice d'industries illicites.

Quant aux autres qui forment le plus petit nombre, les méfaits, qui leur sont attribués, n'excédant guère un ou deux par catégories, j'ai jugée inutile de les signaler. Il en est une, cependant, celle des propriétaires, qui semblerait moins digne d'indulgence que les autres, car ce n'est pas l'aiguillon du besoin qui a pu l'exciter à s'approprier le bien d'autrui par des manœuvres frauduleuses; elle figure pour six escroqueries dans la période de 3 ans que j'ai étudiée; ce chiffre a peu d'importance sans doute considéré en soi et eu égard au grand nombre de propriétaires qui habitent la capitale; néanmoins, quelque insuffisant qu'il soit pour servir de base à des inductions morales contre la catégorie à laquelle il se rapporte, c'est un fait statistique, dont on ne peut s'empêcher d'être frappé quand on s'occupe d'étude de mœurs.

Les catégories les plus chargées de condamnations relativement à leur population connue ou présumée, sont : de prétendus négocians (16 condamnations), les agens d'affaires (31), les clercs d'huissiers et d'avoués (19), les courtiers, placeurs et agens de remplacemens militaires (29), les officiers et sous-officiers retraités (14), les écrivains ou copistes (25), les professeurs de musique, de langue, etc. (13), les étudians (27), les commis marchands et employés dans les maisons de banque et d'industrie (198), les marchands (99).

Les autres catégories non désignées ci-dessus, qui ont été aussi frappées de condamnations pour attentat contre la propriété, durant la même période, figurent ensemble pour 58 condamnations dans les extraits de greffe que j'ai eu sous les yeux. Ce chiffre, joint au précédent, donne un total de 471 condamnations, ou en moyenne, 157 condamnations par an, contre les classes aisés de la société. Si l'on considère que l'instruction dont les délits et les crimes sont l'objet, avant de faire la matière d'une accusation devant les tribunaux compétens, a pour résultat ordinaire d'éliminer près de la moitié des méfaits sur lesquels elle s'exerce, on reconnaîtra que j'ai été bien informé quand j'ai avancé que les classes aisées entraient pour un dixième dans l'inventaire annuel des œuvres du dol estimées dans Paris, comme nous l'avons dit, à 3,500. En effet, en admettant que ce nombre égal à celui des préventions établies par les commissaires de police, et transmises au procureur du roi pour être vérifiées et définitivement fixées, soit diminué de moitié par l'épreuve de l'instruction judiciaire, la masse des affaires correctionnelles ou criminelles qui donnent lieu annuellement à jugement ou arrêt, peut être évaluée à 1,500, chiffre qui, rapproché de la moyenne de 157 condamnations afférentes aux classes aisées, et que j'ai assignée plus haut, est avec celle-ci dans le même rapport que le chiffre primitif des préventions, est avec ces mêmes classes, c'est-à-dire, dans le rapport d'un dixième.

Je devrais, pour être rigoureusement exact, opérer à l'égard des classes aisées, de la même manière que j'ai opéré à l'égard des classes ouvrières, dont j'ai déterminé la portion vicieuse sinon, d'après des documens certains, du moins d'après mes impressions et mes conjectures; mais la situation n'est pas la même des deux côtés. Les corps d'état, quels qu'ils soient, peuvent être compris indistinctement et considérés dans leur ensemble sous la dénomination de classes ouvrières, tandis que les catégories appartenant aux classes aisées que j'ai désignées privativement, ne peuvent, en raison de la physionomie distincte qui est propre à chacune d'elles, et de la diversité de leur position sociale, recevoir aucune autre appellation que celle qui leur est particulière, faute de dénomination générique qui leur soit réellement applicable. Cette différence dans les moyens de désignation doit nécessairement en mettre une dans la manière de procéder. En effet, n'y aurait-il pas de l'irréflexion et plus que de la témérité à faire le départ chez les étudians et les commis marchands, par exemple, des élémens sains et des élémens vicieux de leur population respective, sans données précises et certaines et sous la foi de conjectures plus ou moins hasardées? Pour moi, je n'hésite pas à le penser, et si je n'ai pas été retenu par un scrupule semblable, en ce qui concerne les classes ouvrières, c'est que j'opérais, pour ainsi dire, sur des abstractions vagues et indéfinies, et que mes évaluations, en portant sur la généralité de ces classes, n'affectaient aucun corps d'état spécialement, et ne pouvaient dès-lors avoir rien de blessant pour aucun d'eux. Je n'ai pas cru devoir m'imposer la même réserve envers les chiffonniers, parce que le cynisme de cette classe ne saurait être révoqué en doute, et qu'il est de notoriété publique.

Il paraîtra évident, j'espère, d'après ces explications, que je ne pouvais faire autre chose dans les circonstances où je me trouvais, que de me borner à désigner les catégories des classes aisées qui renferment le plus d'individus atteints par des condamnations judiciaires, sans rien préjuger sur la moralité de ces catégories elles-mêmes, et c'est à ce parti que j'ai, en effet, cru devoir m'arrêter.

On aura, au surplus, remarqué que les femmes ne figurent point dans les catégories que nous avons indiquées, mais il n'y a pas lieu d'en être étonné si l'on réfléchit que les femmes éclairées et polies se livrent très peu à l'ivrognerie et au vol, à l'exception de quelques femmes galantes, dont il sera question dans le chapitre des mœurs de la classe dangereuse ; ces femmes favorisent quelquefois les manœuvres de l'escroc de bon ton, mais ce n'est que par un rôle secondaire et de complaisance, ce qui n'empêche pas, du reste, qu'on ne doive les considérer comme complices.

TITRE II.

DE LA CLASSE DANGEREUSE.

CHAPITRE Ier.

Recherches faites par l'administration pour essayer de déterminer la force effective de cette classe. — Élémens dont celle-ci se compose. — Impossibilité de les répartir tous dans des catégories distinctes. — Ces catégories telles qu'elles existent, ne sont que nominales. — Quel peut être le chiffre de certaines catégories envisagées privativement? — Quel peut être le chiffre d'autres catégories estimées ensemble? — Détails statistiques sur les individus qui n'ont pas de moyens d'existence assurés, et qui ne se livrent pas à des professions utiles. — Sur les filles publiques, leurs amans et souteneurs, et sur les maîtresses de maisons de prostitution. — Sur les vagabonds et sur ceux qui vivent du produit d'industries illicites ou criminelles.

L'administration a essayé plus d'une fois de connaître la force effective de la classe oisive, errante et dépravée, de cette partie de la population qui, à Paris comme dans les autres grandes villes, forme le foyer de ce qu'il y a de plus abject, de plus corrompu et de plus dangereux pour la société. Ses efforts ont toujours été infructueux, c'est-à-dire qu'elle n'a jamais pu atteindre complètement les élémens de cette classe mobile et mystérieuse; elle a voulu diviser ces élémens en catégories, pour arriver au but qu'elle se proposait; mais elle n'a pas tardé à s'apercevoir que la plupart de ces catégories, distinctes en apparence, étaient de fait absolument nulles.

On admet généralement que les élémens dangereux de la classe vicieuse sont les joueurs, les filles publiques, leurs amans et souteneurs, les maîtresses de maisons de prostitution, les vagabonds, les fraudeurs, les escrocs, les filous et voleurs, les voleuses et les recéleurs. Les vices dominant chez les individus désignés sous ces diverses qualifications sont la paresse, le jeu, l'intempérance, la débauche, et en général toutes les passions basses et immorales. Le mobile qui les fait tous agir dans leurs méfaits est la cupidité.

Il est un certain nombre de ces individus qui exercent avec habileté des professions utiles, et qui seraient assez énergiques pour se livrer à un travail soutenu, s'ils étaient encouragés par de bons conseils, et s'ils savaient mettre un frein à leurs passions. Mais le travail, qui pourrait aider à la réforme de leur nature morale, ils en usent comme d'un instrument propre à fournir des alimens à leurs désordres. Vivant dans un état d'excitation continuelle, ils finissent par prendre en aversion toute espèce de règle, de contrainte et d'habitudes laborieuses, et ils se précipitent dans la carrière du crime.

La fainéantise et l'activité vicieuse, quoique extrêmes par leur nature, se touchent dans leurs effets : elles aboutissent toutes deux au crime.

Les individus composant la classe dangereuse ne prennent conseil pour exercer des industries illicites ou criminelles que des circonstances où ils se trouvent, et de l'incandescence de leurs passions. Ces industries ne sont, en général, pas plus familières aux uns qu'aux autres; elles sont la ressource de tous et de chacun. Ainsi le même individu peut être tout à-la-fois joueur, souteneur, fraudeur, escroc, filou et voleur. Une fille publique peut associer à sa qualification de prostituée celle de voleuse ou de recéleuse. Le recéleur peut être escroc en même temps. Il y a donc nominalement des catégories; mais rien n'empêche que la même personne ne fasse partie de plusieurs; et, dès-lors, plus de limites qui séparent les catégories entre elles; plus de précision dans les notions numériques. Voilà pourquoi des catégories distinctes et exactes, sous le rapport statistique, me paraissent impossibles, aussi bien qu'à l'administration.

Toutefois, en prenant ces difficultés en considération, il n'est pas sans intérêt de rechercher quel peut être le chiffre de certaines catégories, envisagées privativement, ou celui d'autres catégories estimées ensemble, faute de données suffisantes pour les constituer séparément les unes des autres. C'est vers ce but que nous avons dirigé nos efforts.

La population dangereuse se recrutant principalement, comme nous l'avons dit en commençant, dans le sein de la classe pauvre, les joueurs qui appartiennent à cette classe doivent être des hommes dangereux par cela seul qu'ils sont maîtrisés par la funeste passion du jeu. Il serait donc utile de pouvoir en assigner le nombre, mais la difficulté est d'y parvenir. Cette difficulté est d'autant plus grave qu'il faudrait joindre au nombre des joueurs proprement dits celui des malfaiteurs dominés aussi par la passion du jeu, et qui, pour la satisfaire, se livrent à toute espèce de déprédations. Or, comment déterminer ce nombre? Tout ce qu'on peut affirmer, c'est que le jeu est une des passions qui règnent avec le plus d'empire sur les individus composant la population suspecte de vivre de rapine et de vol, et qu'en connaissant, par les aperçus que nous fournirons tout-a-l'heure, les chiffres qui peuvent donner la mesure de la force de cette population, il sera loisible à chacun d'asseoir des conjectures plus ou moins approfondies sur le nombre de joueurs qu'elle renferme. Un partie de ces aperçus représentant les joueurs de profession en même temps que ceux qui exercent des industries illicites ou criminelles, on pourra aussi en déduire le nombre probable des premiers.

A cette catégorie de joueurs, il faut en joindre une autre, d'autant plus dangereuse qu'elle a coutume de céder bien moins à l'empire de la passion qu'aux excitations de la convoitise et de la perversité. Elle se compose d'individus appartenant aux classes aisées de la société et habiles dans l'art de feindre et de tromper. Ces individus, dont l'unique métier est d'abuser de la bonne foi et de la loyauté des joueurs, honnêtes gens, ne doivent pas être au-dessus de 100. Ils sont de la famille des escrocs, mais, par la politesse et la recherche de leurs manières, ils sortent de la foule des joueurs, qui, dans les billards, les cafés, les estaminets et les cabarets, font tous les jours de si nombreuses victimes. Du reste, ce chiffre de 100 n'est énoncé ici que pour mémoire; il se trouve compris dans celui des escrocs et des voleurs, qui sera posé ci-après.

Les filles publiques se divisent en deux classes distinctes : les filles inscrites sur le registre de la préfecture de police, et les filles insoumises ou non inscrites.

Les filles enregistrées forment deux catégories

particulières : les filles isolées ou libres, et les filles dites de maisons.

Les filles isolées sont celles qui habitent des chambres garnies ou qui occupent des logemens, dont les meubles leur appartiennent ; elles forment ordinairement les deux tiers des filles inscrites.

Les filles de la seconde catégorie sont celles qui demeurent dans les lieux de prostitution autorisés sous le nom de maisons de tolérance.

On appelle insoumises les filles qui, n'ayant pas été inscrites, se livrent clandestinement à la prostitution.

Au 1er juillet 1836, le nombre des maisons de tolérance était de 186.

Celui des filles inscrites s'élevait à 3,800.

On estime qu'il y a à-peu-près 4,000 filles insoumises. Sur ce nombre, il y en a 2,000, que l'on porte ici seulement pour mémoire, attendu que ce dernier chiffre se trouve compris dans celui de 14,000 mentionné à la fin du 1er chapitre du titre Ier. Les agens de police arrêtent habituellement un douzième de ces filles par an, pour les contraindre à se faire inscrire, dans l'intérêt de la santé publique.

Parmi les filles publiques inscrites, il en est un certain nombre appartenant à des pays étrangers ; elles sont, par rapport à la masse, dans une proportion de 1 sur 20 environ. Paris et sa banlieue y comptent pour un quart; le surplus est fourni par les départemens, dont le contingent décroît en raison de leur population et de leur éloignement; si on excepte quelques départemens manufacturiers du nord et quelques villes de garnison, l'on ne désigne pas de localités qui alimentent le libertinage plus particulièrement que d'autres, comme cela existe à Londres, où la malheureuse Irlande, décimée par la misère, au profit de la débauche, envoie un si grand nombre de prostituées, qu'il est hors de toute proportion avec les contingens fournis par les autres parties de la Grande-Bretagne.

Chaque fille publique ayant un amant ou un souteneur, selon le degré de son éducation et la classe d'individus qui la fréquente, nous admettrons qu'il existe autant d'amans ou de souteneurs qu'il y a de prostituées, c'est-à-dire 7,800.

Quant aux femmes qui tiennent des lieux de prostitution, il faut distinguer entre celles qui sont avouées ou plutôt tolérées par l'administration, et celles bien autrement dangereuses qui agissent dans l'ombre, pour se soustraire à l'action de l'autorité.

Le nombre des premières est le même que celui des maisons de tolérance; il n'est pas en mon pouvoir de déterminer d'une manière certaine le nombre des secondes, mais je suis porté à croire, d'après mes informations, que ce nombre est égal à celui des maîtresses de maisons pourvues d'une tolérance. Ainsi j'évalue à 372 le total de cette catégorie.

Les motifs qui nous ont empêché de déterminer le nombre des joueurs s'opposent également à ce que nous fixions celui des vagabonds, car cette dernière qualification s'applique plus encore que la première aux divers élémens de la classe dangereuse. Le vagabond, étant le type originel de toutes les puissances du mal, se rencontre partout où l'on exerce des industries illicites ou criminelles; il en est l'artisan né.

Cependant, un semblable point de vue étant trop général, il nous a paru convenable de restreindre l'application du mot vagabond à cette partie de la population pauvre qui végète dans les grandes villes, et qui touche à l'état de mendicité par son existence précaire. Nous comprendrons en conséquence sous la notion du mot vagabond et les adultes qui peuvent entrer dans notre définition, et ces enfans déguenillés qui, privés de leurs parens ou délaissés par eux, ou ayant déserté le toit paternel roulent sur les principaux points de Paris, vivant du produit de quelques commissions assorties à leur âge, ou d'aumônes furtivement demandées, ou de la pratique de petits vols. Nous estimerons le chiffre de ces deux sortes de vagabonds à 1,500. Ce chiffre pourra paraître trop peu élevé au premier abord, eu égard à la multitude d'enfans qui affluent habituellement sur les marchés et les boulevards, mais, si l'on veut bien considérer que je n'ai énoncé que le nombre de vagabonds compris dans le sens strictement légal du mot, on jugera peut-être que je ne suis pas resté au-dessous d'une estimation raisonnable.

Dans l'impuissance où se trouvent l'administration et la statistique d'assigner le chiffre partiel des groupes d'individus qui subsistent de fraude et de vol, nous essaierons d'estimer en bloc celui de la masse tout entière, ce qui nous paraît d'autant plus rationnel, que les différens groupes qui la composent, représentent autant de variétés du même genre de crime. Nous aurons l'occasion de faire connaître cette estimation dans les détails qui vont suivre :

Parmi les individus dont se compose la classe dangereuse, il en est bon nombre qui n'ont ni feu ni lieu, ils sont les hôtes accoutumés de ces misérables repaires ouverts à tous venans dans les quartiers les plus pauvres et dans les rues les plus dégoûtantes de la capitale. Le prix qu'on paie dans ces réduits, est de deux sous à cinq sous par nuit. Les logeurs qui les tiennent sont de deux sortes : les uns ne logent qu'à la nuit, et c'est le plus petit nombre; les autres reçoivent des locataires aussi bien à la nuit qu'à la semaine, au mois et même à l'année. Le nombre de ces garnis, les plus infimes de tous, s'élevait au 1er juillet 1836 à 243; ils contenaient ensemble une population d'environ 6,000 locataires ou soit 24 individus par maison. Les femmes, se livrant à la prostitution ou au vol, y entraient pour un tiers.

Il est à remarquer que le chiffre de ces maisons qui composent la quatrième et dernière classe des maisons garnies décroît chaque année au profit des classes supérieures : ainsi le 1er juillet 1834, Paris comptait 327 logeurs de cette catégorie et en 1835, sous la même date, 261 seulement. La comparaison de ces deux nombres à celui de 243 ci-dessus mentionné et qui se rapporte à 1836, établit clairement une progression décroissante, ainsi que nous l'avons annoncé. Or, si l'on considère, d'un autre côté que toutes les autres classes des maisons garnies offrent un accroissement sensible, il est permis de conclure de ces mouvemens contraires que la classe pauvre va s'améliorant sinon au moral au moins au physique et peut-être sous les deux rapports à-la-fois.

Les individus qui nous occupent ne demeurent

pas exclusivement dans les garnis, dont nous venons de faire connaître la situation; beaucoup d'amans ou de souteneurs de prostituées cohabitent avec leurs maîtresses, soit qu'elles logent en garni ou dans leurs meubles, enfin nombre d'escrocs, de filous et de voleurs parviennent à s'introduire dans des garnis bien famés au moyen de livrets en règle, car plusieurs d'entre eux sont en état d'exercer des professions utiles; là, ils vivent au milieu d'honnêtes ouvriers, tant qu'ils ont le moyen de payer leur loyer et qu'ils mènent une bonne conduite; mais dès que leurs habitudes vicieuses viennent à percer et qu'ils cessent d'acquitter exactement le prix de leur location, ils sont renvoyés.

Les plus avisés et souvent les plus dangereux s'efforcent d'établir leur domicile dans des maisons particulières. Ils s'y montrent bienveillans, polis, rangés et se comportent de manière à faire certifier au besoin leurs bonnes mœurs par leurs voisins. Cette manœuvre est en outre un moyen d'obtenir des témoins à décharge, lorsque le masque sous lequel ils se cachent leur est enfin arraché et qu'ils se trouvent en face de la justice. Il en est de même d'une grande partie des voleuses.

On est porté généralement à croire que les escrocs, ainsi que les filous et voleurs qui logent en garni, changent de gîte toutes les nuits afin de tromper la vigilance de la police. C'est une erreur, l'usage de ces sortes de gens, à moins qu'ils ne soient réduits à la dernière misère, est de demeurer dans un garni pendant une quinzaine ou une semaine, dont ils paient le loyer d'avance sauf à renouveler leur courte location ou à se transporter ailleurs s'ils le jugent à propos; plusieurs y séjournent pendant trois ou quatre jours, seulement ils disparaissent pour faire quelque expédition hors ou dans Paris, puis ils reviennent dans leur demeure accoutumée, la quittant ou la reprenant selon les occurrences. Ils ont d'ailleurs, la ressource de changer de nom, ressource dont ils usent fréquemment et presque toujours avec l'appui secret des logeurs.

La police exerce une surveillance très active sur tous les lieux fréquentés par les filous et les voleurs de profession et en particulier sur les garnis où ceux-ci ont coutume de passer la nuit; néanmoins cette surveillance tend plutôt à connaître le lieu de leur demeure habituelle pour pouvoir les atteindre, en cas qu'ils soient prévenus d'un délit ou d'un crime qu'à éclairer leurs pas chaque jour, ce qui serait impraticable. Tant qu'il n'y a pas matière à poursuite dans les actions de l'homme soupçonné de fraude et de rapine, l'administration ne peut rien contre lui. Ils se défient l'un de l'autre et s'observent mutuellement; mais ces rapports ne se révèlent par aucune démonstration directe ni offensive. Un tel homme n'aurait donc pas de raison pour changer constamment de demeure, car il ne parviendrait pas à se soustraire à l'œil de la police qui suit avec une attention particulière sur les registres des logeurs le mouvement des individus reçus dans ces sortes de garnis et dont elle relève et conserve les noms.

Ce n'est que lorsque la police a recueilli, sur un fait qualifié crime ou délit, des présomptions suffisantes pour autoriser des recherches et des poursuites contre l'homme entaché de suspicion, ou ses pareils, qu'elle met ses agens en quête. De ce moment, et seulement alors, averti soit par le logeur, soit par ses complices s'il en a, soit par ses connaissances, l'individu recherché fuit de retraite en retraite, jusqu'à ce qu'il ait pu se dérober aux recherches dont il est l'objet, ou qu'il tombe sous la main des agens chargés de l'arrêter.

Dans un pays comme le nôtre où la loi seule règne, les malfaiteurs n'ont que trop de chances d'impunité. Tout conspire à les servir: la douceur de nos mœurs, qui ne nous permet de voir dans cette classe que des malheureux condamnés à disputer leur liberté ou leur tête aux rigueurs de la justice, en telle sorte que nous paraissons assister à cette lutte comme des témoins désintéressés; l'humanité de nos lois, qui interdit aux agens de la force publique d'enchérir sur les mesures de sûreté prescrites contre les ennemis de la société; enfin la discrétion extrême des logeurs, qui, pour ménager leurs intérêts autant que la réputation de leurs maisons, repoussent loin d'eux tout soupçon de recevoir sciemment des individus hostiles à la paix publique.

Il résulte des détails dans lesquels nous venons d'entrer, qu'une partie de la classe dangereuse, et c'est la partie la plus considérable, n'a pas de domicile fixe, mais que la mobilité de son séjour dans les garnis a des temps d'arrêt plus ou moins longs, selon les circonstances où elle se trouve.

La portion de cette classe qui demeure dans des maisons particulières se compose de souteneurs, de fraudeurs logeant avec leurs familles dans le voisinage des barrières, ainsi que des escrocs, filous, voleurs et voleuses dont nous avons fait connaître plus haut les manœuvres et les calculs. Le nombre de ces derniers élémens de la classe dangereuse, et des fraudeurs, peut être estimé à 8,000.

Il nous reste à parler des recéleurs. Ceux-ci, ayant

intérêt à cacher leur funeste métier, s'efforcent de le déguiser sous les apparences les plus trompeuses ; en sorte qu'il serait difficile d'en assigner le chiffre avec quelque certitude; mais il est à présumer que ce chiffre ne doit pas être moindre de 600.

Ce nombre vient clore l'ignoble catalogue de la classe dépravée et dangereuse de la capitale. Il a été dressé à l'aide de renseignemens, dont plusieurs sont certains et irrécusables; ainsi que l'on peut s'en convaincre en remontant à la source officielle, qui est la préfecture de police. Les autres documens ne sont que des approximations établies d'après de nombreuses recherches et des aperçus soumis à des hommes spéciaux, appartenant par leurs fonctions à la police administrative ou active. Ces aperçus ont été jugés aussi vraisemblables que peuvent l'être des aperçus créés sur de simples suppositions. Les chiffres qui résultent de ces derniers documens sont ceux qui se rapportent aux filles publiques insoumises, aux maîtresses de maisons de prostitution clandestines, aux vagabonds, fraudeurs, escrocs, filous, voleurs, voleuses et recéleurs. Quoique le chiffre des amans et souteneurs de prostituées ne soit aussi que le produit d'une approximation, cette approximation est bien voisine de la vérité, si l'on considère qu'il n'existe pas de prostituées sans amans ou souteneurs.

Tous les autres chiffres, je le répète, sont exacts.

Le total obtenu par l'addition de ces différens nombres forme la partie la plus vile, la plus corrompue et la plus dangereuse des habitans de Paris. Ce total, qui est de 30,072, étant ajouté au chiffre de 33,000, détaché de la portion vicieuse des classes ouvrières, compose le rebut tout entier de la population, et fait monter celui-ci à environ 63,000 individus de tout sexe et de tout âge.

CHAPITRE II.

Indication des procédés à suivre pour parvenir à la connaissance des élémens vicieux ou dangereux de la population de Paris. — Relevés numériques par profession des ouvriers, ouvrières, apprentis, chefs de maisons de commerce et commis marchands. — Cadres de la hiérarchie industrielle. — Obstacles insurmontables que doit rencontrer la statistique pour déterminer d'après des données positives le chiffre de la classe vicieuse. — Ces difficultés ne se rencontrent pas au même degré pour l'estimation numérique des élémens de la classe dangereuse. — Parti que l'on pourrait tirer à cet égard des feuilles d'arrestation quotidiennes dressées à la préfecture de police, des états de situation des maisons garnies et du nombre des plaintes portées à l'occasion des crimes et des délits.

Si quelque chose prouve combien les connaissances statistiques sont précieuses, alors même qu'elles manquent de certitude, c'est le résultat qu'elles produisent, et qui tend à substituer des estimations plus ou moins probables à des exagérations ou à des erreurs, et à mettre les esprits éclairés dans la voie de la vérité.

La théorie des probabilités n'est pas un guide à dédaigner dans le domaine de la statistique. Quand elle ne conduirait qu'à de simples aperçus, qu'à des conjectures, elle ne serait pas inutile; car ces formules diverses de ce qu'on appelle probabilité laissent l'esprit plus satisfait que des hypothèses plus ou moins hasardées, n'ayant d'autre source que les caprices mobiles de l'imagination; et malheureusement, sur beaucoup de points qui intéressent les sciences sociales, les écrivains en sont réduits à des hypothèses de cette nature, lesquelles sont d'autant moins admissibles, qu'elles faussent l'opinion publique sur les choses les plus sérieuses et les plus dignes de méditation.

Dans l'impossibilité où nous sommes présentement d'assigner des bases sûres pour parvenir à la connaissance des élémens vicieux ou dangereux de la population de Paris, nous essaierons d'indiquer les procédés qui pourraient servir à déterminer ces bases.

Le premier pas à faire dans la recherche de ces procédés doit avoir pour objet la fixation du nombre des ouvriers, des ouvrières et des apprentis, qui composent à eux seuls la presque totalité de la classe pauvre laborieuse. Espérer obtenir ce nombre à l'aide d'une meilleure loi ou de meilleurs réglemens sur les livrets, ce serait se méprendre, puisque, dans la supposition la plus favorable, on ne réussirait en définitive qu'à connaître le nombre des ouvriers, les ouvrières et les apprentis n'étant point sujets au régime des livrets.

Le seul moyen qu'il nous paraisse convenable

d'employer pour atteindre entièrement le but proposé, c'est la formation de relevés numériques par profession des ouvriers, ouvrières et apprentis, lesquels relevés seraient dressés sur les listes nominatives d'habitans, faites tous les cinq ans, pour arriver au dénombrement de la population de la capitale. Ces listes contiennent les noms et prénoms, l'âge, le sexe, l'état de mariage ou de non-mariage, la condition et la profession des individus recensés. Nous avons des raisons de croire que M. le préfet de la Seine a ordonné l'établissement des relevés dont nous venons de parler, d'après les pièces originales qui ont servi au dernier dénombrement. Ces relevés seront insérés dans l'un des premiers volumes de documens statistiques que ce magistrat se propose de publier. Ils feront connaître également le nombre des chefs de maisons de commerce et des commis-marchands ou employés.

Les listes élémentaires du recensement de la population ne devraient pas servir seulement à cette fin. Il faudrait que l'administration en fît usage, en outre, pour offrir dans plusieurs cadres les divers degrés dont se compose la hiérarchie industrielle, depuis le fabricant et le maître entrepreneur, jusqu'à l'apprenti; et comme Paris recèle dans son sein de nombreuses variétés de presque tous les arts industriels, la confection de ces cadres pourrait fournir aux philosophes et aux économistes la matière d'observations pleines d'intérêt, et profitables au public en même temps qu'à l'administration.

Au surplus, je ne dois pas dissimuler que l'administration a senti avant moi cette nécessité; car, dans la série des mémoires statistiques dont elle a annoncé la publication dès 1823, l'organisation de l'industrie à Paris est l'objet de l'un de ces mémoires projetés. Espérons qu'un travail si utile et si intéressant suivra de près la confection des relevés numériques dont on s'occupe.

Le nombre effectif des classes ouvrières et des commis-marchands étant une fois déterminé, il serait facile d'en étudier le mouvement au fur et à mesure de chaque dénombrement de Paris; mais cette étude, suffisante pour constater les lois de la population, ne saurait rien nous apprendre quant aux élémens vicieux des classes qui nous occupent. La recherche et l'évaluation de ces élémens sont entourées de difficultés insurmontables. Il serait nécessaire d'abord de déterminer les limites dans lesquelles les vices à observer devraient être circonscrits, car les différens vices dont l'être humain est affligé sont sujets à de nombreuses gradations. Il faudrait ensuite pénétrer à toute heure dans les retraites où ces vices fermentent; enfin on serait obligé de connaître les individus de chaque profession réputés vicieux. Or, l'accomplissement de semblables conditions serait absolument impossible; et, dans la supposition où l'autorité serait à portée de le réaliser, il exigerait des mesures inquisitoriales, et un appareil de police qui révolterait à bon droit la population tout entière. Ces difficultés ne s'appliquent pas moins à la portion vicieuse des classes aisées, ainsi qu'à celle des classes pauvres. Elles seraient insolubles dans un cas comme dans l'autre.

La classe dangereuse se compose d'individus qui offrent beaucoup plus de prise à l'action de la police, et dont l'énumération est susceptible, à certains égards, d'une estimation positive. On pourrait obtenir cette estimation à l'aide des feuilles d'arrestation dressées jour par jour à la préfecture de police, des états de situation indiquant la population des maisons de logeurs fréquentées par la classe qui nous occupe, et de la masse des plaintes adressées à cette administration par les personnes au préjudice desquelles un délit ou un crime aurait été commis.

Il existe à la préfecture un registre statistique où chaque feuille d'arrestation des individus prévenus d'un méfait quelconque est analysée. Ce registre est établi sur un plan méthodique et permet de saisir d'un coup-d'œil toutes les circonstances qui se rattachent à l'individualité du prévenu et au fait qui a motivé son arrestation. Il remonte à 1834. Quoique son établissement soit récent, il n'en forme pas moins un dépôt précieux, capable de jeter une vive lumière sur la force réelle de la classe dangereuse. Cette lumière n'est pas complète en ce sens que les documens relatifs à chaque individu s'arrêtent inclusivement au fait de la prévention. Néanmoins, il serait très aisé d'étendre ces documens jusques et y compris la condamnation. Les rapports habituels de la préfecture avec le parquet du ministère public lui procureraient cette facilité. La seule cause capable de mettre obstacle à la continuation de cet intéressant travail serait l'insuffisance du nombre des employés. Il serait à desirer que M. le préfet de police pût obtenir du conseil municipal les fonds nécessaires pour classer et publier, à l'imitation du préfet de la Seine, non-seulement les faits statistiques concernant la classe dangereuse, mais aussi tous ceux que les branches nombreuses de son administration pourraient lui permettre de recueillir.

La description statistique des faits administratifs présente une foule d'avantages qui intéressent tout à-la-fois les corps savans, le public et l'administration elle-même. Les recueils dans lesquels ces faits sont rassemblés forment les annales du pouvoir administratif; ils exposent la suite de ses travaux, et lui servent de jalons pour éclairer et diriger sa marche. Le public peut y apprécier l'étendue et les difficultés de la gestion de ses propres affaires et y puiser des renseignemens utiles. Enfin, les corps savans y trouvent des sujets d'étude et de méditation, et quelquefois une source de gloire. On ne saurait trop encourager l'alliance de l'administration et de la science. Toutes deux y gagnent en lumières et en progrès assurés. Le pouvoir y gagne surtout en respect, parce qu'il est jugé d'après les conditions fondamentales et vraies de son existence.

Pour revenir à l'objet particulier de nos réflexions, nous pensons que la publication périodique de tableaux ayant pour objet de faire connaître le mouvement de la classe dangereuse serait d'une haute utilité, et que M. le préfet de police fournirait au public éclairé l'occasion d'opérer de curieux rapprochemens, s'il combinait ses publications de manière à les faire coïncider avec celles du préfet de la Seine sur la population de la capitale, et, en général, sur les principaux objets de l'économie civile.

Je sais que le total de ces tableaux n'exprimant que le nombre des individus arrêtés ne serait qu'une représentation incomplète de la classe dangereuse. Mais on aurait fait au moins un grand pas dans la connaissance de celle-ci, puisqu'il ne resterait plus à évaluer que le chiffre des individus non encore atteints par la prévention ou se soustrayant aux recherches. Il serait possible d'arriver à cette dernière évaluation en comparant le total des préventions ou des condamnations avec la masse annuelle des plaintes. La résultante qu'on obtiendrait au moyen de cette comparaison pourrait être considérée comme un aperçu du nombre des individus libres de la classe dangereuse. Je ne l'envisage que comme un aperçu par la raison que le nombre des plaintes dont je parle est sujet à des retranchemens et à des additions qui ne permettent pas de l'admettre comme une donnée susceptible de plus de valeur qu'une approximation incertaine.

En effet, on tomberait dans une grave erreur si l'on supposait que chaque plainte implique l'existence d'un malfaiteur particulier. Une telle supposition serait démentie par l'expérience qui prouve au contraire que les malfaiteurs de profession multiplient indéfiniment les délits et les crimes, suivant les occasions. Il serait donc indispensable de prendre cette circonstance en considération dans la fixation du chiffre des malfaiteurs libres; d'un autre côté, il y aurait nécessité d'estimer le nombre des délits et des crimes non dénoncés et conséquemment restés sans poursuite. On comprend que ces deux opérations contraires, ne se rattachant à aucun document positif, seraient de nature à faire naître les conjectures les plus variées et les plus étranges, si elles n'étaient pas laissées à la discrétion d'hommes spéciaux; aussi, nous pensons qu'il y aurait de la témérité à nous, dans une matière encore toute neuve et hérissée de tant de difficultés, d'émettre une opinion quant au chiffre dont il s'agit. Celui que nous avons mis en avant dans le chapitre I, titre II, est fondé sur une simple présomption communiquée à ces mêmes hommes spéciaux et qui ne leur a pas paru inadmissible.

Tout ce qu'il est possible de faire en l'état actuel des connaissances statistiques relatives à cette partie de la classe dangereuse, c'est de constater l'absence de tous documens capables de mener à la solution du problème. Cette situation présente un abîme de doutes et d'incertitudes, dont l'administration doit s'efforcer de sortir. Je n'ose espérer qu'elle arrive à autre chose qu'à une approximation plus ou moins vraisemblable du chiffre inconnu. Mais enfin elle aura frayé la voie dans laquelle on pourra marcher, et ses premiers tâtonnemens, quelque peu assurés qu'ils soient, seront déjà un progrès. L'essentiel c'est que le conseil municipal qui encourage et soutient avec tant d'empressement par ses suffrages toutes les améliorations utiles au bien-être de la cité, apprécie l'importance du travail que nous attendons de la préfecture de police, et qu'il lui fournisse les moyens de l'entreprendre avec un zèle ferme et soutenu.

DEUXIÈME PARTIE.

DES MŒURS, DES HABITUDES, ET DU GENRE DE VIE DES CLASSES VICIEUSE ET DANGEREUSE.

TITRE Ier.

DES MŒURS DE LA PORTION VICIEUSE DES CLASSES OUVRIÈRES. — CAUSES DE SES VICES.

CHAPITRE Ier.

Des ouvriers. — Qualités morales qui distinguent les ouvriers. — Fraternité qui les lie. — Leur humanité envers les pauvres. — Leur dévoûment aux intérêts de l'entrepreneur qui les emploie. — Du mariage et de l'état de concubinage dans les classes ouvrières. — Enfans nés hors mariage. — Divers modes d'emploi du salaire. — Causes qui attirent l'ouvrier au cabaret. — Chômage du lundi. — Excès occasionés par l'intempérance. — Femmes et enfans non exempts de ce vice. — Désordre domestique des individus qui y sont sujets. — Dettes. — État précaire de la famille.

Quiconque a étudié avec un esprit dégagé de prévention les mœurs des classes ouvrières ne peut s'empêcher de reconnaître que ces classes offrent en général de nombreux exemples de vertu. Leurs qualités morales dérivent des vertus primitives de l'humanité, et il en est plusieurs qu'elles pratiquent avec un zèle et une simplicité dignes de l'estime et de l'éloge de tous les gens de bien. L'ouvrier est franc, bon, serviable à l'égard de ses camarades et capable du dévoûment le plus vrai pour les entrepreneurs qui l'emploient.

Dans les quartiers dont la population se livre principalement à l'exercice de arts industriels, il est notoire que les ouvriers, jouissant de quelque aisance, secourent avec une charité active et empressée non-seulement ceux de leurs camarades que la maladie met hors d'état de travailler, mais encore les personnes habitant la même maison qu'eux, avec lesquelles ils entretiennent des rapports de bon voisinage. Ainsi, les jours de paie, ils s'imposent des retenues pour aider aux frais de traitement de leur camarade malade; on en voit même qui ajoutent la tâche de celui-ci à la leur propre, pour lui ménager la continuation de son salaire durant le cours de sa maladie.

S'il est forcé d'aller à l'hôpital, le jour de l'entrée une députation de ses camarades vient entourer le chevet de son lit, lui offrir de l'argent, et lui prodiguer des consolations. Lorsque ses forces lui permettent de retourner à l'atelier, ils s'imposent le devoir de lui chercher du travail; ils se concertent pour subvenir à son existence pendant la durée de la première quinzaine. Est-il tombé dans la détresse, par l'effet de quelque évènement imprévu, ils viendront à son aide par de petites souscriptions, par un prêt d'argent. Ils lui offriront un repas, un gîte, et ces secours proposés avec franchise, constituent pour celui qui les reçoit une dette qu'il ne pourrait méconnaître sans déshonneur. Leur sollicitude le suit dans ses écarts et jusque dans ses actes les plus condamnables. Dans le premier cas, ils s'efforcent de le ramener à une meilleure conduite par de bons conseils, par des paroles indulgentes et amicales; dans le second cas, et alors même qu'il a commis un délit grave ou même un crime, ils ne l'abandonnent pas; ils lui tendent une main secourable, et vont le visiter dans la prison.

Ce dévoûment n'est pourtant pas acquis à tous indistinctement. Il est le prix d'un caractère bienveillant, facile, et de bons procédés habituels.

Les voisins de l'ouvrier ayant son ménage reçoivent aussi de lui, lorsqu'ils sont dans le besoin et retenus chez eux par la maladie, non des secours en argent, mais du bouillon et des soins après le travail. Quand ils n'ont pas le moyen de se chauffer l'hiver pendant la veillée, il les fait asseoir à son foyer; en un mot, il soulage autant qu'il est en lui les maux de ceux qui l'entourent, usant envers eux de la cordialité la plus délicate et la plus touchante.

Les rapports existant entre les entrepreneurs et les ouvriers ne sont pas toujours établis, tant s'en faut, sur une estime et une bienveillance réciproques. Mais lorsqu'un entrepreneur sait se faire aimer de ses ouvriers par une conduite pleine d'intégrité et de justice, ceux-ci rivalisent de zèle pour la prospérité de sa maison; ils s'affectionnent à sa famille comme à lui-même, et ne laissent échapper aucune occasion de lui en donner des preuves.

La chaleur de cœur dont l'ouvrier est doué aime à se répandre au-dehors. Il est toujours prêt à être utile, soit qu'il s'agisse de porter remède à des accidens particuliers qui lui sont étrangers, soit qu'il faille payer de sa personne dans les périls qui intéressent la sûreté publique.

Combien d'ouvriers, ayant à pourvoir aux frais de maladies de leurs femmes, se sont réduits sans effort aux plus pénibles sacrifices, et n'ont pas hésité à vendre jusqu'à leurs meilleurs vêtemens, jusqu'à leur linge?

Les ouvriers qui vivent en commun avec une femme, se sont unis à elle ou par le lien du mariage, ou seulement par des rapports antérieurs de caractère et d'affection. Dans ce dernier cas, lorsque un ouvrier est fixé par une jeune fille, il est attiré vers elle tant par la sagesse de sa conduite et la commodité de sa modeste demeure que par ses agrémens extérieurs. Si la cohabitation fortifie en lui le goût que lui avait inspiré d'abord l'objet de son choix, les liens de leur tendresse mutuelle se resserrent de plus en plus, en telle sorte que, bien que ces liens soient purement volontaires et qu'ils dépendent, pour ainsi dire, du caprice de l'un ou de l'autre, ils paraissent désormais indissolubles. Mais si dans les commencemens, la vie commune est sans charme pour l'ouvrier, si sa compagne ne sait pas le captiver et se rendre nécessaire à son bonheur, on se sépare, et l'ouvrier dirige ses recherches vers une autre personne, jusqu'à ce que l'union des cœurs et des caractères ne laisse chez lui aucune place à l'ennui et au regret. Ces épreuves sont chanceuses et redoutables pour la jeune fille, mais quand elle en sort avec avantage, elle est sûre de maîtriser le cœur de celui dont elle a triomphé. Les années s'écoulent, la famille s'accroît, et l'ouvrier vient enfin avec confiance, et comme de lui-même, se placer sous le joug légitime du mariage.

Du reste, les enfans nés hors mariage d'ouvriers qui ont de l'ordre et quelque ressource sont traités par eux à l'égal d'enfans légitimes; ils les présentent devant l'officier de l'état civil pour faire constater leur naissance et s'en déclarer le père; ils les élèvent sous leur propre nom, et ne donnent au public, par leur façon d'agir à leur égard, comme à l'égard de leur mère, aucune raison de soupçonner l'état de celle-ci, et, par suite, l'état des enfans. Ils les envoient à l'école jusqu'à l'âge de douze ans, époque à laquelle ils les mettent en apprentissage.

Les ouvriers sont ordinairement payés à la fin de chaque quinzaine. Les plus rangés remettent leur salaire tout entier à leurs femmes en se réservant seulement de quoi fournir à leur repas de chaque jour et à quelques petites dépenses imprévues que peut nécessiter la rencontre d'anciens camarades ; d'autres ne leur donnent que la moitié de leur salaire et gardent l'autre moitié pour eux-mêmes. Une troisième classe, en laissant la femme disposer de son propre salaire, lorsqu'elle est ouvrière, se réserve le sien pour en user selon ses besoins et ses convenances. La nature des travaux de l'ouvrier qui sont rudes et fatigans l'oblige à un régime fortifiant, et ce régime ne consiste pas tant pour lui dans une nourriture substantielle que dans l'usage modéré d'un vin pur et naturel. Le vin est pour l'ouvrier plus que pour qui que ce soit une chose de première nécessité. Outre qu'il a pour effet de réparer ses forces affaiblies par le travail, il a le pouvoir d'égayer son esprit et de charmer ses peines.

Les sollicitations du cabaret ont tant d'influence sur le sort de l'ouvrier et sur celui de sa famille, qu'on ne saurait examiner avec trop de soin toute les circonstances qui peuvent le porter à céder à cet attrait. On jugera par là combien l'œil du maître est nécessaire pour surveiller la conduite de ses ouvriers, autant que celle des chefs qu'il a chargés de leur direction morale et industrielle. Le chef-ouvrier est une dénomination générique qui s'applique au maître-compagnon, au chef d'atelier, au contre-maître, sous-contre-maître, en un mot à tout individu commis par l'entrepreneur ou le maître de l'établissement pour diriger chaque escouade d'ouvriers dans l'accomplissement de la tâche qui lui est assignée. Le chef-ouvrier doit se trouver le premier sur le théâtre des travaux, et le quitter le dernier. Ce lieu s'appelle ordinairement atelier ou chantier, soit que vous le placiez dans un endroit spécial et permanent, dépendant de la maison de l'entrepreneur ou séparé de cette maison, mais appartenant à ce dernier, soit que vous désigniez ainsi l'endroit où l'entrepreneur, d'après la demande de ses pratiques, envoie un certain nombre d'ouvriers pour l'exécution de tel ou tel ouvrage de sa profession.

Pour l'ouvrier employé dans une boutique, fabrique ou manufacture, il n'y a pas de travail extérieur, l'exercice de l'industrie est concentré sur des points fixes et qui ne varient jamais.

L'ouvrier se lève avec le jour, il se rend à son atelier ; chemin faisant, il rencontre un de ses camarades qu'il n'a pas vu depuis quelque temps. On s'aborde, on propose d'un côté ou de l'autre d'aller boire, car, en pareil cas, c'est une des premières idées qui viennent à l'esprit de l'ouvrier; il est question d'ouvrage, de l'entrepreneur chez qui l'on travaille; la conversation se poursuit le verre à la main, on reprend le chapitre de l'entrepreneur, on critique sa manière de faire travailler, de conduire les travaux, la parcimonie ou l'inexactitude avec laquelle il paie ses ouvriers. On parle de sa sévérité qui paraît outrée. Les deux interlocuteurs se piquent de payer chacun *leur tournée*, c'est-à-dire de répondre à l'offre d'un verre de vin ou d'un petit verre de liqueur par un retour. La critique suit son cours; du maître on passe aux contre-maîtres, puis aux compagnons eux-mêmes; l'heure du travail arrive sur ces entrefaites; l'un des deux ouvriers craint de recevoir des reproches mérités, soit de l'entrepreneur, soit du chef-ouvrier, s'il se présente à l'atelier;

il préfère perdre un tiers de sa journée plutôt que d'encourir les reproches qui l'attendent. Il cherche à ébranler l'autre qui est moins craintif et qui résiste. Une troisième tournée est proposée par lui dans ce but, et en effet, bientôt la résistance cesse, dès-lors on s'attable, on déjeune, les têtes s'échauffent, on oublie l'atelier et l'on perd non plus le tiers de la journée, mais la journée entière, heureux lorsqu'on est en état de travailler le lendemain.

Je supposerai maintenant que l'un de nos deux ouvriers s'est refusé à entrer au cabaret et que l'on s'est borné de part et d'autre à échanger quelques propos. L'ouvrier prudent s'échappe bien vite; il se hâte d'arriver à son atelier. Aussitôt entré, il parle de sa rencontre, de ce qu'il a appris, surtout si ce qu'il sait offre quelque chose de piquant; il s'apprête à se mettre à l'ouvrage et content d'être arrivé à l'heure, ou s'il est en retard, d'être traité avec indulgence par le contre-maître, il propose à ses camarades d'aller boire un verre de vin avant de commencer à travailler; il ne voit pas ce qu'il y a de contradiction entre sa proposition et la conduite sage qu'il vient de tenir. Ceux à qui il s'adresse ne s'en aperçoivent pas davantage. La proposition est donc acceptée. S'il en est qui refusent ou hésitent, on les raille, on les taxe d'être timides. Si le contre-maître fait des remontrances, c'est un surveillant incommode et chagrin. Cependant comme on a besoin de le ménager, on ne sort pas tout de suite. Celui qui a fait la proposition est le premier à se rendre chez le marchand de vin. Ses camarades ne tardent pas à l'imiter, mais ils vont le joindre en cachette et l'un après l'autre; ils ne rentrent à l'atelier que pour sortir encore; enfin plusieurs, étourdis par les fumées du vin, deviennent incapables de travailler. On parle d'aller se promener le reste de la journée et les plus paresseux d'applaudir : il en est qui voudraient bien rester, mais pour ne pas faire autrement que leurs camarades, ils se laissent entraîner, et moitié par paresse, moitié par fausse honte, l'atelier se trouve désert en un moment.

Souvent le contre-maître oubliant ses devoirs cède, de son côté, aux mauvais exemples que des ouvriers donnent sous ses yeux et, ce qui est pis, il provoque lui-même le dérangement de ces mêmes ouvriers, qu'il aurait dû maintenir dans la voie de l'ordre et du travail. Ses propositions à cet égard ne manquent jamais d'avoir leur effet, car les ouvriers flattés de boire avec celui qu'ils considèrent comme leur chef, s'empressent à l'envi de renouveler les libations pour lui faire honneur et même d'acquitter une dépense à laquelle ils auraient dû rester étrangers; ils craindraient d'ailleurs, par leur refus d'offenser l'homme qu'ils ont le plus de raison de ménager, puisqu'il peut à son gré leur procurer du travail ou le leur ôter.

Le cabaret est pour l'ouvrier un lieu de délassement; c'est un rendez-vous pour le curieux, pour le mécontent, pour le buveur de profession. On y va pour fêter la bienvenue d'un nouvel ouvrier, pour les causes les plus futiles, à l'occasion d'un habit neuf, d'une blouse neuve sur laquelle un camarade attire l'attention des autres avec malice pour mettre en frais celui qui la porte. S'il arrive, qu'un entrepreneur adresse à un ouvrier, en présence de ses camarades, des reproches qui lui paraissent injustes, ou qui soient exprimés en termes trop amers, l'ouvrier laisse là ses outils et court au cabaret exhaler son ressentiment contre celui qui l'a maltraité sans fondement ou qui l'a humilié. Les chagrins domestiques sont aussi une des causes qui portent un ouvrier à fréquenter le cabaret. Il y trouve un sujet de distraction à ses peines et cette distraction aboutit quelquefois à l'ivresse.

L'état d'ivresse, chez les ouvriers, ne résulte pas toujours de l'abus des boissons fortes. La constitution physique de l'individu influe beaucoup sur cet état; la nature de l'industrie doit être prise aussi en considération dans l'énumération des causes accessoires, qui peuvent déterminer l'état d'ivresse; il est rare, qu'un ouvrier puisse conserver l'intégrité de sa raison et de ses forces, après avoir bu de suite quatre petits verres de liqueurs spiritueuses, l'usage successif du vin blanc et du vin rouge altère aussi avec promptitude la raison de l'ouvrier et le sollicite à boire comme dans le premier cas jusqu'à l'ivresse.

Ce que nous avons dit de l'ouvrier attaché à un atelier, s'applique de tous points aux ouvriers des fabriques et des manufactures. Dans beaucoup d'établissemens industriels qui ne sont pas rigoureusement surveillés, l'ouvrier ne se contente pas d'aller au cabaret, avant l'heure où le travail commence, et à l'heure de ses repas qui ont lieu à 9 et à 2 heures; il y va encore à 4 heures et le soir en retournant au logis.

La coutume de fréquenter le cabaret tient moins à des habitudes déréglées de la part des ouvriers, qu'à des travers qui n'ont d'influence sur leur conduite, que parce que les entrepreneurs ne s'occupent pas assez de la discipline intérieure de leurs ateliers.

Interrogez un ouvrier sur les causes habituelles de ses excès, il vous répondra, qu'elles ont leur source ou dans la faiblesse du caractère ou dans l'orgueil. Ce langage est celui de tous les ouvriers avec qui j'ai été en rapport ou que j'ai fait consulter. Ils reconnaissent, que l'usage d'aller au cabaret à tout propos est vicieux, qu'il les entraîne à des dépenses dont ils auraient pu tirer un meilleur parti pour eux-mêmes, ou pour leurs familles, et pourtant ils n'ont pas la force de résister à cet usage, soit parce qu'ils ne voient autour d'eux aucun exemple de pareille résistance, soit parce qu'ils croient leur amour-propre intéressé à ne pas reculer devant une dépense, qui pour être superflue, n'en est pas moins l'objet d'une espèce de point d'honneur entre ouvriers, par suite de la tyrannie de la coutume.

Il est une classe d'entrepreneurs qui ne sait pas se défendre elle-même de l'influence de cette coutume. Je ne parle ni des fabricans, ni des manufacturiers, mais des entrepreneurs de petite industrie, qui, au cabaret comme au café, se laissent quelquefois aller à une intempérance condamnable. Étourdis par l'abus des liqueurs fortes ou du vin, ils ont l'imprudence de se présenter dans cet état au milieu de leurs ouvriers, qui ne manquent pas de le remarquer et d'en faire secrètement le texte de justes récriminations, soit contre eux, s'ils ne sont pas d'un caractère indulgent, soit contre les maîtres en général.

Il en est des plaisirs du lundi comme de la fréquentation ordinaire du cabaret. C'est un usage qui ne tient qu'à la contagion des mauvaises habitudes, et qu'il ne serait pas difficile de détruire, si les entrepreneurs savaient mieux apprécier les avantages d'une bonne discipline, et la facilité qu'ils auraient de la maintenir parmi leurs ouvriers, en apportant dans leurs rapports avec eux une justice exacte, une bienveillance continue et une fermeté calme.

L'esquisse que nous venons de tracer embrasse principalement la première moitié du chiffre que nous avons posé, en résumant la situation statistique des ouvriers vicieux; l'étude des individus dont se forme l'autre moitié nous donnera lieu de signaler des désordres portés à un tel excès, qu'ils sembleraient devoir être incompatibles avec le sentiment moral qui constitue la dignité de notre nature.

Le goût du vin n'est plus ici pour les ouvriers un moyen commode de s'entretenir de leurs intérêts, une source de délassement et de gaîté, une cause passagère et imprévue d'ivresse, c'est la passion ou plutôt le vice de l'ivrognerie dans toute sa laideur.

Voyez cet homme appliqué au travail dans son triste réduit, il porte une veste en lambeaux, et un méchant pantalon qui cache à peine sa nudité. Il ne pourrait, sans honte, aller chercher dans cet état le pain qui chaque jour doit apaiser sa faim, si sa femme ne l'aidait de ses démarches et de ses secours. D'où vient que, dans la force de l'âge, et travailleur diligent, il se trouve ainsi dénué des choses de première nécessité? C'est qu'il a dévoré dans les orgies du cabaret tout le fruit de son travail; c'est que, n'ayant plus sous sa main d'autre ressource que les vêtemens qui le couvraient, il s'en est dépouillé et les a échangés contre des habits de rebut, véritable livrée de l'indigence, et contre un peu d'argent, afin d'assouvir sa brutale passion pour le vin. Soutenu maintenant par les pénibles efforts de sa femme, il est contraint de vivre avec épargne, et en reclus, ne pouvant se procurer que par ce moyen de quoi acheter de nouveaux vêtemens et rentrer dans les voies de la vie commune. Il supporte avec une complète insouciance cette espèce de captivité, travaillant sans cesse, et n'étant pas embarrassé pour avoir de l'ouvrage, grâce à son extrême habileté. Ces jours d'épreuve sont pour l'entrepreneur des jours de bonne fortune; la nécessité le sert selon ses souhaits, car il sait que l'ouvrage dont il attend la remise lui sera apporté régulièrement. Cependant les salaires s'accumulent dans les mains de l'ouvrier. Il sent que l'heure de la délivrance et du plaisir va

6.

sonner. Il commande des vêtemens, et malgré les instances de sa femme, il s'apprête à recommencer cette vie de désordres qui l'avait plongé dans une si grande détresse, et vers laquelle il semble ramené par une force irrésistible, force qui n'est en réalité que la domination du vice.

Sous quelque forme que la passion du vin se produise, elle dégrade toujours celui qui s'y laisse entraîner. Il est remarquable pourtant que, chez les ouvriers, cette passion, qui n'est qu'artificielle, absorbe toutes les autres, et jusqu'aux passions naturelles. Je n'ai pas besoin de répéter ici que je ne parle pas de la masse des ouvriers, mais seulement du plus petit nombre.

N'est-ce pas un spectacle douloureux et indigne de l'humanité que celui d'un père et d'une mère appesantis tous deux par l'ivresse, et gisans au milieu de la nuit sur le carré de leur chambre, dont ils n'ont pu ouvrir la porte avec leurs mains tremblantes! Celui qui les aperçoit le premier dans cette situation honteuse, c'est leur fils, leur propre fils, qui, dans un âge encore tendre, ne peut leur prêter assistance, et qui se voit réduit à reposer, faute d'asile, sur les marches de l'escalier.

Que dire de cet ouvrier qui ne consomme pour aliment, durant toute la semaine, qu'une livre de pain, pour donner davantage aux funestes délices du cabaret?

C'est dans le même but que trois compagnons, réunis en chambrée, ont résolu de vendre leurs principaux vêtemens et leurs chaussures, et de ne garder qu'une redingote et une paire de bottes pour leur usage commun.

Il est des hommes en qui la fureur de boire fait presque taire les sentimens les plus impérieux de la nature. Ainsi le père de famille qui a vécu, lui, sa femme et ses enfans, pendant un certain laps de temps, au moyen des fournitures qui lui ont été faites à crédit, et sur la foi d'un remboursement assuré, ne craint pas de calculer ses plaisirs sur le salaire qu'il va recevoir, sans prendre aucun souci de ses engagemens. La femme, qui voit avec angoisse arriver le jour du paiement des salaires, se hâte d'aller à la fabrique épier la sortie de son mari, pour le détourner de son projet insensé, et sauver le faible capital qui forme le gage unique des fournisseurs du ménage. Elle le presse, le supplie vainement d'acquitter les dettes sacrées de la famille; ses prières sont à peine écoutées; l'amour brut et aveugle des jouissances matérielles est près de l'emporter, lorsque les larmes des enfans présens à cette scène viennent toucher le cœur de ce père endurci, et lui arracher, grâce à un dernier effort de la mère, quelques pièces d'argent destinées à obtenir, s'il est possible, une prolongation de crédit. Mais, hélas! cette pieuse émotion ne dure chez lui qu'un moment, et cède aussitôt à la fougue des sens qui l'entraîne au cabaret. Là il se mêle avec bonheur à des orgies bachiques : il joue, il dépense, jusqu'à ce qu'enfin, après deux jours d'absence, la fatigue et la satiété le ramènent au logis.

La femme de l'ouvrier n'apporte pas toujours dans le soin de sa famille cette prévoyante sollicitude. Il est des femmes qui ne se font pas scrupule de suivre, avec leurs enfans déjà capables de travailler, leur mari à la barrière, pour aller, disent-elles, faire la noce. Les joies de ces insensés s'y prolongent pendant le dimanche et le lundi; on y dépense une grande partie des salaires de toute la famille, et l'on rentre chez soi, le lundi soir, dans un état voisin de l'ivresse, affectant, quelquefois les enfans, comme leurs parens, de paraître plus avinés qu'ils ne sont en effet, afin qu'il soit évident à tous les yeux qu'ils ont bu et largement bu : vanité d'autant plus déplorable, qu'elle tend à corrompre la jeunesse dès ses premières années.

Les consommateurs les plus avides, les plus importuns et les plus arrogans des secours publics, se rencontrent principalement parmi les ouvriers qui ont fait le sujet de ces dernières recherches. Plusieurs de ceux-ci ne possèdent qu'un lit pour le coucher de toute la famille, ce qui offre un pêle-mêle contraire à la santé de tous, et capable de flétrir de bonne heure la pudeur des enfans. D'autres n'ont pour reposer leur tête qu'un misérable tas de paille ou de copeaux, et leurs enfans ne sont pas mieux partagés, quoiqu'ils travaillent douze heures par jour, et qu'ils contribuent à défrayer le ménage par leur gain quotidien qui ne monte pas à moins de dix sous.

On attribue à ces mêmes ouvriers des traits de mœurs, qui sont le renversement des conditions fondamentales de la famille. Ainsi l'on cite des individus vivant en état de concubinage, qui, par un accord mutuel, changent de femmes entre eux. Lorsque ces changemens viennent à se réaliser, les enfans de chaque lit suivent leur mère dans son nouveau domicile. Celle-ci, en s'unissant à un autre homme, a compté peut-être sur un attachement plus solide que le premier; mais au bout de quelques années, une telle union n'a fait qu'accroître sa famille et ses charges, sans assurer son avenir; car celui qui aurait dû être son protecteur et son soutien l'a délaissée pour former de nouveaux liens non moins éphémères que ceux qu'il vient de rompre.

Nous terminerons ce triste tableau par un dernier trait qui prouvera combien il y a d'affinité entre les désordres d'une mauvaise vie et le crime.

Non contens de dissiper leurs salaires avec le plus fol empressement, un grand nombre d'ouvriers contractent des dettes qu'ils ne paient pas, et ces dettes se rattachent aux premières nécessités de la vie. De là des querelles avec le logeur ou le propriétaire, avec le boulanger et même avec le marchand de vins. Dans l'impuissance de s'acquitter, on cherche à échapper par la fuite aux sollicitations pressantes et aux menaces des créanciers, et on emploie dans ce but toutes sortes de stratagèmes. Il y a même certains ouvriers qui se présentent effrontément chez un traiteur, qui se font servir à dîner, et qui, après le repas, s'esquivent sans payer.

CHAPITRE II.

Ouvrières.—De celles qui se recommandent par une vie retirée ou par des mœurs pures.—Leurs habitudes, soit dans l'atelier, soit au dehors.— Du défaut de vigilance des chefs d'atelier.—Conséquences qui en résultent sous le rapport moral. — Influence fâcheuse des mauvais traitemens ou de la parcimonie des parens sur la conduite des ouvrières.—Division des ouvrières en deux classes. — Ouvrières en boutique. — Ouvrières de manufactures.—Traits distinctifs de ces deux classes. — Mœurs des ouvrières en boutique. — Effet de la modicité du salaire; conjonctions illégitimes. — Prostitution accidentelle. — Ouvrières de manufactures. — Détails intérieurs sur les fabriques. — Rapports des adultes et des apprentis. — Corruption prématurée de ceux-ci dans l'un et l'autre sexe. — Concubinage, état habituel de ces ouvrières. — Elles ne répugnent pas à l'abandon de leurs enfans. — Désordres hors de la manufacture. — Ivrognerie.

Si les lois morales communes à l'espèce humaine influent avec certitude sur le bonheur de tous, cette influence se fait sentir principalement dans la destinée de la femme, qui, par la délicatesse même de son organisation étant plus sujette à faillir que l'homme, a besoin de se précautionner contre les séductions qui l'environnent, et de se faire un rempart de ces lois.

Dans les classes laborieuses, il est des familles dont le travail, l'ordre et l'économie forment le code moral tout entier. Nourries des préceptes de ce code, les jeunes filles qui appartiennent à ces familles se recommandent d'autant plus, qu'elles vivent plus retirées. Instruites de bonne heure à placer tout leur espoir dans l'amour du travail, elles exercent, sous les yeux de leur mère, l'industrie dont elles ont fait choix, quand la nature de cette industrie le permet; ou bien, associées à un atelier, elles s'y rendent exactement pour y accomplir leur tâche journalière, recommençant le lendemain le travail de la veille, pendant tout le cours de l'année.

Les jeunes ouvrières formées à l'école de la famille ne sortent les jours de fête que dans la compagnie de leurs parens. Encouragées par les bons exemples de leur mère, dans la carrière du bien, elles économisent, à force de travail, la dot modeste qui doit les aider à trouver un mari; et leurs vertus, plus encore que leur dot, assurent leur établissement dès que le moment est favorable.

Quant à celles qui travaillent dans des ateliers ou dans des boutiques, leur conduite exige, de la part de leurs parens, une surveillance plus attentive et plus continue. Livrées à elles-mêmes, elles ont besoin de beaucoup de sagesse pour résister aux amorces des plaisirs de leur âge et aux entraînemens du vice. Dans toutes les agglomérations d'ouvrières, il y a des élémens qui sont moralement bons ou mauvais. Là où ses élémens sont contenus dans les bornes d'une liberté raisonnable et décente, la contagion du vice n'est pas à craindre. Le danger n'existe pour les ouvrières pures des influences de cette contagion que dans les relations qu'elles forment au dehors avec leurs compagnes; ces relations sont ou volontaires ou forcées. Lorsqu'elles sont le produit de la volonté, c'est-à-dire, du discernement et du choix, il y a tout lieu de présumer que la liaison s'est faite d'après la conformité des mœurs, autant que d'après la convenance des caractères. Quand elles dépendent de la nature des occupations, du lieu où le travail commun s'accomplit, en un mot, des nécessités de la profession elle-même, l'ouvrière prudente, peut sans choquer les bienséances, se tenir en garde contre les mauvais exemples; il lui suffit pour cela de mépriser intérieurement les propos qui blessent la pudeur de son sexe, en n'affectant d'ailleurs aucun éloignement pour celle qui se les permet. Cette façon d'agir est moins rare qu'on ne pense parmi les ouvrières bien élevées et traitées avec bonté par leurs parens.

Mais supposez un fabricant, uniquement préoccupé de ses intérêts mercantiles et peu touché du caractère moral de ses ouvrières, supposez qu'il tolère, parmi celles-ci, les caquets que la malice suggère toujours aux femmes réunies, de ce moment, l'ouvrière la plus réservée, la plus pudique se trouvera plongée dans une atmosphère tout autre que celle de sa famille; ici, elle recevra de ses parens les leçons de la plus saine morale, et ces leçons seront fortifiées par leurs propres exemples; là, ses oreilles seront frappées d'un langage où la licence se mêle à la galanterie, et ce langage inaccoutumé dans les réunions honnêtes, est pour plusieurs de ses compagnes un sujet d'amusement et de gaîté; que dis-je, non-seulement elles en rient, mais elles en aiguisent le trait par les saillies qui échappent à leur légèreté, et ce qui met le comble à son étonnement, c'est que la jeune personne, sur laquelle on glose, répond d'un air assuré et hardi aux brocards qui lui sont adressés, et révèle à son tour des intrigues ou des faiblesses qui mettent en évidence plus d'une de ses compagnes et en première ligne, celles-là même, qui ont excité son indiscrétion. Agitée par des sentimens contraires, l'ouvrière novice dans ces ébats d'un nouveau genre pour elle, sort de l'atelier, à la fin de la journée, avec une impression pénible. Elle se demande si les lois de la pudeur, sont en effet aussi sévères qu'elle l'a entendu dire tant de fois au sein de sa famille? Son cœur est profondément ému et la paix intérieure dont elle jouissait a fait place à un état de doute et d'inquiétude qui l'attriste. C'est dans ce moment, que la vigilance des parens est nécessaire; il faut qu'ils pénètrent le secret de la tristesse de leur fille et qu'ils se hâtent de raffermir ses croyances ébranlées, il faut qu'ils la placent dans un atelier où règne la décence, sinon son avenir est perdu.

Cette supposition a dû se réaliser bien des fois, car les ateliers de cette espèce ne sont que trop communs. La pente vers le mal est plus rapide encore pour la jeune ouvrière, dont la mère n'est ni attentive à surveiller ses liaisons et sa conduite, ni jalouse d'employer, tout ou partie de son salaire, à améliorer ses vêtemens et ses moyens d'existence. La toilette, parmi les ouvrières comme parmi les autres femmes, est un besoin de première nécessité; je ne parle point d'une toilette recherchée, mais de vêtemens propres et qui ne soient pas inférieurs à ceux que portent habituellement les ouvrières de la même profession. A l'égard des moyens d'existence, il ne paraît pas moins juste, que l'ouvrière qui gagne sa vie par son travail puisse vivre de la même manière que ses compagnes. C'est pourtant ce que beaucoup de parens ne veulent pas comprendre. Ils absorbent le salaire de leur fille pour l'entretien du ménage, se bornant à pourvoir tout juste à ses besoins, comme par le passé, et ils la dégoûtent du travail, parce qu'elle n'en retire aucun avantage particulier qui lui en fasse sentir tout le prix. Ces privations l'affligent, l'humilient, et finissent par lui faire prendre en aversion le domicile de la famille. Si un ouvrier se montre touché de sa position, et que, de son côté, elle éprouve du goût pour lui, ils forment le projet de vivre ensemble, et la jeune fille ne reparaît plus au logis de ses parens. Ces séparations brusques et violentes se reproduisent très fréquemment dans les classes ouvrières, et elles ne proviennent malheureusement, pour la plupart, que de la dureté et de l'injustice des parens.

Les ouvrières, considérées en masse, offrent à Paris deux divisions bien marquées : celles qui sont attachées à des boutiques et à des ateliers, et celles qu'on emploie dans les filatures et les fabriques. Les ouvrières appartenant à la seconde division ne sauraient être mises en parallèle avec les premières, sous le rapport de l'éducation. Celles-ci ont des manières élégantes et polies qui contrastent au plus haut degré avec les formes rudes et grossières des autres. Leur langage offre des disparates encore plus marquées. Le vice domine dans les deux classes; mais il est raffiné dans l'une, et effronté dans l'autre. En définitive, les établissemens de filature et les fabriques sont regardés généralement comme des foyers de corruption pour la jeunesse; et les ouvriers aisés se donneraient bien de garde d'y placer leurs enfans.

Les détails de mœurs que nous avons fournis à l'égard des ouvrières ne s'appliquent, on le pense bien, qu'à celles de la première classe. Leur vie est sobre et frugale, et la source de leurs vices gît principalement dans la paresse ou la vanité, quand elle ne dérive pas du malheur. Le salaire d'un grand nombre d'ouvrières ne s'élève pas au-dessus de vingt-cinq ou de trente sous par jour. Celles qui résident dans le sein de leur famille, et qui reçoivent contre un pareil salaire tout ce qui est nécessaire à leurs besoins, n'ont ni motifs, ni prétextes pour manquer aux devoirs de leur sexe, et en général elles forment la partie irréprochable de la classe des ouvrières; mais celles qui n'ont point de parens, et qui ne possèdent pour subsister que leur faible industrie de femme, comment pourront-elles subvenir, avec vingt-cinq sous par jour, à toutes les nécessités de la vie? comment pourront-elles même se loger, se nourrir, se vêtir, en un mot, pourvoir aux plus pressans besoins, n'ayant pour ressource qu'un gain aussi modique? C'est là l'écueil contre lequel vient se heurter la vertu de tant de jeunes filles, et qui occasionne de si nombreux naufrages. Une ouvrière placée dans cette position extrême, a besoin de support; son cœur s'ouvre aux paroles affectueuses du premier être qui s'intéresse à elle; et si cet être est un jeune homme, ouvrier comme elle, et animé de bonnes intentions, elle s'attache à lui comme à un sauveur. Les deux amans se jurent une fidélité mutuelle, et appartiennent de ce moment l'un à l'autre. De telles unions se terminent à la longue par le mariage; mais elles ont leur principe dans des circonstances fortuites qui créent quelquefois des engagemens plus solides et plus respectés que ceux qui sont contractés sous l'empire de la loi. Ces conjonctions sont illégitimes, sans doute; cependant, malgré qu'on en ait, elles inspirent de l'indulgence et une sorte d'intérêt, parce qu'elles ont été déterminées par des sentimens purs et honnêtes.

Toutes les ouvrières de la même catégorie, réduites à ce faible salaire et privées de l'appui de la famille, ne parviennent pas également à former des alliances aussi utiles et aussi durables. Il en est beaucoup qui se fient à des paroles trompeuses, et qui, d'illusions en illusions, finissent par tomber dans l'abîme de la prostitution. On trouve parmi ces ouvrières toutes les variétés du concubinage; et il est triste de penser que cet état équivoque et immoral est le produit forcé et comme fatal, de la misère. Plusieurs de ces infortunées, devenues mères, et délaissées par leurs amans, sont quelquefois réduites, par la faim et par la tendresse qu'elles portent à leurs enfans, à descendre plus bas encore que le concubinage : elles s'abandonnent en gémissant à de viles proxénètes, qui les prostituent à domicile, ou dans des maisons clandestines, ou même dans des maisons de passe, et qui, se riant des angoisses d'une pudeur luttant contre la dernière des souillures, les livrent avec une joie secrète à la lubricité des inconnus qui attendent leur proie.

D'autres, mues par les mêmes causes, ou par un excès de piété filiale, se hasardent à parcourir dans l'ombre de la nuit les rues et les boulevards, seules et avec un embarras involontaire, dans l'espoir d'attirer l'attention des passans. Leurs allures réservées sont, à leur insu, un vif stimulant pour ces derniers; ils s'attachent à leurs pas, leur adressent des paroles flatteuses, et les sollicitent avec d'autant plus d'empressement, qu'elles se montrent plus timides. C'est avec le prix qu'elles mettent ou plutôt que l'on met à leurs faveurs qu'elles peuvent subsister, elles et leurs enfans, ou leurs parens infirmes. Cruelle nécessité, qui les expose souvent à l'envie et aux injures des filles publiques, qui, se croyant investies d'une sorte de privilège, les contraignent à quitter le théâtre de leur cynique industrie, alors même qu'elles apprennent de leur bouche que le salaire de leur prostitution est destiné à faire vivre des enfans en bas âge, ou de vieux parens accablés d'infirmités! Les ouvrières qui sont entraînées à se prostituer par le sentiment affreux de la misère, ou par de pieux motifs, sont malheureusement nombreuses. Il y aurait une criante injustice à les mettre sur le même rang que les filles perdues.

Je me bornerai, quant à présent, à ces seuls faits, touchant les différens modes de prostitution des ouvrières, pour ne pas anticiper sur une partie de mon sujet qui doit être traitée ailleurs; il me reste maintenant à parler des ouvrières de filatures et de fabriques.

Ces établissemens qui deviennent de plus en plus excentriques et qui tendent même par un concours heureux de circonstances à se porter hors des murs de la capitale, sont néanmoins encore en assez grand nombre dans les faubourgs de celle-ci à cause du prix peu élevé des loyers.

Les ouvriers malheureux et chargés de famille, ne pouvant suffire aux frais de nourriture et d'entretien de leurs enfans avec leur modique salaire, qui ne dépasse pas souvent quarante sous par jour, ni en y ajoutant celui de leur femme qui s'élève à peine à la moitié de cette somme, se trouvent obligés, afin d'augmenter les faibles ressources du ménage, de placer leurs enfans dans les établissemens dont nous parlons, dès l'âge où ils sont capables de quelque travail. Cet âge est ordinairement de 7 à 8 ans. Jusque-là les enfans les plus âgés gardent les plus jeunes pour économiser le temps de la mère.

Admis dans ces grandes réunions d'ouvriers où les sexes sont ordinairement mêlés, les garçons et les filles se mettent à l'unisson des autres enfans. Le ton général de la fabrique ou de la filature à laquelle ils sont incorporés, influe sur eux, sans qu'ils s'en doutent, et cette influence est d'autant plus directe et d'autant plus irrésistible qu'ils sont encore dans un âge tendre naturellement porté à l'imitation. Les adultes dépourvus de toute espèce d'éducation, ne gardent aucune mesure dans leurs propos, et ils ne sont touchés que de la nécessité, de maintenir l'ordre matériel dans l'établissement et l'activité du travail. L'entrepreneur et les contre-maîtres, de leur côté, ne dirigent leurs efforts que vers ce seul but : quant à la moralité des travailleurs, ils paraissent ne pas s'en inquiéter, comme si le travail ne puisait pas son principal ressort dans l'ordre moral et pouvait être animé par un aiguillon plus puissant que le sentiment du devoir et des convenances sociales; il suit de là que la discipline morale de l'établissement est à-peu-près nulle, et que le vice siège à côté du travail.

En effet, nulle part on ne chôme plus régulièrement le lundi, que dans les fabriques et les filatures; nulle part les ouvriers et ouvrières ne sont plus dissolues; nulle part il n'y a moins de mariage et d'aisance que dans cette classe.

Les ouvriers dont nous parlons laissent leurs enfans en fabrique, ou dans les filatures jusqu'à l'âge de 12 ans. A cet âge ils s'occupent de leur faire faire leur première communion et les placent ensuite en apprentissage dans un atelier ou une boutique d'artisan. De cette manière ils ont pu diminuer leurs charges de tout le salaire gagné par leurs enfans, et se mettre en état de pourvoir plus aisément à la dépense d'entretien qu'entraîne l'apprentissage. Dans le nombre de ces enfans, il en est, qui pleins d'ardeur pour l'instruction, trouvent le temps et la force de suivre les cours scolaires du soir, après 10 à 12 heures de travail.

Les enfans des deux sexes, qui restent attachés à leur première industrie, se dépravent avant le temps et lorsque la nature les porte à se rechercher, le cœur et l'imagination ne répandent aucun charme sur des liaisons produites par des passions purement animales. Une jeune fille devient mère dès l'âge de seize ans, et quelquefois le père de l'enfant est un des libertins les plus roués de l'établissement où elle travaille. Quand le terme de sa grossesse approche, l'ouvrière n'hésite pas à se faire recevoir à l'hospice de la maternité. Elle n'éprouve aucune des sollicitudes propres au doux état de mère, à un âge où ces sollicitudes sont si délicates et si tendres. Elle aspire à être délivrée dans le seul but de jouir de sa liberté et de s'abandonner à de nouveaux désordres. Le sort de son enfant est la chose qui la touche le moins. Ce trait est un de ceux qui différencient le plus cette classe d'ouvrières, de celle dont il a été question en premier lieu ; car les ouvrières appartenant à cette dernière classe, tout en voilant avec soin leur grossesse qu'elles se reprochent comme le résultat d'une faute, ne laissent pas de s'occuper beaucoup de leur enfant et de sa destinée ; elles font leurs couches dans la maison paternelle ou dans leur propre demeure et conservent précieusement leur enfant.

Au sortir de l'hospice, la jeune ouvrière rentre dans la fabrique d'un air effronté et reprend son premier travail jusqu'à ce qu'une nouvelle grossesse l'oblige à retourner à l'hospice. Ce n'est guère qu'après une ou deux épreuves semblables qu'elle songe à se mettre en ménage, soit avec le père de son second enfant, qui alors est retiré de l'hospice, soit avec un nouvel amant. Dans cette classe d'ouvrières on évalue seulement à un tiers le nombre des femmes unies par le lien du mariage aux hommes avec qui elles vivent; celles-ci de même que les femmes concubinaires gardent et élèvent leurs enfans.

Pour se faire une idée vraie de la dépravation des ouvrières qui nous occupent, il faut les observer lorsque la dernière heure du travail étant sonnée, elles sortent de la fabrique ou de la filature: ce sont, non pas des essaims, mais des hordes de femmes se livrant sans réserve à une gaîté turbulente et grossière; ce fracas ne consiste pas seulement en cris bruyans, mais en paroles obscènes et ordurières proférées contre les passans; une femme décente qui viendrait à se montrer en ce moment serait accablée d'outrages.

L'ivrognerie n'est pas rare parmi ces mêmes ouvrières, elles font moins usage de vin que de spiritueux; il suffit de parcourir les faubourgs le dimanche et le lundi pour voir de jeunes cotonnières ou autres ouvrières de fabrique sortant de chez le rogomiste dans un état complet d'ivresse; j'en ai vu qui regagnaient le logis sous le bras de leur mère, marchant toutes deux d'un pas tremblant et mal assuré. Plusieurs de ces infortunées n'ont pas de chemises; elles ne portent qu'une légère robe de toile, et l'hiver elles cherchent dans l'abus habituel des boissons fortes, la chaleur que leur refuse un vêtement insuffisant.

CHAPITRE III.

Chiffonniers. — Gain du chiffonnier, division de ses tours de ronde. — Triage de *la marchandise* pendant ses intervalles de repos. — Chiffonniers ambulans et chiffonniers entreposeurs. — Manière de vivre du chiffonnier ambulant. — Ses saillies. — Ses goguettes en cas de riche trouvaille. — Tableau de l'intérieur du chiffonnier. — Gain des chiffonnières et des enfans. — Traits des mœurs des uns et des autres. — Désordres communs à tous. — Elémens dont se compose cette classe de la population.

L'extension que l'industrie a prise à Paris depuis 30 ans a donné au métier de chiffonnier qui occupe le dernier degré de l'échelle industrielle, une certaine importance. Hommes, femmes, enfans, tous peuvent se livrer aisément à l'exercice de ce métier, qui n'exige aucun apprentissage et dont les instrumens sont aussi simples que les procédés; une hotte, un crochet et une lanterne, voilà tout le matériel du chiffonnier.

Le chiffonnier adulte, pour gagner de 25 à 40 sous par jour, selon les saisons, est obligé de faire communément trois rondes, deux de jour, et une de nuit; les deux premières ont lieu de cinq heures du matin à neuf heures, et de onze heures à trois heures, et la troisième, dans la soirée, de cinq à onze heures et quelquefois minuit. Le chiffonnier déjeune à neuf heures et dîne à trois heures.

Dans les intervalles de ses recherches, il en trie le produit qu'il appelle la *marchandise*, et il va vendre ce produit au maître chiffonnier ou au chiffonnier entreposeur. Beaucoup de ceux-ci tiennent des garnis ordinairement affectés au logement des chiffonniers ambulans qui n'ont pas de domicile fixe; ils réservent le rez-de-chaussée du garni pour y emmagasiner les objets de leur commerce.

L'opération du triage se fait dans le logis ou hors du logis suivant que le chiffonnier demeure dans ses meubles ou en garni; dans le premier cas, le chiffonnier qui tient à avoir un logement salubre se procure un cabinet distinct et indépendant de sa chambre pour y placer le butin résultant de ses rondes et pour en faire le triage; dans le second cas, et lorsqu'il a affaire à un logeur propre et bien réglé, il trie en plein air, à moins d'intempéries qui naturellement doivent le contraindre à se mettre à l'abri. La hotte du chiffonnier n'est pas seulement le réceptacle des objets de son industrie, elle est encore le panier de son ménage. Il prend parmi les immondices qu'il exploite tout ce qui peut servir à son usage particulier : des racines pour sa soupe, des morceaux de pain, des fruits, et en général tout ce qui lui paraît mangeable. C'est un curieux sujet d'observation et d'étude que ce triage, ainsi que les propos qui l'assaisonnent, quand l'exploitant est de bonne humeur; ce qui arrive presque toujours quand la hotte est pleine, et qu'on lui adresse des paroles bienveillantes.

Les chiffonniers habitent les faubourgs, mais principalement les quartiers Saint-Jacques et Saint-Marceau, où sont établis les entreposeurs. Si vous parcourez, aux heures du retour, les rues de l'Oursine et autres rues de ces faubourgs, particulièrement habitées par les chiffonniers, vous pourrez juger de la nature et de la variété des élémens dont se compose le commerce du chiffonnier. Accroupi devant sa hotte, celui-ci vous montrera en souriant un grand os de bœuf, qui vaut son prix, ainsi que d'autres articles non moins avantageux; et, tout en faisant ses tas sur le pavé, il vous dira que la concurrence tue le commerce; que les cuisinières n'ont plus d'humanité, qu'elles tirent parti de tout, et, en particulier, des os et du verre cassé, objets capitaux de l'industrie du chiffonnier. Il y a dans l'humble condition de celui-ci des momens de fortune et de joie : c'est lorsque, remuant avec son crochet un monceau encore intact d'immondices, il voit briller à ses yeux une cuiller ou une fourchette d'argent jetée étourdiment dans ce dépôt par une cuisinière malavisée. Ces riches trouvailles ne sont pas aussi rares qu'on pourrait le penser. Ceux à qui elles profitent les célèbrent par un copieux repas à la barrière, où l'on se rend, avec de joyeux amis, dans un carrosse de place, dont le cocher n'est pas le plus content de la bande.

Il serait à souhaiter que tous les chiffonniers pussent prendre l'habitude de trier leur récolte sur la voie publique, au moins pendant la belle saison; la salubrité de leur demeure y gagnerait, ainsi que celle du reste de la maison qu'ils habitent. Malheureusement il n'en est pas ainsi; la plupart de ceux qui vivent en famille, dans leurs meubles, ne possèdent le plus souvent qu'une seule chambre. C'est là qu'ils déposent le produit immonde de leurs recherches; c'est là qu'ils en font le triage, au milieu et avec l'aide de leurs enfans. Le carreau de la chambre est couvert de chiffons souillés de fange, de débris de matières animales, de verre, de papier, etc. (1)

---

(1) Une relation curieuse des accidens arrivés à M. Ollivier (d'Angers) en visitant un magasin de chiffons, a été donnée dans les *Annales d'hygiène publique et de médecine légale*, tome VII, page 216.

Il y en a dans tous les coins, et jusque sous la couchette de leur lit; en sorte qu'on ne peut entrer dans un pareil lieu, sans être suffoqué par une odeur que l'habitude seule peut faire supporter. Ce qui ajoute encore aux miasmes qui s'exhalent de ce sale butin, c'est que plusieurs chiffonniers gardent dans leurs chambres un gros chien et quelquefois deux, qu'ils emmènent avec eux dans leurs rondes nocturnes.

Parmi les chiffonniers qui logent en garni, il en est bon nombre qui, par économie, couchent dans les champs durant la belle saison.

Le gain journalier des chiffonnières s'élève de quinze à vingt sous, et celui des enfans à dix sous environ. Il y a de ces enfans qui désertent le toit paternel, dès l'âge le plus tendre, et qui se mettent à chiffonner pour subsister. Leur vie est tout-à-fait nomade et presque sauvage. Ils sont remarquables par leur audace et l'aspérité de leurs mœurs. Au bout de quelques années, ils sont devenus tellement étrangers à leur famille, qu'ils ont perdu le souvenir du nom et de la demeure de leur père, ne sachant que leur propre prénom.

Les chiffonniers comme tous les corps de métier, offrent dans ceux qui se livrent aux désordres de l'inconduite des nuances dont il faut tenir compte.

Ils ont ainsi que les ouvriers l'habitude de fréquenter les cabarets et les lieux où l'on débite des liqueurs fortes. Comme eux et plus qu'eux, ils mettent de l'ostentation dans la dépense, que cette habitude leur occasionne. L'eau-de-vie a, pour les vieux chiffonniers et surtout pour les vieilles chiffonnières, un attrait qu'aucun autre ne peut balancer. Celles-ci consomment le moins qu'il leur est possible en alimens, afin de se livrer plus souvent à leur goût favori. Elles s'imaginent que l'eau-de-vie les soutient autant que des substances solides, prenant le ton artificiel que leur procure cette liqueur, pour une marque de force réelle, tandis que ce ton n'est que de l'irritation qui corrode leur estomac, bien loin de le fortifier : aussi règne-t-il dans cette classe une grande mortalité.

Les chiffonniers ne se contentent pas toujours de vin ordinaire dans les cabarets, ils se font apprêter du vin chaud et ils se formaliseraient grandement, si ce vin ne contenait, avec force sucre, l'arôme produit par l'emploi du citron. Les cabaretiers ne sont pas les derniers à se scandaliser de tant d'imprévoyance et de sensualité, et ce scandale est d'autant plus sensible que les buveurs n'ont pas quelquefois assez d'argent pour solder entièrement leur dépense.

Les sentimens généreux qui animent l'ouvrier, n'existent pas dans le chiffonnier. Ce dernier, couvert des lambeaux de la misère, affecte une sorte de cynisme, il s'isole volontiers des masses, peut-être, parce que celles-ci s'éloignent elles-mêmes de lui. Ce défaut de sociabilité le rend dur et méchant. Il y a du reste, parmi les chiffonniers, beaucoup de repris de justice et, parmi les chiffonnières, un certain nombre de prostituées de bas étage.

TITRE II.

DES MŒURS DE LA PORTION VICIEUSE DES CLASSES AISÉES. — CAUSES DE SES VICES.

CHAPITRE UNIQUE.

Objet spécial de ce chapitre. — Aspect général des catégories faisant partie de la classe vicieuse. — Raisons pour lesquelles on s'est contenté de décrire les mœurs des *écrivains* ou *copistes*, des *étudians*, et des *commis-marchands*. — Détails caractéristiques sur ces trois catégories. (1)

Il ne faut pas perdre de vue que je n'ai point à faire connaître dans ce chapitre les moyens de fraude et de dol mis en usage par les hommes immoraux appartenant aux diverses catégories des classes aisées que j'ai indiquées précédemment, mais les mœurs particulières de ces individus, ou pour mieux dire leurs vices, afin de montrer par quelle suite de désordres ils ont été conduits au crime.

Et d'abord, je ne m'occuperai point ici de ceux qui prennent la qualification de négocians, parce que, en général, ce sont des avanturiers et des malfaiteurs

(1) Ce chapitre est le complément du chap. II, tit. I de la première partie; il est aussi entièrement neuf.

étrangers au vrai commerce, et qui usurpent ce titre pour acquérir une considération et un crédit passagers dont ils se servent pour faire des dupes; leur place est marquée parmi les escros de profession, dont il sera question ultérieurement.

Quant aux autres catégories, si on en excepte les écrivains ou copistes, les étudians et les commis marchands, elles n'offrent aucun trait de mœurs saillant et digne de remarque; le vice y domine quelques individus avec assez de force pour les faire dévier du sentier de l'honneur; toutefois, les enseignemens qu'on peut tirer de leur immoralité et de leur chute, me paraissent moins étendus et moins utiles que ceux qui se trouvent renfermés dans la vie dissolue, le cynisme et les égaremens des trois catégories que je viens de nommer : je me contenterai donc de décrire avec quelque détail les mœurs de celles-ci, afin de ne pas m'exposer à des redites fastidieuses, en me livrant à une revue complète; la première de ces catégories présente le degré d'incurie, de paresse et d'abrutissement le plus bas auquel un être humain éclairé puisse descendre; les deux autres renferment dans leur sein des jeunes gens portés au désordre par la fougue des sens, le mauvais exemple et ces excitations sans nombre qui, à Paris, assaillent et tentent la jeunesse de toute part, mais quoique le vice soit profond en eux, puisqu'il a précipité quelques-uns de ces malheureux dans le crime, on sent qu'il n'est pas sans remède ; on aime à croire que l'âme n'est pas corrompue, qu'elle est affaissée, mais qu'elle peut se relever et s'ouvrir encore à de nobles émotions : c'est cette perspective consolante qui répand un si vif intérêt sur les mœurs des étudians et des commis marchands, mœurs qui chez le plus grand nombre sont exemptes de toute souillure et remarquables par l'union la plus touchante, comme par le dévoûment le plus vrai.

Les commis aux écritures, désignés aussi sous le nom d'écrivains ou de copistes, sont très nombreux à Paris; on en compte plusieurs milliers employés dans les administrations, maisons de banque, les études de notaires, d'avoués, d'huissiers, les greffes, les cabinets d'architectes-experts, en un mot dans tous les établissemens qui ont des expéditions ou des copies à faire.

La catégorie d'écrivains ou de copistes dont je me propose de parler est celle qui travaille dans les bureaux d'entrepreneurs d'écritures. Ces bureaux ou échoppes sont en grande partie établis sur la voie publique. Il y en a environ 150 à Paris. On peut évaluer le nombre des commis qu'ils occupent à près de 600. Les échoppes ou bureaux d'écrivains publics sont répandus dans les quartiers populeux de la capitale, et rapprochés du centre des affaires. Ils abondent principalement dans l'intérieur du Palais-de-Justice, ses dépendances et ses abords. Ils sont alimentés par le trop-plein des écritures d'avoués, de notaires, etc., indépendamment des travaux de rédaction, qui n'offrent qu'une source secondaire de profits.

Les entrepreneurs d'écritures donnent à leurs employés les deux tiers du salaire payé pour l'expédition ou la pièce d'écriture, et ils gardent l'autre, à titre d'émolumens. Les employés attachés à un bureau d'écrivain sont classés par numéros, de telle sorte que les quatre ou cinq premiers sont à-peu-près sûrs d'avoir journellement de l'ouvrage, quand la clientelle du bureau a quelque importance. Leur rétribution s'élève de huit à quinze francs par semaine. Les plus habiles, et en particulier ceux qui excellent dans l'autographie, peuvent gagner jusqu'à quarante francs pendant le même espace de temps. Les uns sont à poste fixe, et les autres mobiles. Il existe parmi eux des clercs de toute espèce, expulsés des études où ils travaillaient pour cause de paresse ou d'abus de confiance, des instituteurs sans élèves, des sous-officiers éloignés de leurs régimens, à raison de leur vie déréglée et dissolue;

des fils de famille répudiés par leurs proches pour leurs désordres et la dépravation de leurs mœurs, des condamnés libérés ; en un mot, des gens plus ou moins lettrés de toutes les conditions, et formant le rebut de la société. A côté d'eux, et cela est pénible à dire, on voit des jeunes gens irréprochables et pleins d'instruction, que le défaut de fortune ou d'emploi, et quelquefois des circonstances malheureuses et imprévues ont réduit au métier de copiste ou de rédacteurs de pétitions pour subsister. On y remarque aussi d'honnêtes pères de famille. Cette dernière classe est très recherchée par les entrepreneurs ; ils en forment la partie sédentaire de leurs employés, et, autant que possible, ils les tiennent séparés des premiers. Cette séparation, qui malheureusement est fort difficile, à cause de l'étroitesse ordinaire des localités, est sollicitée par tous les bons sujets, moins dans un esprit de délicatesse et de moralité que pour n'avoir aucun contact avec des hommes dont le voisinage inspire un profond dégoût, à cause de leur affreuse saleté.

Les vices principaux de la classe dépravée des écrivains sont l'ivrognerie, la gourmandise, le jeu et la paresse ; les plus paresseux et les plus corrompus vivent tour-à-tour d'expéditions et de rapine. C'est de cette tourbe d'individus qu'est sorti Lacenaire, célèbre par ses crimes autant que par ses excès. Les habitudes de ce scélérat bel esprit étaient celles d'un épicurien sans foi ni loi. Un des entrepreneurs qui l'avait employé le plus me les a racontées. Ses penchans les plus vifs étaient le jeu et la bonne chère; ce qu'il ne donnait pas au premier, il le consumait pour satisfaire sa gourmandise. Il lui fallait des mets recherchés, des primeurs. Il dépensait de huit à dix francs à son déjeuner ou à son dîner. Il était amateur passionné du café, dont il prenait cinq à six tasses par jour. Le faux et le vol pourvoyaient à ses appétits, à ses fantaisies et à sa passion pour le jeu. Quelquefois il recourait au travail; mais sur la fin de sa carrière criminelle, il s'était voué corps et âme à la déprédation et à l'assassinat. Avant qu'il eût tout-à-fait brisé avec l'ordre social, c'est-à-dire pendant qu'il travaillait encore dans les bureaux d'écrivain, il était recherché pour la netteté de son écriture et la promptitude de son expédition. Il lui arrivait quelquefois d'entreprendre la copie d'une pièce d'écriture considérable, excité par l'appât d'un gros salaire, et de ne pas désemparer pendant vingt-quatre heures et même quarante-huit heures, si ce n'est pour ses repas. Sa tâche finie, il dévorait au jeu ou dans un déjeuner le fruit de ses veilles laborieuses. Du reste, Lacenaire n'était pas un commis proprement dit; il lui répugnait de s'assujettir à une occupation régulière. Il ne prenait la plume que par occasion, et dans des momens de détresse qui doivent être nécessairement fréquens chez des hommes de cette espèce.

Dans le nombre des employés qui nous occupent, il n'est pas rare de rencontrer des individus qui joignent au goût de la bonne chère les habitudes du cynisme le plus dégoûtant. Leur mise ne ressemble à aucune autre, à cause de sa saleté et de son délabrement. Les haillons de la misère offrent sans doute un aspect qui repousse; mais l'éloignement qu'on éprouve à la vue d'un malheureux trouve souvent un contrepoids dans l'humble et douce tristesse de son regard, et dans le ton suppliant de sa voix, tandis que celui qu'inspire l'aspect d'un commis aux écritures souillé dans ses vêtemens en guenilles autant que déréglé et fantasque dans ses appétits, a quelque chose d'insurmontable, comme le sentiment causé par le spectacle d'un objet immonde. Il n'est pas inutile d'observer que les commis les plus habiles appartiennent à cette catégorie de gourmets fangeux, en même temps qu'ils sont des buveurs désordonnés. On m'a cité un ancien marin, doué d'un talent remarquable pour l'autographie, qui, au cœur de l'hiver, n'avait pas de chemise sur le corps, et cachait sa nudité en fermant son gilet avec une épingle. Cet individu, qui était à peine vêtu, et qui, à son dénûment, joignait une saleté nauséabonde, dépensait de temps à autre de cinq à six francs à son dîner. Un jour que la recette avait été abondante, il offrit naïvement à son patron de venir manger avec lui une perdrix aux choux. L'honnête entrepreneur lui répondit que c'était un mets trop recherché pour lui, et qu'un père de famille pauvre devait vivre frugalement. Ces hommes épris de la bonne chère sont, en outre, grands consommateurs de café et de liqueurs fortes. Ils semblent n'estimer que les jouissances animales; car, indifférens aux avantages d'une mise propre et convenable, ils habitent les garnis du plus bas étage, et couchent sur des grabats pleins de vermine, à quatre sous la nuit.

La passion du jeu condamne ceux de ces malheureux qui en sont subjugués à des privations qui nous paraîtraient intolérables, si la passion ne suffisait pas pour expliquer les choses les plus extraordinaires. Nous parlerons de cette catégorie dans le chapitre des joueurs.

Les paresseux offrent un sujet d'étude aussi curieux qu'instructif. La paresse est un des vices qui, chez l'homme, sont les plus opiniâtres et les plus pernicieux. Elle engourdit ses facultés physiques et morales; on dirait par fois qu'elle les enchaîne ou qu'elle les glace. Comment concevoir autrement l'apathie de ces êtres qui ne se résignent à travailler que pour ne pas mourir de faim. Travail ou peine (je veux dire châtiment), c'est tout un, à leur gré. Aussi combien de ces lâches copistes, qui pouvant, au moyen d'un labeur modéré, gagner de vingt à trente sous par jour, regimbent contre l'assiduité à laquelle ce gain les obligerait, et préfèrent gaspiller leur journée, en se contentant d'expédier tout juste assez pour obtenir un chétif salaire de six à huit sous. Pour eux, ne rien faire est le bonheur suprême. Ils s'inquiètent peu de leur nourriture; car, à déjeuner, ils se nourrissent avec du pain sec et de l'eau; et à l'heure du dîner, ils se rendent chez le gargotier, où ils se font servir un plat de quatre sous, qui est toute leur pitance. Il leur suffit de deux à trois sous pour se procurer un gîte. Les vêtemens de ces malheureux sont si usés et si sales, qu'ils en sont infects. Ils ne songent à les remplacer qu'au dernier moment. Ainsi ont-ils besoin d'une chaussure, ils parcourent les bureaux d'entrepreneurs, pour gagner de deux à trois francs, et ils achètent une méchante paire de bottes à demi usées. Ils font de même pour les parties de leurs vêtemens qui sont hors de service. Les entrepreneurs, tout en méprisant ces hommes énervés et abrutis, ne laissent pas de les ménager, parce que dans les cas de travaux extraordinaires ils ne sauraient s'en passer. La mollesse et l'incurie qu'ils rencontrent chez eux, même dans ces occurrences, est telle, qu'ils sont obligés de recourir aux instances les plus pressantes pour les déterminer à accepter du travail. Il en est qui, pour les fixer plus sûrement, leur laissent le choix des expéditions, et consentent à garder pour eux-mêmes la besogne la plus pénible et la plus fastidieuse. Est-il étonnant que des hommes ainsi faits attirent à eux les malfaiteurs par une affinité secrète, c'est-à-dire par la paresse, et qu'ils s'en rapprochent eux-mêmes par la même cause? Est-il étonnant qu'ils passent pour chercher un surcroît de salaire dans les diverses pratiques du dol.

Les étudians, nous en avons fait la remarque, sont unis entre eux par les liens d'une confraternité pleine de charmes. Cette union est due, moins à l'esprit de corps qu'à une sympathie douce et vive, qui les porte à se soutenir et à s'entr'aider réciproquement dans les épreuves quelquefois difficiles du temps de leurs études. Quoique cet esprit de bienveillance mutuelle établisse entre eux une sorte de communauté, il se concentre pourtant d'une manière toute particulière dans de petits groupes d'amis qui mettent en commun leurs peines aussi bien que leurs plaisirs, et qui forment autant de sociétés distinctes aux cours, au café, à la promenade, et dans tous les lieux où le public se rassemble. Ces sociétés, sans être compactes, n'en subsistent pas moins, et leurs membres agissent dans le même lieu, suivant des inclinations qui leur sont communes. Ils sont attirés ou éloignés par les mêmes causes. Cela se voit principalement dans les cafés. Le grief de l'un des habitués contre le maître de l'établissement est partagé par ses amis, qui font retraite ou demeurent avec lui, selon qu'il est ou n'est pas satisfait des explications qu'il a reçues de celui qui l'a blessé.

L'étude et le plaisir, tel est le programme de la vie de l'étudiant. Les séductions du plaisir l'emportent d'abord de beaucoup sur celles de l'étude; mais l'expérience et la raison ne tardent pas à rétablir la balance.

Le trait de mœurs le plus saillant chez l'étudiant, c'est la cordialité. Il s'empresse d'en donner des témoignages à ses amis dans toutes les rencontres : l'un d'eux est-il malade, il est secouru par les autres avec le plus actif dévoûment. Ils le soignent, ils le veillent; aucune peine, aucun détail domestique ne leur coûte. Hors des cas de maladie, ils ne sont pas moins prompts à s'obliger : ils se prêtent non-seulement de l'argent, mais des parties de leurs vêtemens. Les moins aisés sont naturellement ceux qui recourent à ce dernier expédient, et une pareille nécessité ne change rien aux rapports d'intimité qui existent entre celui qui prête et celui qui reçoit. Parmi les étudians, comme chez tous les jeunes gens, l'ordre et la prévoyance ne sont pas toujours rigoureusement observés, même par les plus sages. Aussi les embarras financiers sont-ils fréquens chez quelques-uns. Ces embarras sont souvent très grands; celui qui les éprouve n'est réduit à une telle extrémité que par son inconduite. Les femmes et le jeu sont les causes habituelles de ces dérangemens. L'étudiant use de toutes sortes de moyens pour suppléer à l'insuffisance de ses ressources pécuniaires. Il engage ses habits et ses bijoux au Mont-de-Piété. Il est des pères de famille qui ont été dans la nécessité de dégager jusqu'à quatre fois les vêtemens de leurs fils. Ceux-ci, en cas de pénurie, commandent à leurs tailleurs un habit, dont ils n'ont pas besoin, tout exprès pour le déposer au Mont-de-Piété, et se procurer quelque argent. Il en est qui, ayant emprunté à un camarade son meilleur habit, dans un moment de détresse, iront l'engager pour payer une dette criarde, ou pour satisfaire leurs passions. Les juifs font de fréquentes opérations usuraires avec cette classe d'étudians; ils leur vendent des bijoux sur leurs billets, à un très haut prix; et dès que les acheteurs en sont nantis, ils s'empressent de prendre le chemin du Mont-de-Piété, afin d'y contracter un emprunt.

Outre ces moyens de crédit, ils cherchent un palliatif momentané à leurs désordres dans le détournement de fonds destinés par leurs parens au paiement de leurs inscriptions. De là des suppositions de maladies et de dépenses extraordinaires, telles que achats de livres, etc., suppositions qui, étant répétées aussi souvent que les embarras eux-mêmes se reproduisent, finissent par exciter les soupçons du père, et le décident quelquefois à se rendre auprès de son fils pour vérifier les faits. Quand ces voyages foudroyans sont annoncés, celui qui en est la cause, rarement innocente, s'arrange pour obtenir de ses camarades, ou des gens de la maison qu'il habite, des témoignages de complaisance, qui attestent la réalité des maladies supposées. Il loue, peu de jours avant l'arrivée de son père, une certaine quantité de livres qu'il met en évidence dans sa chambre, et qu'il dit avoir achetés, lorsqu'il est question de justifier les prétendues dépenses extraordinaires par lui alléguées. Enfin il parvient à colorer les choses, de manière que les soupçons du père se calment, et que ce dernier, fasciné d'ailleurs par la vue et les caresses de son fils, repart, sinon complètement édifié sur sa conduite, au moins satisfait jusqu'à un certain point des explications qu'il lui avait adressées originairement dans ses lettres, et à la véracité desquelles il avait tout d'abord refusé de croire.

Les écarts auxquels se livrent certains étudians ne se terminent pas tous d'une manière aussi heureuse. Il en est qui, après avoir lassé la patience de leurs parens et épuisé les sacrifices dont ils étaient capables, sont abandonnés à eux-mêmes sans secours d'aucun genre; sommés de rentrer dans la maison paternelle pour tenter une autre carrière, ceux qui sont ainsi destitués de toute ressource, et qui ne renoncent pas à l'espoir de reconquérir l'affection et l'assistance de leur famille, n'ont d'appui, pendant qu'ils travaillent à obtenir leur pardon, que dans l'amitié de leurs camarades, mais cette amitié ne leur manque presque jamais, et elle se manifeste par des services journaliers. Ils sont nourris et hébergés tour-à-tour par leurs amis qui les admettent même à partager leurs plaisirs, afin de leur rendre plus supportable l'amertume de leur position.

Les étudians de première année, étrangers à la ville de Paris, sont les plus enclins à la dépense et au désordre, et cela se conçoit aisément. Passant de la vie de famille, dont les habitudes sont douces, mais graves, à une vie libre et indépendante, tout les convie au plaisir : l'inexpérience, l'exemple et le défaut de toute surveillance. La pente du plaisir est en effet glissante. Il n'y a pas loin de l'usage à l'excès, pour les élèves commençans, surtout quand ils ne sont pas prémunis contre certaines séductions, contre certains pièges. Parmi les étudians, comme dans toutes les agglomérations de jeunes gens ayant les mêmes habitudes et travaillant à atteindre le même but ou scientifique ou industriel, il est des individus qui affectent des allures et un train de vie à part. Soit jactance, soit vice de caractère, soit fougue immodérée des sens, ces individus se plaisent à fronder tout ce qui est, depuis les lois de l'école ou de l'industrie à laquelle ils appartiennent, jusqu'aux lois les plus simples et les plus respectées de la société. Querelleurs, ennemis du travail, épris de la vie de café, ne goûtant de plaisir que dans le cynisme, ils se font un déplorable honneur de propager leurs idées, leurs habitudes et leurs goûts. Ils attirent à eux les étudians novices pour les initier à leurs pernicieuses doctrines et à leurs honteux désordres. Du moment qu'ils sont parvenus à se rendre maîtres de leur esprit, ils les excitent à des dépenses folles qui les détournent de leurs études, en corrompant les penchans honnêtes qu'ils avaient apportés de la maison paternelle, et ils trouvent de la sorte le moyen de défrayer leurs propres vices avec une partie de ces dépenses. Ainsi, non contens de multiplier les disciples de leur dépravation, ils cèdent au besoin d'en faire des dupes, joignant à l'odieux métier de corrupteur le rôle méprisé de parasite.

Ce sont ces mêmes individus qui ont introduit l'ivresse et l'orgie parmi leurs camarades, qui insultent à la pudeur publique par des démonstrations et des actes obscènes, qu'on ne tolérerait pas dans de mauvais lieux; qui se plaisent, en un mot, à troubler la paix de la cité, par des vociférations révoltantes et une licence sans bornes. Le petit nombre d'étudians qui se lance dans ce tourbillon, met tout en oubli: travail, devoirs, avenir et jusqu'à sa propre dignité; heureux, lorsqu'il s'arrête à temps dans cette voie d'immoralité et de ruine. La masse des étudians réprouve de tels excès, et il faut dire à sa louange, que les jeunes éventés ou les hommes corrompus qui s'en rendent coupables, n'auraient garde d'en tirer vanité en sa présence.

C'est à cette faible minorité qu'appartiennent les étudians amenés devant la justice, pour des larcins qu'ils ont commis dans des momens de détresse, au préjudice des restaurans ou des cafés, habituellement fréquentés par cette classe de la jeunesse, et souvent même au préjudice de leurs camarades. — Plusieurs ont été poursuivis et condamnés pour des faux. Il est triste d'avoir à révéler de tels égaremens; mais de quoi le désordre n'est-il pas capable? quelle affliction, quel deuil pour les familles frappées d'un coup si inattendu! quelle censure plus puissante du déréglement des mœurs et de la violation des lois de la morale!

Dans tous les rangs de la jeunesse, l'effervescence de l'âge, les premiers essais de la force virile, poussent presque toujours l'homme au-delà des bornes de la sagesse. C'est un tribut que tous paient ou ont payé aux exigences des passions; mais ces faiblesses auxquelles on n'oserait pas ne pas compatir, alors même qu'elles méritent le blâme, sont exemptes de désordre extérieur; ceux à qui on peut les reprocher recherchent l'obscurité et le mystère, et en tout cas, ils se cachent assez pour ne pas alarmer l'honnêteté publique. Ces dernières réflexions, nous ont paru nécessaires, pour montrer que nous n'avons eu ni la prétention ni même la pensée de nous eriger en censeur des mœurs d'une classe que nous aimons et à laquelle nous tenons à honneur d'avoir appartenu. Les désordres que nous venons de signaler sont loin d'avoir été exagérés par nous; il faut qu'ils soient bien graves, puisqu'ils entraînent à des actes criminels, plusieurs de ceux qui les commettent.

Les commis marchands sont unis entre eux comme les étudians, mais cette union est moins intime, parce que le sentiment de confraternité qui les lie, a moins occasion de s'exercer. En effet, le commis marchand surtout le commis détaillant, ayant peu de loisir, n'a guère le temps de cultiver ces relations amicales qui chez l'étudiant sont, pour ainsi dire, cimentées par l'étude, autant que par le plaisir.

Quoi qu'il en soit, les commis marchands se prêtent un appui mutuel dans toutes les circonstances difficiles où ils se trouvent; ils aident les uns et les autres à leur placement. Ils subviennent à leurs besoins dans certains cas par des prêts d'argent, et ces secours deviennent des souscriptions, quand ils sont nécessaires à ces commis alertes, intelligens, d'un caractère facile et bienveillant, connus et aimés de tous, qu'une infirmité grave a obligé de renoncer au commerce ou qui ont éprouvé une perte d'argent, qui serait pour eux irréparable. La bienveillance universelle se porte même sur la famille de ces bons camarades, lorsqu'ils en étaient les seuls soutiens, et que la mort en les frappant, laisse leurs vieux parens sans support et dénués de toute ressource. Pourquoi faut-il qu'à côté de traits si honorables, nous ayons à révéler des faits qui viennent en affaiblir l'intérêt? hélas! cette révélation si pénible qu'elle soit, ne saurait altérer l'estime due aux bons sentimens de la classe que nous examinons; elle prouve seulement qu'il y a des vices et des souillures dans cette classe, comme dans tous les autres rangs de la société.

Les commis marchands appartiennent en général à des familles peu aisées. Les premières années de l'apprentissage sont rudes. Les commis les moins rétribués gagnent 300 francs par an, ils sont en outre logés et nourris par le commerçant qui les emploie. Ces derniers avantages sont acquis également aux autres commis dont les appointemens s'élèvent par degrés jusqu'à 3,000 francs. La mise propre et soignée de ces commis, l'habitude qu'ils ont de fréquenter les cafés, et leur goût, soit pour les spectacles, soit pour les bals publics, éveillent de bonne heure les passions de ceux qui font partie de la dernière classe et dont le traitement suffit à peine à leur entretien. Ces excitations ne sont pas toujours réprimées par le bon sens ou par ce sentiment calme d'impuissance qui amène d'ordinaire la résignation. Quand le jeune commis est livré à lui-même, que son courage n'est pas soutenu par les paroles affectueuses et sages de sa famille, lorsque enfin la passion est la plus forte chez lui, il se laisse aller à dérober quelques faibles articles de marchandises pour se procurer de l'argent, enhardi qu'il est par l'espoir d'échapper au soupçon, espoir qui se réalise, du reste, plus souvent qu'il n'est trompé, surtout dans les grandes maisons de commerce. C'est ainsi que ces jeunes gens entraînés par la fougue et l'inexpérience de leur âge, parviennent à se ménager quelques-uns des plaisirs goûtés par les autres commis. Mais leur indiscrétion et leurs vanteries à propos de ces plaisirs font jaser leurs camarades. Les caquets de ceux-ci arrivent aux oreilles du commerçant, qui cherchant à connaître la source de semblables dépenses, ne tarde pas à s'apercevoir qu'elles dérivent du vol, et congédie le malheureux commis.

Non-seulement les jeunes gens qui débutent dans le commerce ne savent pas se borner à des dépenses en rapport avec leur modeste traitement, mais les commis les mieux appointés, et qui auraient le moins de raison d'excéder leurs ressources sont enclins à les dépasser. Le goût de la toilette, l'amour des femmes et du plaisir, les jette dans des dépenses auxquelles ils ne peuvent suffire, et les plus déréglés recourent assez souvent au vol pour satisfaire leurs passions. Dans le commerce de nouveautés, il n'est pas rare que des femmes galantes ou des soubrettes agréables spéculent sur une intrigue amoureuse qu'elles nouent avec un commis qui leur plaît et dont elles se promettent de tirer parti pour renouveler sans frais leurs ajustemens. Ces liaisons qui peuvent ne cacher aucune arrière-pensée coupable de la part des femmes qui les font naître, ne laissent pas de produire chez leurs amans une fermentation de vanité ayant quelquefois pour effet de les exciter au vol, impuissans qu'ils sont de satisfaire par eux-mêmes à la coquetterie de leurs maîtresses; ces liaisons et ces vols s'accomplissent dans les grandes maisons de commerce beaucoup plus souvent qu'ailleurs, parce que la surveillance, quelque sévère qu'elle soit, n'y est jamais aussi continue que dans les maisons d'une importance secondaire.

En pareilles circonstances et dans d'autres où leur défiance est sérieusement excitée, les chefs de commerce qui sont sans cesse préoccupés de la crainte d'être victimes de quelques soustractions, n'attendent pas que le soupçon dont un de leurs commis est l'objet, soit légitimé par des indices répétés, pour l'éloigner de leur établissement; du moment que ce soupçon repose sur quelque vraisemblance, ils rompent immédiatement avec leur commis et le congédient sans explication.

Les renseignemens que nous avons recueillis sur les habitudes des commis marchands nous ont appris que parmi ceux d'entre eux qui vivent dans le désordre, on remarque les mêmes excès que nous avons signalés chez les étudians. Le cynisme et l'orgie se mêlent à leurs plaisirs. Dans les bals publics, ils sont les promoteurs ou les complices des actes les plus licencieux, surtout quant la foule peut les dérober à la surveillance des préposés de la police.

TITRE III.

DES MŒURS DE LA CLASSE DANGEREUSE. — CAUSES DE SA DÉPRAVATION ET DE SES MÉFAITS.

Avant de faire connaître les mœurs de la classe dangereuse, j'ai pensé qu'il serait à propos de rechercher et d'indiquer quels sont les quartiers de Paris, que cette classe fréquente ou habite de préférence; de décrire l'aspect des rues de ces quartiers et particulièrement celui des maisons garnies où les individus réputés suspects, ont l'habitude de passer la nuit. Je ne me suis pas contenté d'une peinture extérieure, j'ai mis en lumière l'état intérieur de ces retraites hideuses et l'assemblage repoussant des êtres qui viennent y chercher asile. Les documens que je me suis procurés à cet égard, sont résumés dans un chapitre que j'ai intitulé : *de la Topographie morale de Paris*.

J'ai considéré aussi comme un préliminaire obligé du tableau de mœurs, que j'avais à offrir, l'exposition du mécanisme et *de l'organisation de la Police à Paris*. Ces détails sont, je crois, tout-à-fait neufs, et conduisent le lecteur, par une transition naturelle, à la connaissance des diverses catégories de la classe dangereuse qui est le principal objet de ce titre.

CHAPITRE Ier.

De la topographie morale de Paris. — Division administrative de cette ville. Arrondissemens municipaux. — Quartiers. — Maisons recherchées par les logeurs tenant des garnis infimes. — Quartiers habités de préférence par les malfaiteurs. — Description générale de ces quartiers. —Nombre de repaires existant dans plusieurs d'entre eux. — Distribution des prostituées. — Peintures de l'intérieur des repaires.

Paris est divisé en douze arrondissemens municipaux, administrés par autant de maires, et chaque arrondissement se compose de quatre quartiers, dont la police est confiée à un pareil nombre de commissaires de police. On compte en conséquence à Paris quarante-huit quartiers, dont la topographie morale mérite d'être étudiée. Une pareille étude pourrait être poussée fort loin ; mais, circonscrit, comme nous le sommes, par les limites de notre sujet, elle ne saurait nous occuper que sous le seul rapport de la classe dangereuse.

En essayant de déterminer la force effective de cette classe, nous en avons indiqué les principaux élémens. Ces élémens sont plus ou moins disséminés dans tous les quartiers de Paris. Les plus riches et les plus populeux n'en sont pas exempts, car il est rare que le quartier le mieux bâti ne renferme pas quelque rue étroite, bordée de vieilles maisons mal tenues et de mauvaise apparence. Or c'est là que les logeurs de la classe dangereuse s'établissent, c'est là qu'affluent les filles publiques, les souteneurs, les filous et les voleurs. Autour d'eux viennent se grouper les joueurs, les vagabonds et généralement tous ceux qui n'ont pas de moyens d'existence.

Cependant, il y a des quartiers que ces individus recherchent et fréquentent plus volontiers que d'autres, et parmi eux on en désigne qui, par leur position centrale, semblent être le domaine particulier des prostituées, des vagabonds et surtout des malfaiteurs. De ce nombre sont les quartiers de la Cité, des Arcis et Saint-Honoré. Quiconque a visité les rues dont ils se composent, aura peu de peine à le croire. Ces rues étroites, sales, flanquées de maisons hautes de quatre étages et dont les allées sont presque toutes dépourvues de portiers, ont été abandonnées à la population la plus infime et la plus corrompue de la capitale. Le quartier de la Cité, notamment, a un aspect sinistre et qui contraste singulièrement avec les quais et les monumens qui l'entourent et qui l'avoisinent. Il est sillonné de rues larges au plus de 8 pieds et bordées de maisons noircies par le temps. Ces maisons très élevées, comme nous l'avons dit, rendent les rues tristes et humides, et elles sont elles-mêmes fort peu éclairées, surtout dans le rez-de-chaussée. Les rogomistes, les gargotiers et les teneurs d'estaminet, y abondent. L'obscurité de leurs boutiques, jointe à la physionomie repoussante des rues et du quartier, inspire une secrète horreur au passant qui y est conduit pas l'esprit d'observation et qui sait que la plupart de ces boutiques, sont les rendez-vous habituels des prostituées les plus viles et des bandits logés dans les environs. Les garnis et les lieux de débauche où est hébergée cette partie de la population, sont dignes par leur malpropreté des rues et des quartiers où ils sont situés.

Nous ajouterons à ces quartiers, ceux de Saint-Jacques, Saint-Avoie, du faubourg Saint-Antoine et du Jardin-des-Plantes qui, en 1836, époque de nos recherches comptaient avec les précédens, chacun sur leur territoire, de vingt à douze mauvais garnis ou repaires, indépendamment des maisons de prostitution et des débits de vins et de liqueurs. Les quartiers du Palais-Royal, du faubourg Saint-Denis, Saint-Martin-des-Champs, Saint-Thomas-d'Aquin, de la Banque-de-France, de la Porte Saint-Martin, de Bonne-Nouvelle, de l'Observatoire, des Invalides, de l'Arsenal, de l'Hôtel-de-Ville, renfermaient chacun de huit à cinq garnis de la même espèce; le quartier du Temple qui était un des plus infestés, puisqu'en 1833, il était noté pour avoir seize mauvais garnis, n'en avait plus que quatre, trois ans après. Il est digne de remarque que le sixième arrondissement dont ce quartier fait partie et qui était le plus mal habité sous le rapport de la classe dangereuse, après le douzième arrondissement, a vu le nombre de ses garnis infimes descendre de cinquante à dix-huit dans la même période de temps. Le chiffre de ce dernier arrondissement a baissé aussi de cinquante-trois à quarante-deux, ce qui justifie ce que nous avons dit ci-devant, de la décroissance du nombre des garnis infimes. (1)

Je pourrais faire de semblables rapprochemens au sujet des autres quartiers, mais je pense que l'aperçu que je viens de donner et qui comprend les localités les plus chargées d'élémens vicieux sera suffisant pour éclairer le lecteur sur les rapports

(1) Ces différens nombres résultent du rapprochement que j'ai fait du tableau des maisons garnies, arrêté le 1er juillet 1836, à la Préfecture de police, avec le tableau des mêmes maisons, au 30 septembre 1833, annexé au *Rapport sur la marche et les effets du choléra à Paris et dans le département de la Seine*, publié en 1834, par les soins du préfet de ce département.

des principaux quartiers de Paris avec la classe dangereuse.

Il existe des prostituées dans tous les quartiers de la capitale, excepté dans l'île Saint-Louis, qui par sa position topographique et la vie retirée de ses habitans, a éloigné jusqu'ici et les vagabonds et les filles publiques, de son territoire.

Le quartier où celles-ci sont les plus nombreuses est celui du Palais-Royal. Il en contient au-delà de trois cents. Ceux de Saint-Honoré, de la Cité, de Feydeau, de la Banque-de-France et des Arcis, comptent de deux cents à cent cinquante filles. Il y en a de cent quarante à cent vingt dans les quartiers du faubourg Montmartre, Bonne-Nouvelle et Saint-Jacques. De cent à cinquante dans les quartiers Saint-Martin-des-Champs, Montorgueil, du Temple, Montmartre, de la Porte Saint-Denis, du faubourg Saint-Denis, du Mail, de la Chaussée d'Antin et du Louvre. Les quartiers compris dans notre premier dénombrement qui ne figurent pas dans celui-ci, renferment chacun de cinquante à vingt prostituées. (1)

Cet aperçu complète la description que nous nous sommes proposé de faire des zones les plus vicieuses de Paris.

---

(1) *De la Prostitution dans la ville de Paris*, par J.-B. Parent-Duchatelet, 2ᵉ édition, Paris, 1837, tome Iᵉʳ, page 341.

Il ne faudrait pas conclure de ces renseignemens, que les quartiers que nous venons de signaler sont plus exposés que d'autres aux entreprises des malfaiteurs. Ce serait s'abuser, car la majeure partie de ces quartiers sont pauvres et dédaignés par cette espèce de gens. Ce n'est que faute de meilleures occasions qu'ils y exploitent les réduits de quelques pauvres ouvriers, de ceux surtout qui passent pour économes, tels que les maçons logés en grand nombre dans le quartier de l'Hôtel-de-Ville. Ces honnêtes ouvriers, cités comme les cliens les plus fidèles de la caisse d'épargnes, ont par cela même leurs malles toujours garnies de quelque argent et pendant qu'ils sont à l'ouvrage, des voleurs faméliques s'introduisent chez eux et leur dérobent lâchement le fruit de leur pénible travail, si faible qu'il soit.

En parlant des retraites hideuses connues sous la dénomination de garnis infimes, je ne puis m'empêcher puisqu'il est question de topographie, d'esquisser la peinture de quelques-unes de ces retraites. J'en ai visité plusieurs avant le balayage du matin et j'en suis sorti avec un invincible dégoût, mais je confesse que ce que j'ai vu et dont je ne perdrai jamais la mémoire, révolte moins les sens que les antres affreux, dont il est fait mention dans le rapport adressé par l'inspecteur général des hôtels garnis au préfet de police, à l'occasion du choléra; ce rapport, dont plusieurs passages sont transcrits dans l'ouvrage important et consciencieux de M. Parent-Duchatelet, sur la prostitution dans la ville de Paris, me fournira les principaux traits de mon esquisse.

Le caractère le plus frappant de toutes ces maisons est une excessive malpropreté qui en fait de vrais foyers d'infection. Celles qui contiennent des lits sont les plus relevées. Mais il en est qui, au lieu de lits, ne renferment que des grabats dégoûtans; les chambres donnent sur des corridors privés d'air et de lumière; les plombs et les latrines, à chaque étage, exhalent une odeur suffocante; les marches des escaliers sont chargées d'une boue permanente et constamment humide, laquelle les rend presque impraticables. On a remarqué, dit l'auteur du rapport, dans la cour d'une de ces maisons, des débris d'animaux, des intestins et tous les résidus d'une gargote, en pleine putréfaction.

Ailleurs, la cour du garni n'a que quatre pieds carrés et se trouve remplie d'ordures. C'est sur elle que s'ouvrent les chambres qui sont encombrées de monde; les latrines crevées au cinquième étage laissent tomber les matières fécales sur l'escalier, qui en est inondé jusqu'au rez-de-chaussée. Beaucoup de cabinets n'ont pas d'autre ouverture que la porte qui donne sur cet escalier. Les habitans sont des filous, des voleurs, des souteneurs, les plus sales prostituées, et tout ce qu'il y a de plus abject en hommes et en femmes.

Ici c'est une maison dont la population entière couche sur des chiffons ramassés dans les rues. Ces chiffons déposés au rez-de-chaussée, sont distribués aux survenans qui sont des mendians, des joueurs d'orgues, des filles publiques rôdeuses, des Italiens faisant voir des animaux et des souteneurs.

Enfin dans un autre lieu vous voyez le repaire de ce qu'il y a de plus dégradé. On n'y reçoit que des voleurs, des filles publiques, des forçats libérés, des vagabonds, des joueurs et des filous de toute espèce. La plus grande malpropreté règne partout; les fenêtres n'ont au lieu de vitres que du papier huilé. Les chambres sont infectes; à chaque étage, les ordures qu'on jette sur les lieux d'aisance, refluent sur l'escalier; en un mot, c'est le séjour le plus repoussant du vice et de la misère.

Je me suis appesanti sur ces détails, parce qu'ils me paraissent de nature par leur crudité même à répandre une vive lumière sur les habitudes et le genre de vie de la classe dangereuse.

CHAPITRE II.

De l'organisation de la police à Paris. — Ses attributions générales. — Division de la police en deux branches: *police administrative* et *police active*. — Concours des commissaires de police à la *police active*. — *Police municipale*, première subdivision de la police active destinée à contrôler l'action des commissaires. — Officiers de paix, leurs attributions dans l'exercice de la police municipale. — *Police de sûreté*, autre subdivision de la police active. — Son objet, ses agens ostensibles et secrets. — Indicateurs. — Attributions distinctes des deux subdivisions. — Action commune de leurs agens dans certaines occurrences.

La préfecture de police a été instituée à Paris par un arrêté spécial du gouvernement consulaire; les attributions que cet arrêté et d'autres actes législatifs subséquens lui ont conférées, embrassent les personnes, les choses et les intérêts.

La police s'exerce sur les personnes, car elle tend à garantir, soit par des mesures préventives, soit par des moyens de répression, puisés dans les lois et ordonnances, la tranquillité et la sûreté des habitans de la cité.

Elle agit sur les choses en ce sens qu'elle est appelée à préserver de toute atteinte les propriétés individuelles, à régler la commodité et la sûreté de la circulation sur la voie publique, à assurer l'exécution des réglemens concernant les poids et mesures et la salubrité des comestibles et liquides exposés en vente, enfin à pourvoir par les mesures convenables à tous les objets qui se rattachent à l'hygiène publique.

Les intérêts sont aussi de son ressort, puisqu'elle a le droit d'autoriser et de surveiller les établissemens industriels qui peuvent influer sur la salubrité, les messageries et voitures publiques, les étalages mobiles, les hôtels et maisons garnis, enfin les usines, appareils et établissemens, qui par leur destination spéciale comportent l'inspection de ses agens.

La police se divise en deux branches; savoir, la police administrative et la police active.

La première, qui n'est autre que l'administration proprement dite, arrête les mesures à prendre.

La seconde a pour mission d'assurer l'exécution de ces mesures.

Les commissaires de police concourent à la police active, dans leur circonscription respective, c'est-à-dire, dans les 48 quartiers de Paris. Ils ont près d'eux un secrétaire et un inspecteur. Les huit commissaires les plus occupés ont deux inspecteurs au lieu d'un.

La sphère d'action de chaque commissaire de police reste ouverte dans toute son étendue aux investigations d'autres agens placés sous la direction d'un chef différent. Ce dernier est chargé de la police municipale sur tous les points de Paris. L'objet de ce service est le maintien de la tranquillité publique et du bon ordre; la surveillance qui s'y rattache est divisée entre les officiers de paix et restreinte à chaque arrondissement municipal. Douze de ces officiers sont spécialement préposés à cette surveillance, en raison du nombre même d'arrondissemens.

Les officiers de paix veillent au maintien de la paix publique, arrêtent les déliquans et les conduisent immédiatement devant les commissaires de police. Leurs fonctions sont analogues à celles des constables anglais. Ils ont sous leurs ordres des brigadiers, des sergens de ville, des inspecteurs et réunissent plusieurs fois le jour leurs agens dans un local, dont ils disposent sur l'arrondissement confié à leur vigilance. Ces agens sont formés en brigades.

Indépendamment des douze officiers de paix ayant territoire, il en est douze autres attachés au bureau central du chef de la police municipale et qui sont employés à différentes opérations : ce nombre de vingt-quatre officiers de paix est le même que celui qui fut établi par la loi de leur institution.

D'autres agens sont encore attachés à la police municipale pour l'inspection des hôtels et maisons garnis et pour les rondes de nuit, deux services très importans.

A la police municipale qui est une subdivision de la police, il faut joindre une autre subdivision, connue sous le nom de service de sûreté. Il convient de définir clairement le mandat de cette dernière partie de la police, pour éviter toute confusion avec la police municipale.

Le service de sûreté a été organisé pour la surveillance, la recherche et la capture des individus prévenus de crimes ou de délits, pour la recherche et la reprise des condamnés évadés et pour la surveillance des libérés.

Ce service se compose d'un officier de paix, chargé de le diriger et ayant sous ses ordres un inspecteur principal, des brigadiers, sous-brigadiers et des inspecteurs, formant ce qu'on appelle les agens ostensibles du service de sûreté.

Ces agens qui ont des appointemens fixes sont distincts des agens secrets et des indicateurs qui ne reçoivent que des indemnités mensuelles, proportionnées aux services qu'ils ont rendus ou des récompenses pour leurs indications.

La mission des agens secrets consiste dans les

recherches et les investigations nécessaires pour éclairer les démarches des malfaiteurs et pour faciliter leur arrestation, lorsqu'ils sont dans le cas d'être déférés à la justice.

Quant aux indicateurs, ce sont des hommes qui, ayant des rapports plus ou moins directs avec les malfaiteurs, se déterminent par la crainte des châtimens et par l'appât d'une récompense, à révéler leurs actions ou leurs projets à l'autorité, et à lui signaler les lieux où ils déposent le fruit de leurs rapines. Ces sortes de révélateurs sont les auxiliaires les plus puissans du service de sûreté; mais leur rôle est de courte durée, parce qu'ils sont bientôt soupçonnés par les malfaiteurs et éloignés par leurs menaces.

L'administration obtient quelquefois des révélations importantes de la part des malfaiteurs eux-mêmes. Ces révélations sont ou spontanées ou provoquées par la police, qui, dans ce cas, met à profit tous les adoucissemens, dont elle peut disposer en faveur des prisonniers pour capter leur confiance et les amener à des communications, propres à lui faire connaître sinon leurs complices dans les méfaits dont ils sont accusés, au moins les individus qui auraient trempé ou pu tremper dans certains crimes entourés jusque-là d'un mystère impénétrable. Les indications obtenues de la sorte, même les moins précises, mettent souvent la police sur la trace des malfaiteurs, les plus rusés et les plus dangereux. Les femmes, qui ont eu des relations avec les prisonniers, dont l'administration attend des avis utiles pour la direction de ses recherches; ces femmes, dis-je, exercent sur leur esprit un ascendant extraordinaire. L'autorité, au milieu des plus graves embarras, s'est procuré par leur entremise, les renseignemens les plus précieux dans l'intérêt de la sécurité publique.

Le service de sûreté a été placé, quant à l'action, sous les ordres supérieurs du chef de la police municipale, afin de lui assurer la coopération des agens de cette partie de la police, lesquels sont également aidés, suivant les occurrences, dans l'accomplissement de leur tâche, par les agens de service de sûreté. Le contrôle administratif des opérations, appartient au chef de la 1re division de la préfecture de police.

L'hôtel de la préfecture est, du reste, le siège de quatre brigades centrales, toujours prêtes à se porter là où le besoin exige. Une de ces brigades reste néanmoins en permanence à la préfecture.

Il résulte de ces diverses notions que le but de la police municipale proprement dite, est la constatation et la répression des infractions de police, et que celui du service de sûreté, est la constatation et la répression des crimes et délits.

Les commissaires de police sont tenus en éveil par l'espèce de contre-police, exercée par le chef de la police municipale, et ce fonctionnaire, lui-même, est excité à remplir ses devoirs par la vigilance continue des commissaires de police et de leurs agens.

Je ne parlerai point de la troisième subdivision de la police, qui est la *police politique*, parce qu'elle est étrangère à mon sujet.

CHAPITRE III.

Des joueurs. — Privations qu'ils s'imposent pour satisfaire leur passion. — Leurs rapports soit dans les garnis, soit dans les maisons de jeu avec les élémens les plus dépravés de la classe vicieuse. — Malfaiteurs adonnés au jeu. — Traits caractéristiques de la fureur du jeu dans les prisons.

La condition des joueurs est sujette à tant de vicissitudes et à tant d'égaremens qu'il n'est pas étonnant que la société, et que l'autorité publique préposée à sa garde, les considère comme des hommes dangereux. Le jeu est une des passions auxquelles la classe vicieuse se livre avec le plus d'ardeur. Les individus de cette classe qui sont dominés par l'amour du jeu, deviennent tôt ou tard l'effroi de tous les gens de bien; car ceux-ci travaillent pour économiser leur superflu, tandis que les premiers ne travaillent que pour assouvir leur passion; et comme cette passion est la plus tyrannique et la plus dévorante de toutes, il n'est pas d'excès dont elle ne les rende capables.

Parmi les joueurs de profession, il en est qui ne sont préoccupés que du besoin de jouer (je parle des joueurs de bas étage ou de ceux qui appartiennent à la classe lettrée, mais nécessiteuse). On dirait que l'activité de ce besoin absorbe en eux tous les autres besoins, même les plus impérieux; ils retranchent le plus qu'il est possible, sur leur nourriture, sur leurs vêtemens, sur leur coucher, afin de fournir à leur terrible passion; ils fréquentent les mauvais garnis, ils emploient la plus forte partie du produit de leur travail, à tenter les hasards du tapis vert, et ils dépensent à regret une pièce de deux sous pour reposer leur tête sur de la paille pourrie ou sur des chiffons souillés de fange. Telle est pourtant leur destinée de chaque jour, destinée qui les ravale au niveau des vagabonds et des voleurs, familiers des mêmes repaires.

Cette communauté d'habitation, ces rapports avec le rebut de la société, secondent puissamment les pernicieuses influences de la passion qui les subjugue. Privés souvent de leur dernier écu par les coups du sort, et sollicités par la passion, cause de leur infortune, ils se jettent dans la carrière du crime, à la suite des voleurs qui habitent avec eux sous le même toit, ou qui éprouvent comme eux les tourmens de l'amour du jeu. Cette extrémité est, à la longue, le partage de la plupart des joueurs. Aussi les préposés de la police sont-ils tous enclins à mal augurer de cette classe d'hommes, dont ils ne parlent qu'avec une profonde commisération, et comme de gens dévoués au crime.

Le jeu est une des passions les plus tenaces chez les malfaiteurs. Ces hommes, qui vivent de si peu lorsqu'ils ne trouvent pas l'occasion de dépouiller les honnêtes gens, sont emportés par la fureur de dépenser, lorsque quelque rapine inattendue les a mis en possession d'une somme un peu élevée. Poursuivis sans cesse par la crainte d'être découverts et arrêtés par la police, ils se hâtent de jouir. Les émotions brûlantes du jeu sont une de leurs plus chères délices; la débauche et la gloutonnerie viennent ensuite. Voilà pourquoi la police, malgré toute sa diligence et tous ses efforts, ne parvient que très rarement à saisir intact le fruit de leurs méfaits. Cette cruelle passion du jeu les obsède jusque dans les prisons, et les entraîne quelquefois à des excès qui tiennent de la démence. On cite des prisonniers qui, après avoir perdu en un instant le produit d'une semaine de travail, n'ont pas craint, pour assouvir leur passion, de jouer par avance le pain qui devait les nourrir pendant un mois, deux mois, et même trois mois; et, ce qu'il y a de plus surprenant, il s'est rencontré des hommes assez féroces pour guêter, pendant la distribution des vivres, ceux dont ils avaient ainsi gagné la nourriture, et ne les quitter qu'après leur avoir arraché le morceau de pain dont ils ne pouvaient se passer sans souffrir (1). J'ajouterai un dernier trait qui montrera jusqu'à quel point le délire de l'amour du jeu peut aveugler un être raisonnable. Les médecins de la maison centrale du mont Saint-Michel ont observé un condamné qui jouait avec une telle ardeur, qu'à l'infirmerie, tout malade qu'il était, il livrait aux chances du jeu la ration de bouillon ou de vin qui lui eût été si nécessaire pour rétablir ses forces épuisées. Ce malheureux est mort d'inanition. (2)

(1) Voir l'Analyse des réponses des directeurs des maisons centrales de force et de correction, à diverses questions posées par le ministre de l'intérieur, sur les effets du régime de ces prisons, page 80.

(2) *Id.*, page 81.

CHAPITRE IV.

Des filles publiques, de leurs amans ou souteneurs, et des maîtresses de maisons de prostitution, publiques ou clandestines.

La prostitution existe à Paris sous deux formes distinctes : elle est publique ou clandestine.

Ce vice, enfanté par l'une des passions les plus impérieuses de l'homme, et auquel les progrès de la civilisation n'ont pu opposer aucun remède efficace, exerce principalement son influence dans les grandes villes. Il règne, d'après le récit des voyageurs, et suivant le témoignage des écrivains les plus accrédités, sur toute la surface du globe.

Toutefois on a senti, chez les peuples policés, que s'il fallait accepter la prostitution comme une nécessité, il était d'une bonne administration de chercher à la soumettre à des règles capables de lui servir de frein. On a donc organisé le mal autant que sa nature le comportait. La ville de Paris se distingue, entre les capitales des nations civilisées, comme celle où l'ordre, les mœurs et la santé publique sont le mieux garantis contre les influences de la prostitution. Depuis vingt-cinq ans, et dans ces derniers temps surtout, la police administrative a opéré, dans le régime des prostituées, des améliorations qui honorent au plus haut degré sa sagesse ainsi que sa fermeté. Elles offrent un contraste frappant avec le relâchement qui s'était introduit, sous le gouvernement de nos anciens rois dans cette partie de l'administration; mais, tout en resserrant la prostitution tolérée dans un cadre légal, elles n'ont pu atteindre le mal dans ses dernières racines. La prostitution clandestine a résisté à toute surveillance. Se prévalant du principe sacré de l'inviolabilité du domicile, elle paralyse l'action de l'autorité par des subterfuges continuels. Celle-ci, regardant comme un de ses principaux devoirs de dompter cette prostitution réfractaire, redouble sans cesse de zèle et d'efforts pour l'incorporer dans la prostitution publique. Son existence est d'autant plus affligeante et dangereuse, qu'elle affecte les dehors de l'honnêteté, et qu'elle usurpe en partie dans le monde le respect dû à la décence réelle et aux bonnes mœurs.

L'inscription sur les registres de la police est la ligne qui sépare les élémens de la prostitution publique des élémens de la prostitution clandestine.

En décrivant les habitudes et le genre de vie des prostituées, nous aurons donc égard à ces deux caractères spéciaux de la prostitution.

SECTION Ire.

De la prostitution publique.

L'inscription a pour objet de constater l'individualité de la fille ou de la femme qui se livre à la prostitution, et de mettre ainsi les inspecteurs à portée de l'atteindre, en cas de désordre ou de délit réprimé par la loi. La personne inscrite, sachant qu'elle est soumise à une surveillance constante de la part des agens de la police, s'abandonne moins aisément aux excès presque inséparables de la prostitution, et n'espère pas échapper aux poursuites lorsqu'elle se rend coupable de quelque délit. L'inscription déclare le fait de la prostitution, mais elle n'accorde pas l'autorisation de se prostituer, ainsi qu'on le croit communément.

La fille qui se présente pour réclamer son inscription, ou qui est amenée par les inspecteurs, comme insoumise, pour être inscrite d'office, est majeure ou mineure.

Si elle est majeure et qu'elle ne paraisse pas dénuée de bons sentimens, l'administration emploie tous ses efforts pour la faire rentrer dans sa famille. L'interrogatoire qu'elle lui fait subir l'éclaire ordinairement sur sa conduite antérieure, elle juge par les réponses qu'elle obtient si c'est le dépit ou le désespoir qui lui a suggéré l'idée de se prostituer; enfin elle ne procède à l'inscription qu'avec une sage maturité, et lorsque tout espoir de réconciliation avec la famille est perdu.

Celle-ci n'est pas toujours domiciliée à Paris. En effet, il arrive souvent que la personne à inscrire, séduite par un attachement passager, a fui son pays natal pour suivre l'individu qui a su lui plaire; amenée à Paris, et ensuite délaissée, cette malheureuse est contrainte, pour subsister, de se faire inscrire sur le registre de l'infamie. D'autres fois, voulant cacher une première faute, elle s'éloigne de sa famille et vient dans la capitale, ou d'elle-même, ou attirée par les conseils d'une amie, qui, vouée à la prostitution, l'encourage à suivre son exemple. Je pourrais rappeler un grand nombre d'autres circonstances où des filles, étrangères à Paris, demandent à y exercer le métier de prostituées.

Dans tous ces cas, l'administration use d'une grande circonspection. Dirigée constamment par un but moral, il n'est pas rare qu'elle refuse l'inscription, du moment que la fille n'est pas pervertie, et qu'elle est saine. Elle fait plus : pour préserver celle-ci des pièges de la prostitution clandestine, et pour lui ôter d'ailleurs tout prétexte de rester à Paris, elle lui donne un passeport et des secours de route, afin de la mettre en état de retourner dans son pays.

Lors même que l'administration ne croit pas avoir de motif pour prendre ce parti, elle n'inscrit définitivement la fille majeure qui se présente, ou que l'on amène devant elle dans ce but, qu'après avoir demandé au maire de la commune où cette fille est née son extrait de naissance, sans frais. Cette demande, quoiqu'elle laisse dans le vague la mesure qui en est l'objet, par respect pour la libre volonté de la fille, ne peut manquer de donner l'éveil à la famille consultée par le maire pour abréger ses recherches; et si elle est touchée des dangers auxquels la fille, affranchie de surveillance, est exposée dans Paris, il ne tient qu'à elle de négocier son retour avec l'administration, par l'entremise du maire, ou directement. Le préliminaire de l'envoi de l'extrait de naissance étant une formalité presque générale, il en résulte que les parens sont constamment avertis, par suite de cette circonstance, du lieu où se trouve leur fille, et sont mis ainsi tacitement en demeure de tendre la main à cette dernière, quand elle est encore sur le bord du précipice.

Si la pièce est envoyée sans observations faites par la famille, ou en son nom, l'inscription, qui n'était que provisoire, devient définitive.

La conduite de l'administration est tout autre à l'égard des mineures. En écrivant au maire, on lui annonce qu'une jeune fille de sa commune, n'ayant point atteint l'âge de majorité, a demandé son inscription sur le contrôle des femmes publiques; on l'invite à s'informer de la position des parens, et des moyens qu'ils prendraient pour assurer le retour de la jeune fille auprès d'eux, dans le cas où ils voudraient qu'elle leur fût renvoyée. En attendant leur réponse, elle est mise au séparé dans la prison de Saint-Lazare; et lorsque les parens ne la réclament pas, ce qui a lieu très souvent, elle est inscrite définitivement sur le sommier général.

Les filles mineures, dont la famille réside à Paris, sont traitées avec la même sollicitude. On appelle les parens à la préfecture de police, pour les engager à pardonner à leur enfant. L'intervention de l'autorité amène quelquefois entre eux des rapprochemens; mais ces rapprochemens ne sont pas toujours durables; les fautes et les arrestations des jeunes filles se renouvellent, et leurs familles ayant rompu désormais toute relation avec elles, il devient nécessaire de les inscrire.

En ce qui concerne les mineures placées sous la tutelle légale de l'administration des hospices, la préfecture de police s'entend avec cette administration, avant de se résoudre à les inscrire; elle les détient provisoirement dans un lieu séparé, jusqu'à ce que le conseil général des hospices ait pris une détermination à leur sujet. Cette détermination tend le plus souvent à provoquer leur mise en correction; et lorsque celle-ci est prononcée par le président du tribunal civil, les filles qui en sont l'objet sont renfermées, pour un temps plus ou moins long, dans le couvent des Dames de Saint-Michel. La durée de la détention varie d'un mois à six mois. Si cette mesure de rigueur ne les ramène pas à de meilleurs sentimens, l'administration des hospices n'a plus de motif pour mettre obstacle à leur inscription, qui alors est ordonnée.

Il serait impossible, au surplus, en raison des bornes de notre travail, de faire connaître avec une certaine étendue les règles qui dirigent l'administration dans ses rapports avec les mineures. Ce qu'il y a de certain, c'est qu'elle procède avec autant de discernement que de prudence, et qu'elle n'autorise l'inscription qu'après avoir épuisé les ressources de la temporisation la plus patiente, et reconnu que la fille est vouée définitivement au vice.

En parlant de l'enregistrement des filles publiques, je ne dois pas passer sous silence la déclaration par laquelle elles s'engagent à se soumettre aux réglemens sanitaires, ainsi qu'aux mesures de surveillance prescrites à l'égard des prostituées. Cette déclaration, formulée par l'autorité, et suivie de leur signature, ou revêtue d'une marque par celles qui ne savent pas signer, est d'une grande importance, d'abord, parce qu'elle imprime une sorte de légalité aux punitions qu'on est incessamment obligé de leur infliger, sans contrôle comme sans appel; et en second lieu, à cause de la force attachée dans l'esprit des filles à l'espèce de lien contractuel que leur signature ou leur marque apposée au bas de la déclaration a formé entre elles et l'administration. En effet, cette opinion facilite puissamment l'exercice de la surveillance, et elle a en même temps pour résultat de retenir les filles jusqu'à un certain point sur la pente du désordre.

Les classes de la société, dans lesquelles la prostitution se recrute principalement, sont celles des artisans. Les filles de ceux-ci se vouent, comme leurs pères, à la culture des arts industriels, et leurs professions se divisent autant que le travail. Toutes ces professions, dont l'échelle est immense, sont plus ou moins affectées par la prostitution, qui semble avoir établi son foyer le plus actif dans les ateliers et les fabriques. Aux classes ouvrières il faut ajouter certaines catégories de professions qui sont également accessibles à l'influence du même vice. Elles se composent de marchandes de fleurs, de fruits, de légumes et d'autres objets qui se vendent sur la voie publique, de saltimbanques, d'écaillères, de filles dites de confiance et de boutique, de femmes de chambre, cuisinières, bonnes d'enfans, baigneuses, domestiques, de potières et tuilières, de chiffonnières, journalières, jardinières, laitières, bûcheronnes, vigneronnes, vachères, bergères, etc.

Un tableau numérique, par âge, a été dressé, par Parent-Duchâtelet (1), de 3,248 prostituées, au 31 décembre 1831. Dans ce tableau, les chiffres les plus élevés sont ceux qui se forment des filles âgées de 16 à 28 ans. De 14 à 28 ans, le chiffre suit une progression croissante; et de 28 ans à 40, une progression décroissante. Dès ce dernier terme, la progression va en s'affaiblissant d'une manière toujours

---

(1) *De la Prostitution de la ville de Paris*, 2ᵉ édit., Paris, 1837, tome 1ᵉʳ, page 87.

plus rapide, si bien qu'à 50 ans on arrive à zéro.

Les recherches du même auteur l'ont conduit à établir des chiffres que je crois devoir consigner ici, touchant la prostitution exercée simultanément par des personnes unies les unes aux autres par les liens du sang. Ainsi, sur 5,183 prostituées, il a trouvé cent soixante-quatre fois les deux sœurs inscrites ensemble, quatre fois les trois sœurs, et trois fois les quatre sœurs : en tout 352 sœurs.

Il a remarqué en outre seize fois la mère et la fille, quatre fois la tante et la nièce, et vingt-deux fois les deux cousines-germaines : en tout, 436 personnes tenant les unes aux autres par les liens de la parenté la plus proche, et qui se livraient ensemble à la prostitution, à Paris, non pas dans le même moment, mais à différens intervalles, durant une période de sept à huit ans.

Parmi les 352 sœurs dont il vient d'être question, 219 étaient de Paris, et les 133 autres venaient des départemens.

Et parmi les 16 mères, 12 étaient de Paris, et les autres des départemens. (1)

Ce résultat accuse une profonde corruption dans certaines familles, dont les auteurs n'ont pas honte

(1) *De la Prostitution de la ville de Paris*, tome Ier, page 101.

de donner eux-mêmes l'exemple de la prostitution ou de la débauche à leurs propres enfans ; il est en même temps une preuve effrayante de la contagion morale attachée au métier de prostituée dans la classe pauvre.

Les habitudes et les mœurs des filles publiques dépendent de leur éducation, de leur intelligence et des penchans plus ou moins dépravés de leur cœur. Afin de prévenir toute méprise à ce sujet, nous nous occuperons d'abord des filles isolées ou libres, et ensuite des filles de maisons.

Parmi les premières, le genre de vie des plus distinguées, qui forment le petit nombre, consiste dans une molle oisiveté, interrompue seulement par la promenade, la lecture, la musique et quelques travaux de broderie ou de toilette. Il est de ces filles qui, bien que entretenues, se livrent, par suite de leur goût effréné pour la dépense, à l'exercice de leur métier pendant toute la journée ; d'autres pendant un certain temps de la journée seulement, et qui passent la soirée avec leurs amans particuliers au bal ou au spectacle.

Plusieurs de ces amans, qu'il ne faut pas confondre avec les *entreteneurs*, occupent dans la société une position élevée. Ce sont des officiers-généraux et des hommes de lettres, des financiers et des hommes titres. Les prostituées d'un ordre inférieur qui appartiennent à la même classe, exercent leur commerce dans la soirée et s'abandonnent la nuit à leurs amans, qu'elles choisissent de préférence, parmi les étudians en droit, les étudians en médecine et les jeunes avocats. L'instruction que possèdent ces jeunes gens et surtout les agrémens de leur esprit, doivent en effet les faire rechercher par des filles accoutumées à ne recevoir que des hommes de bonne compagnie et douées quelquefois elles-mêmes des dons de l'intelligence.

Il est inutile de dire que ces filles ne tirent aucun avantage de leurs amans, sous le rapport de l'argent. Le désintéressement qui préside en général aux relations établies entre les prostituées de tous les degrés et leurs amans, est une loi qui ne souffre presque pas d'exception. Il est même à observer que plus le rang de la fille est infime, plus cette loi est fidèlement exécutée. Pour ne parler maintenant que des filles du premier degré, elles ne se contentent pas d'être désintéressées à l'égard de leurs amans, elles pourvoient avec empressement à la dépense de leur entretien et même de leur nourriture, lorsqu'ils ont assez de bassesse pour y consentir. Bon nombre de jeunes gens dans Paris n'ont pas d'autres moyens d'existence, et, parmi eux, il en est qui inspirent par leur éducation, un intérêt dont on ne peut se défendre malgré l'état d'avilissement où ils sont descendus.

Il est rare que les filles de ce rang soient sujettes aux excès de la boisson comme le commun des prostituées; pourtant elles ne laissent pas de prendre part avec ardeur à des orgies où coulent à flots le vin de champagne et le punch, liqueur favorite des prostituées. La gourmandise est leur défaut capital. C'est avec la toilette leur unique souci.

Ces femmes, plus ou moins adonnées à tous les raffinemens du luxe et aux délices de la bonne chère, sont soumises aux mêmes prescriptions sanitaires et aux mêmes châtimens que les filles les plus viles. Le dispensaire, l'hôpital et la prison les reçoivent tour-à-tour, suivant les circonstances. Celles qui sont affectées de la contagion peuvent cependant se faire traiter dans leur domicile. Quand elles se présentent au dispensaire pour y subir la visite du médecin, ce qui a lieu deux fois par mois, elles mettent beaucoup de soin à n'entrer que lorsqu'elles sont sûres de n'être pas aperçues. Ces visites sont inscrites régulièrement sur une carte, qu'elles doivent représenter à toute réquisition. Le séjour de l'hôpital et de la prison, doit les humilier profondément, si l'on réfléchit au dédain qu'elles témoignent aux prostituées de la dernière classe et même à celles de la classe moyenne; ce dédain fondé sur le haut prix qu'elles mettent à leurs faveurs, et sur leurs rapports habituels, avec les gens de bonne compagnie, soulève contre elles la vanité de toutes les autres prostituées, qui les accueillent dans la prison avec des ris moqueurs en les voyant dépouillées de leurs beaux habits et réduites comme elles à porter de grossiers vêtemens. Du reste, les filles de la classe moyenne ne sont pas exemptes elles-mêmes de ce sentiment répulsif à l'égard des prostituées de bas étage. L'éducation, les goûts et les habitudes qui leur sont propres, les éloigne encore plus de ces dernières, qu'ils ne mettent de distance entre elles et les prostituées de haut rang. Dans cette classe comme dans la première, la cause véritable du dédain vient de l'importance extrême que les filles, en masse, attachent à ce que l'on ne rabaisse pas le prix de leurs faveurs.

Les lettres adressées aux filles dans l'hôpital ou dans la prison, étant toutes lues par l'administration, il est difficile aux amans, même les plus haut placés qui les écrivent, de lui dérober la connaissance des relations qu'ils entretiennent avec ces êtres méprisables. Ils ne se bornent pas à des simples lettres; ils viennent quelquefois dans les bureaux de la préfecture de police, apporter en personne les réclamations de leurs maîtresses et les appuyer de leurs instances.

Ces diverses circonstances et beaucoup d'autres, jettent une triste lumière sur les désordres des classes élevées de la société, et prouvent que si la médiocrité et la pauvreté ont leurs plaies, la richesse et le rang ont aussi les leurs, qui ne sont pas les moins hideuses.

Les filles de la classe moyenne sont moins désœuvrées que celles dont nous venons de parler : elles exercent des métiers, travaillent dans les ateliers ou vendent dans les rues. Elles prennent leurs amans parmi les commis marchands et principalement parmi les garçons tailleurs. On peut y joindre les ouvriers-bijoutiers et orfèvres, les garçons perruquiers, les musiciens ambulans et des guinguettes, ainsi que les marchands de contremarques, dont la plupart vendent des gravures ou des livres obscènes et se livrent au métier de filou.

Les filles du second degré sont peut-être les moins corrompues, en ce sens, que plusieurs allient à la prostitution le goût du travail et de l'économie. Nous connaissons de nombreux exemples de ces filles qui placent à la caisse d'épargnes ou qui sont parvenues à se créer une petite industrie qu'elles soutiennent avec le faible capital qu'elles ont amassé; d'autres, qu'il ne faut pas confondre avec les infortunées dont nous avons parlé au chapitre des ouvrières, puisqu'elles font profession de se prostituer, ce que celles-ci ne font pas; d'autres dis-je, ne pouvant subvenir, avec le produit de leur travail, à leurs besoins et à ceux d'un père ou d'une mère âgé ou infirme, trafiquent de leurs charmes pour faire subsister leurs parens. Cette dernière considération leur procure des égards dans la prison, et l'avantage, en cas de bonne conduite, d'être portées sur la liste des grâces, préférablement à d'autres.

La dernière classe des prostituées appelle la plus sérieuse attention de la part de l'administration, car c'est dans son sein que fermentent les plus mauvaises passions, outre qu'elle est le centre autour duquel se groupent toutes les espèces de malfaiteurs. Je ferai connaître plus tard le penchant qu'elles ont pour le vol, ainsi que leurs rapports avec les voleurs de profession, soit comme recéleuses, soit comme complices de leurs vols, par les indications ou l'assistance qu'elles leur fournissent. Je me bornerai à signaler par quelques traits les circonstances qui caractérisent la prostitution de ces femmes.

Elles se montrent partout où il y a des prostituées, mais elles fourmillent dans les quartiers de la

Cité, des Arcis, Saint-Jacques, et en général dans les rues voisines des places ou des lieux publics où la population ouvrière se rassemble. Plusieurs d'entre elles, indépendamment de la banalité de leur industrie, ont pour amant utile un ouvrier, dont elles reçoivent la meilleure partie du salaire; et un amant heureux ou souteneur à qui ce salaire profite, et qui, le plus souvent, est un ancien repris de justice. Les forçats et les réclusionnaires libérés recherchent les femmes de cette espèce, comme maîtresses, et la protection qu'elles en attendent dégénère presque toujours en tyrannie. Quand un ouvrier, attiré par les invitations d'une de ces prostituées, se laisse entraîner dans un cabaret, le souteneur s'attable avec eux, excite à la dépense et, dès qu'il s'agit de payer, il exige que *le simple* (c'est le nom que l'on donne à ces ouvriers) paie pour tous. Cette exigence ou plutôt cette contrainte est appuyée, au besoin, de menaces et de coups.

L'attachement des prostituées pour leurs amans est passionné et va, chez plusieurs, jusqu'à l'exaltation. Dans la classe inférieure et grossière, les invectives, les mauvais traitemens, les coups et les blessures, qu'elles reçoivent de leurs souteneurs, ne sont pas capables d'altérer la vivacité de cet attachement; elles attribuent à ceux-ci leur grossesse, à l'imitation des filles des degrés supérieurs, et les lettres qu'elles leur écrivent de la prison se font remarquer par des protestations d'amour et une convenance de langage qu'on est surpris de rencontrer dans le commerce intime d'êtres aussi dégradés. Cet amour, quelquefois trompé durant leur détention, occasionne entre elles et leurs rivales des querelles suivies de coups, et l'on a vu de ces malheureuses, transportées de fureur, se précipiter sur leurs amans, un couteau à la main, et les en frapper.

Le rôle utile que les souteneurs remplissent à l'égard des prostituées, consiste à veiller sur elles quand il est de leur intérêt de contrevenir aux réglemens de police en se montrant à des heures indues sur la voie publique, ou en pénétrant dans des localités qui leur sont interdites; s'ils aperçoivent un inspecteur, ils en préviennent les filles et les font disparaître, mais leur avis n'est pas toujours opportun; ces filles peuvent être prises en contravention; alors une dispute s'engage entre le souteneur et l'inspecteur, et si ce dernier veut donner suite à la contravention, il doit s'attendre à une lutte violente dont il ne sort pas toujours avec avantage.

Nous avons indiqué au chapitre II, le nombre des maisons de tolérance qui existaient dans Paris. Ces maisons sont de deux espèces: les unes contiennent des filles publiques à demeure, les autres, qui prennent le nom de maisons de passe, servent de refuge, tout à-la-fois, et à des filles inscrites, et à des filles ou femmes non enregistrées qui, ne faisant pas publiquement métier de se prostituer, sont par cela même affranchies des prescriptions imposées aux prostituées, et de la séquestration qui suit les atteintes portées à ces prescriptions. Les maisons de passe ne sont néanmoins tolérées qu'autant que les femmes qui les tiennent conservent en permanence deux filles publiques assujetties au même régime que les filles des autres maisons de tolérance. La présence de ces deux filles est exigée pour rendre la maison qu'elles habitent accessible à toute heure du jour et de la nuit aux inspecteurs, qui peuvent par ce moyen atténuer et régulariser pour ainsi dire les inconvéniens inhérens aux maisons de cette catégorie.

Les femmes qui tiennent des maisons de prostitution ont pris d'elles-mêmes, il y a quarante ans, le titre de *maîtresses*, de *dames de maison*. L'administration l'a adopté, non pour diminuer l'opprobre et le mépris justement attachés à la vile industrie de ces femmes, mais pour substituer aux anciennes dénominations plus ou moins mal sonnantes une appellation plus en rapport avec les scrupules du langage de notre temps.

Pour avoir une juste idée de la bassesse d'âme qui fait agir les femmes de cette espèce, il faut savoir qu'avant de solliciter ce qu'on appelle dans l'idiôme administratif une *tolérance,* elles appartenaient à la classe des femmes galantes, ou des filles publiques isolées, ayant à leur disposition un capital, fruit de leurs économies ou des avances à elles faites par des hommes qui avaient entretenu avec elles d'anciennes relations. Les domestiques ou les femmes de confiance des maîtresses de maisons traitent quelquefois avec celles-ci de leurs fonds, ou leur succèdent, en cas de décès ou de banqueroute. Ces établissemens sont du rang le plus infime, ainsi que ceux créés par des femmes mariées, qui, pour achalander un cabaret ou un estaminet, y logent des prostituées; ces mêmes femmes tiennent quelquefois un garni rempli de prostituées; et, pour le conserver plus sûrement, elles en font une maison de tolérance. Ces sortes de maisons sont, en effet, plus aisées à surveiller que les garnis; et c'est par cette raison que l'autorité les préfère.

L'administration s'est imposé la loi de n'accorder de tolérance qu'à des femmes, alors même qu'elles seraient mariées. Dans ce dernier cas, pour ôter aux maris tout prétexte de s'immiscer dans la direction des maisons tolérées, elle stipule formellement que la responsabilité des prostituées ne devra peser que sur leur femme. L'exclusion prononcée à cet égard contre les hommes est empreinte d'un caractère de moralité qu'il est plus facile de sentir que d'expliquer. C'est dans le même esprit qu'il est interdit à une maîtresse de maison publique de prostitution de garder ses enfans chez elle. C'est une condition à l'accomplissement de laquelle l'administration tient la main avec la dernière rigueur.

Les maisons de tolérance se divisent en quatre classes : elles ne sont généralement occupées que par des prostituées, commensales de la maîtresse de la maison, et à demeure chez elle, ou logées dans une dépendance de cette maison, et libres de leurs personnes aussi bien que de leurs actions. Chaque femme pourvue d'une tolérance reçoit un livret divisé en deux parties : l'une est destinée à l'inscription des filles placées sous sa surveillance et sa responsabilité immédiates; l'autre à l'inscription des filles libres. Celles-ci sont visitées au dispensaire, ainsi que nous l'avons déjà dit; les autres sont soumises, dans la maison même qu'elles habitent, aux investigations de l'un des médecins du dispensaire. Ces investigations ont lieu toutes les semaines; et chaque fois que les filles changent de demeure, la mention en est consignée en marge du numéro d'inscription de ces mêmes filles qu'on appelle communément *filles en numéro*, par opposition aux filles isolées, qui reçoivent la dénomination de *filles en cartes.*

Les moyens employés pour le recrutement des prostituées méritent de fixer l'attention, parce qu'ils mettent à nu l'égoïsme, l'astuce et la profonde dépravation des êtres qu'on est convenu d'appeler *dames de maisons.* Ces femmes odieuses soutiennent dans les hôpitaux, et en particulier dans celui des Vénériens, des prostituées malades, sortant quelquefois de chez elles, lesquelles se lient adroitement avec les personnes de leur sexe, qui, par leur jeunesse, leurs agrémens extérieurs ou la tournure de leur esprit, pourraient convenir à la classe d'hommes accoutumés à fréquenter les établissemens de celles qui les font agir. Sur les avis que les maîtresses de maisons reçoivent de leurs affidées, elles se déterminent à traiter ou non avec les sujets qui leur sont désignés. Si le traité se conclut, la courtière donne à titre de cadeau, à la fille engagée, une robe et un châle, et, de plus, une gratification de quatre à cinq francs par semaine, pendant tout le temps qu'elle doit séjourner à l'hôpital. En même temps une prime lui est accordée à elle-même, comme récompense, suivant la qualité du choix. Cette prime peut s'élever jusqu'à cinquante francs. Les filles parmi lesquelles ce recrutement s'opère avec le plus de facilité sont des domestiques sans place, ou des ouvrières qui, perverties depuis long-temps, n'ont d'autre ressource que la prostitution pour échapper à la faim, et se procurer un abri au sortir de l'hôpital.

Il est des dames de maisons qui ont des correspondantes dans les pays de fabriques, pour alimenter leur établissement; elles y envoient même des commis-voyageurs. Quelques-unes se ménagent des intelligences avec ces gens qui font métier de placer des domestiques, et dont les affiches couvrent les murs de Paris. Les filles les plus jolies leur sont adressées comme domestiques, et en peu de jours, ces malheureuses, séduites par l'appât de riches vêtemens et de toutes les commodités du luxe, se vouent à la prostitution, victimes, sans le savoir, d'une détestable embûche.

Enfin il est de ces femmes qui, avec une cynique audace, parcourent plusieurs fois par an Rouen, le Havre, certaines villes de la Flandre, et particulièment Bruxelles, pour exploiter à leur profit la légèreté, la vanité, le libertinage ou la misère des jeunes filles appartenant aux classes ouvrières. Ne pouvant, d'après les défenses qui leur sont faites, diriger plus d'une maison à Paris, elles parviennent à en fonder dans l'une de ces villes, et font passer sans cesse leurs filles d'un point sur un autre, suivant les convenances et les besoins de chaque localité.

La dernière classe des maîtresses de maisons, étant hors d'état de se livrer à ces manœuvres, emploie d'autres moyens de recrutement. Elle se sert d'émissaires qui pénètrent dans la prison où sont détenues les prostituées, et qui engagent celles qui leur conviennent, à l'aide de quelque cadeau ou de quelques secours en argent. Les mêmes émissaires se tiennent en observation aux abords de la prison, et lorsqu'une fille est mise en liberté, elles lui offrent un refuge dans la maison qui les envoie. Du reste, il est notoire que les filles refusées dans les établissemens du premier et du second degré réussissent à se placer dans les établissemens inférieurs.

Les filles, dites de maisons, ne retirent d'autre fruit de leur prostitution journalière que la nourriture et le vêtement. Ce fait est général et ne souffre aucune exception, pas même dans les maisons de tolérance du premier degré, où certaines filles procurent aux maîtresses de ces maisons des recettes qui ne sont pas moindres de plusieurs milliers de francs par mois. Les filles de ce rang sont entourées de toutes les recherches du luxe. Vêtues avec une extrême élégance, elles n'ont à s'occuper que du soin de leur personne. On les entretient dans une oisiveté abrutissante et dans les goûts d'une sensualité de table, propre à les étourdir sur la dégradation de leur état et sur la misère qui les attend. Ces filles, celles surtout qui ne sont pas encore initiées à la vie intime des maisons de tolérance, s'abandonnent dans les commencemens à toutes les illusions de la faiblesse et de la vanité de leur sexe. Les paroles emmiellées de leur hôtesse hypocrite ne contribuent pas peu à prolonger leur erreur; mais elles ne tardent pas à s'apercevoir que ces paroles cachent le calcul le plus vil et la plus froide indifférence. En effet, attachées à la glèbe de l'infamie, privées de toute liberté dans leurs rapports avec les familiers de la maison, il faut, pour l'utilité suprême de celle-ci qu'elles surmontent leur répugnance et jusqu'à leur dégoût, qu'elles endurent même en silence les mépris et quelquefois les mauvais traitemens de ceux qui les approchent. Malheur à la fille qui excite la vogue! pour elle, point de répit; instrument servile de la cupidité d'une femme déshonorée, et pourtant hautaine, elle est condamnée à subir toutes les conséquences d'une faveur passagère, aux dépens de sa santé et quelquefois au péril de sa vie. En cas de maladie, celle qui, la veille, jouissait de tous les avantages d'une richesse factice, à qui l'on prodiguait égards, empressemens et obligeantes protestations, est tout-à-coup éconduite de sa brillante demeure, et reléguée dans un hôpital. Cruel désappointement d'une infortunée, victime d'un avare trafic et d'une noire ingratitude!

Le sentiment d'indignation que cause aux prostituées cette ingratitude est d'autant plus poignant, que les misérables qui pressurent leur jeunesse et leur beauté, dans leur unique intérêt, mettent en œuvre tous les moyens pour river la chaîne de leur esclavage, tant qu'elles peuvent tirer parti de leurs personnes. On sait que les filles de maisons reçoivent ordinairement de ceux qui les fréquentent une légère marque de libéralité, ce qui est indépendant du salaire dont l'exploitante fait son profit. Cette faible rétribution est le denier de la prostituée, et pourrait devenir un jour le pécule propre à assurer son affranchissement. Mais le démon de la fourbe et du lucre est là : il veille sur sa proie, de peur qu'elle ne lui échappe. Plus elle est soupçonnée d'économiser, plus on l'excite à la dépense; et les tentations lui sont offertes non-seulement par la principale intéressée, mais encore par les viles créatures qui composent sa domesticité. D'autres manœuvres sont employées à l'égard des filles qui, fascinées par le prestige de leur position, n'ont pas encore songé à mettre en réserve les dons particuliers qui leur sont faits. Afin de les lier d'une manière plus sûre à la maison qu'elles enrichissent, on les encourage à se livrer au plaisir du spectacle, du bal, enfin à toutes leurs fantaisies; et l'on fournit par des avances à ces perfides divertissemens créés tout exprès pour perpétuer leur servage, car de pareilles avances constituent en général pour les filles publiques des dettes sacrées.

C'est ainsi que la condition des filles de maisons est pire, sous les apparences les plus séduisantes, que celle de la dernière des filles libres. Il ne faut pas, du reste, se méprendre sur le servage des filles de maison. Ce servage tient à leur dénûment personnel, qui les prive des moyens de reconquérir leur liberté, faute de vêtemens et de toute espèce de ressources. A cela près, il est loisible aux filles de cette classe de passer, selon leurs propres convenances, à l'état de filles isolées.

Les détails que nous venons de donner sur les rapports existans entre les filles du premier degré et les femmes dont elles dépendent, s'appliquent de tout point, sauf les différences de position, aux prostituées des autres degrés et aux maîtresses de maisons qui les gouvernent.

L'industrie des dames de maisons ne se borne pas à prostituer des filles qu'elles entretiennent, elle consiste aussi à louer pour un temps fort court des chambres garnies de meubles plus au moins élégans à des individus de l'un et de l'autre sexe.

Ceci nous ramène à la question des maisons de passe que nous n'avons fait qu'indiquer en donnant une idée générale des maisons de tolérance et qui se rattachent, en raison de leur caractère indéterminé, aux maisons publiques comme aux maisons clandestines de prostitution.

Il est triste de penser, que ses maisons offrent un refuge non-seulement aux filles publiques isolées, mais encore à des femmes de toutes conditions, qui ne sont point inscrites sur les registres de la prostitution. Ces femmes se composent principalement, de domestiques, d'ouvrières, de certaines femmes mariées qui ne craignent pas de franchir le seuil de l'antre de la prostitution, de jeunes filles, entraînées par les promesses trompeuses de quelque séducteur, ou qui déjà perverties, y attirent elles-mêmes les hommes dont elles se font suivre ; enfin d'actrices du dernier rang ou de figurantes.

Les inspecteurs n'ayant point d'action sur les femmes qui ne se livrent pas habituellement à la prostitution ne peuvent que surveiller celles de ces femmes dont ils font la rencontre dans les maisons de passe, afin de prévenir ou de réprimer les scandales qui pourraient offenser la morale publique. Là s'arrête leur mission et elle n'en est pas moins utile, puisqu'elle tend à éclairer ces réduits équivoques de la prostitution.

Avant de pénétrer dans les secrets de la prostitution clandestine, nous dirons quelques mots d'une foule d'établissemens, tels que maisons garnies, petits cafés, estaminets, débits d'eau-de-vie et cabarets ouverts, soit à des prostituées inscrites, mais peu empressées à se conformer aux réglemens sanitaires, soit à des ouvrières ou à des prétendues servantes qui ont été assez prudentes ou assez heureuses pour se soustraire aux investigations des inspecteurs.

Ces établissemens qui peuvent être considérés, comme les stations avancées de la prostitution clandestine, sont répandus sur tous les points de Paris, mais ils abondent principalement dans les localités où se rassemblent les ouvriers et le bas peuple. On peut mettre en tête de ces localités les grandes barrières, presque tous les boulevards extérieurs, ceux de l'Hôpital et du Temple, la rue Froidmanteau et les lieux circonvoisins, les rues qui touchent aux grands ponts du centre ou qui y aboutissent, etc.

Les filles du plus bas étage sont en possession de

fréquenter les maisons que nous venons de citer, et les individus qu'elles y attirent en font de véritables repaires. Les gens qui tiennent ces mauvais lieux ne négligent rien, d'ailleurs, pour captiver les filles auxquelles ils doivent tout leur achalandage. Beaucoup d'entre eux les paient même pour venir danser ou passer la journée chez eux; il en est qui affectent de les traiter comme leurs domestiques, afin de leur procurer la facilité de sortir librement et de les défendre contre l'action de la police.

L'ivresse règne en permanence dans ces lieux de désordre et de crapule. Les filous y font de nombreuses victimes, et là où les soldats ont coutume de se réunir, les filles se livrent aux ébats les plus licencieux et les plus dégoûtans; elles dansent la pipe à la bouche et dans les postures les plus indécentes. Ces filles sont presque toutes infectées et ne se soumettent que de force aux prescriptions sanitaires.

La prostitution comme les autres vices a ses degrés. Le dernier de tous est occupé par des femmes privées, pour ainsi dire, de tout sentiment moral et plongées dans une abjection qui fait horreur au grand nombre des prostituées. Ces femmes ne se montrent que la nuit, elles errent dans des endroits écartés, parmi les décombres, sur les marches des escaliers ou sur les chaussées basses qui mènent à la rivière ; elles font métier de se prostituer au rabais le plus bas et d'aider de leur entremise les pédérastes et les voleurs. Connues vulgairement sous le nom de *pierreuses*, elles sont répudiées par les prostituées en masse, pour qui un pareil nom est le plus sanglant outrage qu'une femme même de leur classe puisse recevoir.

Les filles que nous venons de désigner, ainsi que celles qui fréquentent les barrières ou leurs environs, donnent lieu souvent de la part de la police, à des battues dont l'effet est de les contraindre à se soumettre aux réglemens sanitaires.

La prostitution publique exerce son influence sur la surface presque entière de Paris ; elle est cependant interdite dans certaines zones, et les mesures prohibitives prises à cet égard par l'administration, sont marquées au coin de la sagesse et du discernement le plus réfléchi. M. Parent-Duchâtelet, dans l'ouvrage duquel j'ai puisé une grande partie de mes documens sur la prostitution, indique d'une manière précise et détaillée ces diverses zones. Au surplus, dans les endroits qui ne sont point frappés d'interdit, les filles de maisons sont astreintes à ne point franchir le seuil de leur porte, ou à se promener dans un espace déterminé, au nombre d'une ou deux par maison. Quant aux filles isolées, elles ne sont pas circonscrites dans leurs courses, mais les unes et les autres doivent s'abstenir de provoquer les passans, sous des peines sévères. Cette dernière mesure, jointe à celle qui oblige les prostituées à se vêtir décemment, a donné à la prostitution publique dans Paris des allures qui frappent l'étranger d'étonnement, et qui ne sont plus, comme autrefois, un sujet de scandale pour les femmes honnêtes.

Malgré l'avilissement attaché à la qualité de prostituée, il est juste de dire que les filles publiques ne sont pas dépravées dans le fond du cœur autant qu'elles le paraissent; un des traits particuliers qui les caractérisent, c'est la bonté : cette précieuse qualité s'épanche autour d'elles, non-seulement sur les auteurs de leurs jours et sur leurs enfans qu'elles aiment avec une vive tendresse, mais sur leurs compagnes malades ou détenues, et en général sur les malheureux en faveur desquels on sollicite leur assistance. Le cynisme qu'elles affichent par fois ne leur est pas naturel, quand il n'est pas provoqué par les sales plaisanteries de leurs familiers ou de leurs souteneurs ; elles n'y ont recours que par un calcul de leur métier, et ce calcul a sa source dans leur tête et non dans leur âme. L'état de celle-ci se montre sans déguisement durant leur séjour dans la prison ou dans l'hôpital. L'instinct religieux surmonte alors chez elles la volupté des sens, et leur inspire des paroles graves et pénétrantes, qui témoignent combien elles se trouvent méprisables à leurs propres yeux et combien la pratique de la vertu offre de consolation et de charme.

Les causes de radiation définitive des prostituées, sont le mariage, le travail, des moyens d'existence assurés, la cessation reconnue de la prostitution, la remise de la fille à ses parens, la vieillesse et les infirmités. (1)

SECTION II.

De la prostitution clandestine.

Nous allons soulever ici le voile qui couvre les manœuvres de la prostitution clandestine et ses horribles excès.

Les filles insoumises forment les élémens de cette prostitution; nous en avons évalué le nombre à 4,000, nombre qui n'excède guère celui des filles inscrites. Cette évaluation embrasse principalement les femmes

(1) L'énumération complète et précise de ces causes n'existe pas dans l'ouvrage de M. Parent-Duchâtelet.

galantes, les femmes à parties, les habituées de spectacles et de théâtres, les ouvrières, les domestiques et les mineures. Ce mot de mineure, doit s'entendre ici dans l'acception la plus restreinte, et comprend seulement les jeunes filles sans discernement qui, ravies à leurs parens, sont livrées par un coupable trafic à la brutalité de gens riches menant une vie dissolue, et dont les sens ne peuvent être satisfaits que par le sacrifice de l'innocence la plus tendre et la plus ingénue.

Les femmes galantes sont des femmes entretenues, sinon d'une manière complète, du moins en partie, et qui pour subvenir aux dépenses que nécessitent leur luxe et leurs prodigalités, cherchent à plaire à plusieurs sans causer d'ombrage à celui avec lequel elles ont des rapports habituels. Elles emploient avec beaucoup d'art, le manège de la coquetterie, et ce manège est d'autant plus séduisant, que les hommes qu'elles veulent captiver leur paraissent plus agréables et plus généreux; le plus souvent elles donnent leurs rendez-vous chez des amis ou dans des maisons particulières.

Les femmes à partie se rapprochent des précédentes; mais elles se distinguent plus particulièrement par la culture et les grâces de l'esprit. Elles tiennent maison, et l'on ne peut être reçu chez elles que sur la présentation de l'un de leurs habitués ; elles donnent des dîners et des soirées, et sont recherchées dans certaines réunions où le jeu et l'affranchissement des convenances ordinaires du monde attirent nombre de jeunes gens qui viennent y hasarder leur argent et leur santé.

Les femmes qui fréquentent habituellement le spectacle forment une classe spéciale. Elles nouent leurs intrigues fugitives là où elles se trouvent : dans les loges, les galeries, le foyer ; et ces intrigues se dénouent, durant les entr'actes, dans des maisons voisines du théâtre où elles ont été ébauchées.

Les maisons à parties sont communes à Paris. Les femmes qui les tiennent, répandues dans le monde libertin, sont habiles à grouper et à fixer autour d'elles des personnes des deux sexes, attirées par le goût d'une société facile et d'une licence élégante. Cette licence ne se soutient pas toujours dans les limites indécises qui lui sont propres ; elle dégénère quelquefois en véritable orgie. Des femmes abandonnées de leurs maris pour leur inconduite, des actrices, des figurantes, des femmes galantes de toute espèce, se rencontrent dans ces réunions fréquentées aussi par des messalines qui ne trouvent que là l'occasion de rassasier leurs sens affamés.

Ces maisons ne forment guère qu'une partie des

nombreuses retraites de la prostitution clandestine. Celle-ci prend toutes les formes, et se retranche dans certaines professions qui, par leur objet, peuvent favoriser ses calculs. Ainsi le titre de lingère, de couturière, de blanchisseuse, de modiste, est un masque derrière lequel beaucoup de femmes se cachent pour prostituer les ouvrières qu'elles emploient.

La prostitution clandestine est la source d'un supplément de salaire pour un grand nombre d'ouvrières répandues dans les divers ateliers de Paris, ou travaillant à leurs pièces. Ce fait est également vrai, à l'égard des femmes de chambre et domestiques; les unes comme les autres se rendent dans des maisons particulières, où elles se font suivre, quand elles n'osent pas s'introduire dans des maisons de passe.

La contagion n'est pas rare parmi ces diverses classes de prostituées; elle présente même des caractères plus graves que parmi les filles assujetties aux réglemens sanitaires.

Il y a dans le sort des prostituées un tel opprobre, que la misère, que les causes les plus impérieuses et les plus indépendantes de la volonté de ces infortunées sont impuissantes à les relever de la déchéance dont leur honteux commerce les a frappées. Pourquoi sont-elles honnies par l'opinion publique?

C'est qu'en général leur condition est l'effet de leur volonté; c'est qu'elles étaient libres d'opter entre l'honneur et le déshonneur, et qu'elles ont préféré le dernier. Ceux qui ont étudié les diverses causes de la prostitution seraient sans doute fondés à taxer d'injustice une pareille rigueur étendue sans restriction à toutes les femmes qualifiées vulgairement de prostituées; mais il n'en est pas moins vrai que le sentiment public est inexorable à cet égard, et qu'il ne distingue pas malheureusement entre celle qui cède à l'aiguillon de la faim ou au besoin de secourir sa famille, et celle qui se laisse entraîner par les sollicitations de la vanité, de la paresse, ou par l'ardeur des sens.

D'après cette tendance rigoureuse et inflexible de l'opinion, y a-t-il un crime plus lâche et plus digne d'exécration que celui de spéculer sur la pureté et les charmes d'un enfant, ou de provoquer cette odieuse spéculation par une convoitise forcenée? Si la police n'existait pas, ne faudrait-il pas l'inventer pour rechercher et poursuivre les infâmes qui, par un cruel raffinement de volupté, achètent à prix d'or le plaisir de souiller et de torturer une jeune fille innocente et sans défense. Les auteurs du code pénal ont montré une juste sévérité envers les personnes qui se seraient rendues coupables, par fraude ou par violence, de l'enlèvement ou du détournement d'une fille au-dessous de seize ans. Malgré les peines infamantes et terribles portées contre de tels attentats, il est douloureux de penser qu'ils se renouvellent fréquemment, et que l'autorité publique est presque impuissante pour les réprimer et même pour en constater l'existence. Ses efforts, à cet égard, sont déjoués avec un incroyable succès. Nous l'avons déjà dit, les garanties individuelles sont assurées par des précautions si jalouses et des formalités si lentes, que les garanties publiques doivent nécessairement en souffrir. Il n'y a que l'état flagrant du crime, ou des indices certains de celui-ci, qui pourraient armer le bras de la justice; et ces preuves sont pour ainsi dire insaisissables, tant le mystère qui protège les coupables est profond et difficile à pénétrer.

Les mineures sortant du premier âge sont l'objet d'une espèce de traite de la part des femmes qui exploitent à leur profit la prostitution clandestine. Il est de ces femmes qui louent un appartement pour leur usage personnel, et qui, sous un nom supposé, en louent un autre dans la même maison, au quatrième ou au cinquième étage, où restent en permanence *des enfans* qui sont censés ne descendre chez elles que pour jouer, et par forme de passe-temps. Bon nombre de dames de maisons exercent ainsi la prostitution clandestine, et peuvent se mettre à l'abri de toutes poursuites, en disant que ces enfans ne demeurent pas chez elles.

Les marchandes à la toilette sont les femmes qui déploient le plus d'activité et d'adresse pour favoriser cette espèce de prostitution; elles sont un fléau pour les familles. Les vieilles maîtresses de maisons les imitent, et il n'est pas jusqu'aux actrices et aux filles publiques isolées qui ne cachent et ne prostituent aussi des mineures.

CHAPITRE V.

Des vagabonds. — Vagabonds adultes. — Leur genre de vie, leurs habitudes. — Jeunes vagabonds. — Par quel degré, ils arrivent à l'état de vagabondage. — Appui mutuel qu'ils se prêtent pour vivre dans cet état. — Détails de mœurs à cet égard. — De ceux d'entre eux qui se livrent au vol. — Leur argot, leur organisation, les lieux qu'ils fréquentent de préférence, leurs habitudes désordonnées. — Vagabonds exerçant de petites industries dans les marchés, leur manière de vivre, circonstances particulières qui attestent que le vagabondage est une passion chez quelques-uns. — Vagabondage forcé, ses causes.

Les vagabonds ou gens sans aveu sont ceux qui n'ont ni domicile certain ni moyens de subsistance, et qui n'exercent habituellement ni métier, ni profession : cette définition est celle de la loi.

Ainsi que nous l'avons déjà observé, le vagabond est la personnification de toutes les classes de malfaiteurs. Mais dans son acception la plus restreinte il représente ces hommes qui, couverts des haillons de la misère, vivent dans une continuelle oisiveté, dépourvus de prévoyance, autant que d'énergie, et plongés dans une espèce de torpeur qui leur ôte jusqu'à l'ombre du caractère viril. C'est principalement dans les grands centres de population que pullulent ces êtres dégradés, cette végétation immonde; uniquement préoccupés du moment présent, ils affluent dans les halles et dans les marchés pour y gagner leur pain et leur pitance de chaque jour ; ce gain est le prix de quelques commissions qu'ils font pour les marchandes et pour les acheteurs, et qui consistent dans le transport des denrées ou dans de faibles services qui leur rapportent toujours plus qu'ils ne valent ; partout où la charité privée distribue des secours, on est sûr de les voir accourir, on peut même dire que cette charité si ingénieuse et si tendre, quand elle est sincère, s'empresse d'établir le lieu de ses distributions là même où ils ont coutume de se rassembler. C'est sur eux que le vénérable Champion, l'*homme au petit manteau bleu*, pour me servir de l'appellation populaire, répand ses libéralités durant la saison rigoureuse. Autour d'une marmite au large ventre, abritée par un large parapluie, vient se grouper un essaim de ces malheureux vagabonds; munis chacun d'un bol et d'une cuiller appartenant à l'homme de la charité, ils reçoivent successsivement une ration de soupe qui se renouvelle en raison du nombre des consommateurs. Les distributions s'opèrent sous les yeux du bienfaiteur dont la présence suffit pour commander le respect et pour maintenir le bon ordre ; ces hommes qui par une ferme volonté auraient pu s'élever au rang honorable d'ouvrier, n'ont pas honte de descendre à la condition de mendiant déguisé, car, en réalité, ils ne sont que cela, ils ne demandent pas l'aumône publiquement, mais ils la reçoivent sous une forme de secours tolérée par l'autorité. C'est avec l'aide de ce secours que pendant l'hiver ils parviennent à trouver dans leur gain quotidien, de quoi se procurer un second repas et un gîte pour la nuit dans les garnis les plus sales et les plus décriés. En été, beaucoup d'entre eux couchent au grand air.

Le vagabondage, pour être bien compris, doit être observé principalement chez les mineurs. Ce sujet est trop intéressant par les rapports qui le lie aux principaux élémens de la classe dangereuse pour ne pas fixer notre attention particulière. Dans l'examen rapide que nous allons faire du vagabondage ainsi restreint, nous ne le séparerons pas de la mendicité et du vol, ses auxiliaires naturels.

Le sort de l'enfant du pauvre dépend de causes très diverses: il dépend de son naturel et de ses passions. Hobbes a dit que l'homme était un enfant robuste; on pourrait renverser la proposition et affirmer avec non moins de justesse que l'enfant est un homme débile; car, à vrai dire, il n'y a de différence entre l'un et l'autre que du plus au moins.

C'est dans le premier âge que le naturel de l'homme se montre dans toute son infirmité. Lorsque l'enfant est indolent et paresseux, son caractère résiste au travail avec une opiniâtreté instinctive; la discipline régulière et sévère de l'école est pour lui une entrave insupportable; livré à lui-même sur le pavé de Paris, exempt de surveillance en raison de la position de ses parens qu'un travail assidu retient hors du logis du matin jusqu'au soir, il parvient aisément à secouer le joug de cette discipline qui lui pèse; au lieu d'aller à l'école, il erre souvent dans les rues, sur les quais, sur les boulevards; attiré par les jeux des enfans de son âge, il se mêle parmi eux avec empressement; il contracte leurs goûts et leurs habitudes, d'autant plus volontiers qu'ils sont dominés comme lui par une répugnance naturelle pour le travail; enfin renvoyé de l'école à cause de ses absences continuelles, il est désormais acquis sans partage à l'oisiveté.

Cependant les parens ne tardent pas à s'apercevoir des habitudes vicieuses de leur enfant; cette circonstance les porte à s'enquérir de sa conduite à l'école, et ils apprennent que les mauvais exemples qu'il donnait l'en ont fait renvoyer. Il reçoit une rude correction; il fuit et ne rentre pas au logis. Les parens inquiets vont à sa recherche et ne parviennent pas à le découvrir. Pour lui, il s'est associé tout-à-fait aux mauvais sujets qui l'ont corrompu, il connaît maintenant à fond les lois du vagabondage. Voici quelles sont ces lois. Les jeunes vagabonds, c'est-à-dire, les enfans de 7 à 16 ans qui mènent une vie errante et paresseuse, forment entre eux une espèce de corps dont les membres doivent se soutenir mutuellement pour échapper aux recherches des parens et des maîtres d'apprentissage. Les moins pervertis ou les plus timides mendient, fréquentent les marchés et les halles pour y offrir leurs services aux marchands et aux acheteurs; les autres commettent de petits vols. Tous s'adonnent au jeu avec passion. L'on cite de ces malheureux enfans qui se sont privés de manger pendant deux jours pour satisfaire ce goût fatal. Le spectacle a aussi pour eux le plus puissant attrait; ennemis de tout travail utile et sérieux, plongés quand ils sont à l'école dans une espèce de somnolence, ils ne se lassent pas au dehors de courir et de jouer; ils sillonnent Paris dans tous les sens; tout ce qui frappe leur curiosité les attire : le bruit, le tumulte, la sédition.

Ceux qui se livrent au vol sont les dominateurs du corps, parce qu'ils en sont les principaux soutiens; c'est en partie à leurs dépens que vivent les nouvelles recrues et les timides; ils dépensent avec une profusion effrénée ; ils recherchent les voleurs d'un âge mûr afin de s'intruire de toutes les ruses du métier. Plusieurs sont fils de voleurs et ont été formés dès leur plus tendre jeunesse aux exercices du vol. L'un d'eux, à peine âgé de trois ans, savait déjà démonter une serrure, et plus tard lorsqu'il se mit à voler, il racontait le soir ses prouesses de la journée à son père qui trouvait un plaisir infâme dans l'audacieuse naïveté de ses récits. Les jeunes voleurs ont du reste le même argot que les voleurs consommés; ils montrent comme eux du penchant à s'associer pour l'exécution de leurs méfaits: on a constaté successivement l'existence de plusieurs bandes dont une était forte de dix-huit enfans de neuf à seize ans, et procédait avec un ensemble et une habileté peu communs. Les jeunes vagabonds dirigent principalement leurs tentatives contre les marchands étalagistes et contre les curieux qui se groupent sur les boulevards devant les petits spectacles et dans les passages devant les marchands de gravures. Tous les lieux de réunion publique sont du reste le théâtre habituel de leurs exploits. La vie de ces enfans est tellement désordonnée qu'ils passent souvent dans l'espace de quelques jours d'une aisance relative à un complet dénûment. Aussi, pendant la belle saison et lorsque ce dénûment se fait sentir, ils ont coutume de reposer la nuit, sur des bâteaux, sous les arches des ponts, les piliers des halles, dans des barraques, dans des caves, sous des voitures, dans les carrières, sur les fours à plâtre, en un mot partout où ils peuvent trouver un abri; en hiver ils couchent dans les garnis les plus infimes.

Les vagabonds qui exercent de petites industries dans les marchés ou qui mendient furtivement, n'ont pas d'autres asiles tant que la douceur de la température le permet; ils sont même plus endurcis à dormir sur la pierre, parce qu'ils n'ont pas les mêmes ressources que ceux qui subsistent du produit de leurs rapines. On ne saurait donner trop d'éloges à l'indulgence que la police administrative montre envers les jeunes vagabonds, que ses rondes recueillent la nuit dans leurs retraites habituelles, et quelquefois au coin des bornes ou sous des embrasures de porte; car tous ne sont pas aussi difficiles que ceux qui recherchent des barraques, des caves ou autres lieux couverts. Elle fait tout ce qui dépend d'elle pour réintégrer ces enfans dans leurs familles, quoique plusieurs y apportent de la répugnance et qu'ils aillent jusqu'à cacher leurs noms pour éviter tout rapprochement avec leurs parens; il en est que l'on a pris en état de vagabondage dix fois, vingt fois, et l'administration comme les parens ne se sont lassés de compatir à leur faiblesse, que lorsqu'ils ont reconnu que l'indulgence ne pouvait rien sur eux, et que les rigueurs de la détention étaient nécessaires pour les corriger. Les archives de la société de patronage des jeunes libérés, où j'ai puisé tous ces détails, font foi qu'un de ces pauvres enfans a été pris et repris en état de vagabondage, à des heures indues, sur la voie publique, jusqu'à quarante fois. Il était toujours seul, et ce qui est digne de remarque, c'est que jamais aucun fait répréhensible, autre que celui d'une vie errante, n'a motivé son arrestation. Il n'est pas besoin de dire dans quel état de misère se trouvent les enfans maîtrisés par la passion du vagabondage, lorsqu'ils rentrent spontanément dans le sein de leur famille, ou qu'ils y sont ramenés par les voisins de leurs parens ou par la police; ils n'ont plus ni bas, ni cravate, ni mouchoir, ni casquette, ni gilet; tout cela a été vendu pour apaiser la faim, ou pour jouer, ou pour aller au spectacle.

Nous n'avons parlé jusqu'ici que du vagabondage libre, mais il est de nombreuses occurrences où le vagabondage est une situation forcée et même nécessaire: ainsi, un malheureux enfant est excédé de travail par ses parens; il est retenu captif; il ne mange pas jusqu'à ce qu'il ait rempli sa tâche qui serait trop pesante pour un ouvrier dans la force de l'âge ; les mauvais traitemens accompagnent les privations : est-il donc étonnant, qu'ainsi torturé, un enfant s'échappe de la maison paternelle comme d'une maison de malheur !

Il est plus d'un maître d'apprentissage, à qui les mêmes reproches pourraient être adressés, et qui par l'extrême dureté de leurs manières envers leurs apprentis alimentent le vagabondage.

Les corrections infligées aux enfans de la classe pauvre, par leurs parens, ne sont presque jamais en rapport avec les fautes qui les ont provoquées ; elles sont en général trop sévères, ou, ce qui est pis, trop humiliantes.

Que dirai-je des orphelins, de ceux qui sont abandonnés par un père ou une mère dénaturés ? certes, dans cet état d'isolement et d'abandon, dans l'âge de la faiblesse et de l'inexpérience, le vagabondage, la mendicité, le vol même, tout cela n'est-il pas une conséquence forcée, quoique déplorable, des lois cruelles de la nécessité ?

J'ai passé en revue les principales causes du vagabondage ; je bornerai là mes investigations sur cette importante matière.

CHAPITRE VI.

Des fraudeurs. — Des diverses espèces de fraudes mises en pratique à Paris. — Définition de chacune d'elles. — De quels élémens se compose la population des fraudeurs. — Elémens permanens, élémens mobiles et accidentels.

L'octroi est une des contributions indirectes qui, dans notre système d'impôt, atteignent les objets de consommation ; à Paris, le produit de cette perception est sans comparaison le plus important de ceux qui composent les ressources financières de la cité. Soustraire aux droits d'entrée, par des moyens cachés, certaines denrées destinées aux besoins de la capitale, et sujettes à ces droits, est un trafic usité dans plusieurs familles de la classe malheureuse, quoiqu'il soit l'objet d'une sévère surveillance et de peines graves prévues par la loi. Ce trafic, que le législateur qualifie fraude à juste titre, n'est pas continu ; il varie suivant l'état des circonstances de la cité, ou plutôt suivant la difficulté des temps et la rareté du travail.

On distingue quatre sortes de fraudes : la *fraude sous vêtement*, la *fraude par escalade*, la *fraude par jet de vessie* par-delà le mur d'enceinte, et la *fraude au moyen d'excavations souterraines*.

La *fraude sous vêtement* s'opère à l'aide de vessies superposées et formant corset, ou bien à l'aide d'une espèce de cuirasse en fer-blanc. Le liquide qu'on a le dessein de soustraire au droit d'octroi, est introduit dans les vessies ou dans la cuirasse adaptées à la stature du fraudeur.

La *fraude par escalade* se pratique la nuit, avec le secours d'une échelle, à l'extrémité supérieure de laquelle est attachée une forte corde. Cette échelle est appliquée au mur d'enceinte, de manière que la corde soit rejetée de l'autre côté du mur, et procure aux fraudeurs chargés d'un sac en peau rempli de liquide, la facilité de descendre de ce côté, en glissant le long du mur, par le moyen de la corde.

La *fraude par jet de vessie* a lieu en plein jour. Le point de correspondance étant convenu entre les fraudeurs, l'individu qui est dans l'intérieur de la ville reçoit la vessie qui lui est jetée par-dessus le mur d'enceinte. On introduit aussi par jet de la viande qui n'est pas admise dans le commerce.

La dernière espèce de fraude, celle qui s'exécute au moyen *d'excavations souterraines*, est la plus difficile à découvrir, et la plus préjudiciable à l'intérêt municipal et à l'intérêt du trésor, parce qu'elle peut s'exercer sur de grandes quantités de denrées. Voici quels en sont les procédés. Les fraudeurs prennent à loyer une habitation peu distante du mur d'enceinte, avec ses dépendances, qui consistent en cour, jardin ou terre labourable; et ils combinent leur choix de façon que cette habitation corresponde au point où ils ont placé leur débouché. Ce débouché est établi dans un bâtiment situé dans l'intérieur. C'est à ce bâtiment que les fouilles pratiquées par puits ou autrement aboutissent; et c'est de là que les denrées amenées par voie souterraine sont expédiées chez les débitans qui sont en rapport habituel avec les fraudeurs.

Ceux qui exercent communément la fraude sont des fainéans, des mauvais sujets, des voleurs, des femmes et des enfans qui s'y vouent comme à une industrie légitime. Dans les temps difficiles, nombre d'ouvriers sans travail s'y livrent également pour pouvoir subsister. Toutefois, dès qu'ils ont le moyen de rentrer dans leurs ateliers, ils cessent de tirer parti de cet expédient condamnable. Les chefs des fraudeurs s'appellent chefs d'équipes; plusieurs font la fraude à main armée, et engagent quelquefois des collisions ouvertes avec les agens de l'octroi. Les ruses employées par les fraudeurs, pour tromper la surveillance de ces derniers, sont inépuisables. Les saisies nombreuses opérées sur eux par l'administration l'avaient mise à même de rassembler, dans plusieurs locaux de la direction de l'octroi, les instrumens et les appareils qui avaient servi à la fraude; mais comme les uns et les autres se multipliaient beaucoup, et qu'à la longue ils auraient fini par transformer la plus grande partie des bâtimens de la direction en musée ou en arsenal, on a jugé à propos de les détruire.

CHAPITRE VII.

Des filous, voleurs, escrocs, voleuses et recéleurs. (1)

SECTION Ire.

Considérations sur les causes du vol. — De la misère et des degrés par lesquels l'honnête homme malheureux est conduit au vol. — Du vol commis de propos délibéré et dans un esprit de fraude. — Des petits vols ou de la filouterie. — Manœuvres des filous. — Vol simple ou qualifié. — Différentes espèces de voleurs. — Assassins. — Variétés les plus saillantes d'escroquerie. — Femmes qui se livrent à la filouterie. — Voleuses, diversité de leur industrie et de leurs procédés. — Cas d'escroquerie particuliers aux femmes. — Recéleurs.

L'histoire du dol est l'histoire des vices et des mauvaises passions de l'homme, mais elle est aussi l'histoire de son infortune et de ses faiblesses. Le besoin et le malheur, s'ils ne justifient pas le larcin commis au préjudice d'autrui, l'expliquent et l'atténuent; il arrive même quelquefois qu'ils l'excusent dans l'âme du juge. La question intentionnelle, dès qu'elle peut conduire à l'absolution de l'auteur d'un acte réputé coupable par la loi pénale, ne saurait être l'objet d'un trop mûr examen; car il n'est pas

---

(1) Ce chapitre a reçu des modifications importantes.

sans danger de déclarer par arrêt qu'il est des cas où les attentats dirigés contre la propriété peuvent rester impunis.

Cependant il est incontestable que les lois de l'humanité ne sont pas toujours d'accord avec les lois de la morale, et que celles-ci fléchissent souvent, dans les cœurs les moins pervertis, sous l'empire des besoins nécessaires à la vie. D'un autre côté, il est plus d'une conjoncture où la lutte de ces deux grands principes ne se termine pas, tant s'en faut, au profit de l'être physique. La puissance du sentiment moral l'emporte chez quelques individus, à tel point qu'ils préfèrent renoncer à la vie plutôt que d'abandonner le sentier du devoir. La cause de cette abnégation de soi-même, de ce dernier sacrifice, n'est que rarement divulguée, au moment suprême, par celui qui doit en être la victime volontaire. Le public ne sait pas les nobles efforts qu'il a faits, les combats intérieurs qu'il a soutenus pour se maintenir ferme contre les aveugles suggestions du besoin. Il n'y a que lui qui ait été le témoin de ce drame sublime et caché, comme il en a été le principal acteur. Sa foi dans la réalité de l'honneur, le sentiment de sa propre dignité le consolent, et il meurt, affligé peut-être de quitter la vie, mais heureux de l'avoir traversée sans souillure.

Voilà le secret de plus d'un suicide. Montrons maintenant par quel enchaînement de circonstances l'honnête homme malheureux est amené à dérober la chose d'autrui.

L'industrie est sujette à des chômages forcés et à des crises plus ou moins prolongées, qui compromettent non-seulement l'existence de l'ouvrier, mais encore celle de sa famille. Les discordes civiles, heureusement plus rares, produisent le même résultat, en ce qu'elles altèrent la confiance publique, resserrent les capitaux et affaiblissent par cela même les sources du travail, quand elles ne les tarissent pas. La cessation du travail, le trouble momentané apporté à son action, sont des calamités qui pèsent sur tous, mais principalement sur l'ouvrier, parce que celui-ci n'ayant d'autre ressource que son salaire, ce n'est que dans une production ou un emploi continus qu'il peut espérer de trouver des moyens d'existence assurés. La disette et la contagion, justement redoutés, sont pourtant moins dangereux pour l'ouvrier que les grandes crises industrielles et politiques; et la raison en est qu'en augmentant les difficultés de la vie, elles ne paralysent pas l'action du travail.

Durant ces intervalles de convulsion et d'épreuve, l'assistance publique, quelque empressée qu'elle soit, demeure toujours au-dessous de la masse des besoins. D'ailleurs, elle ne répand ses secours que parmi les nécessiteux reconnus aptes par l'administration à participer aux bienfaits de la charité légale. Or, cette classe, nécessairement limitée, ne laisse pas, quoique secourue, de subir des privations correspondantes à la perte d'une grande partie de son salaire, que le secours ne saurait suppléer tout entier. D'autre part, ceux qui ne réunissent pas les conditions nécessaires pour être inscrits sur le rôle des indigens, étant dénués de toutes ressources par suite de la cessation du travail, ou n'ayant à leur disposition que des économies insuffisantes pour subvenir à leurs premières nécessités, se hâtent de mettre leur linge, leur montre, les joyaux de leur femme, au Mont-de-Piété, et emploient le prêt qui leur est fait à acheter du pain qu'ils distribuent avec épargne à leurs enfans s'imposant à eux-mêmes les privations les plus dures; ils se livrent à une foule de petites industries capables de leur rapporter quelque argent, telles que celles d'étalagistes ambulans et autres. Des industries licites ils passent à des industries illicites; ils tiennent dans certains quartiers, des jeux prohibés sur la voie publique, font la fraude et y instruisent leurs enfans; enfin, harcelés de plus en plus par le besoin, ils se livrent au vol. Ajoutons que les temps de crise politique sont, pour les ouvriers, les circonstances les plus difficiles à traverser, en raison du caractère même qui leur est propre; les ouvriers comprennent, en effet, les causes fâcheuses des chômages de l'industrie, et ils s'arment de résignation pour en supporter les conséquences autant qu'ils le peuvent; mais lorsque ces chômages sont déterminés par des raisons politiques, leur intelligence égarée par l'esprit de parti rejette aisément sur le compte du pouvoir les souffrances qu'ils éprouvent, et les plus passionnés se mêlent à la sédition dans l'espoir de calmer par un prompt dénoûment, ces mêmes souffrances qu'ils aigrissent et prolongent au contraire, à leur insu, en donnant plus d'intensité et de force à la révolte et en reculant, par suite, le moment du retour de la confiance et du travail.

Dans les classes lettrées, il est aussi des circonstances où l'homme le mieux famé se trouve conduit au vol par une pente, pour ainsi dire, irrésistible. Paris est le centre de toutes les sortes de travail. Il attire, à ce titre, une foule de solliciteurs qui se renouvelle sans cesse. Tous espèrent réussir, parce que les uns sont munis de lettres de recommandation et que les autres comptent sur des connaissances de leurs familles dont l'appui leur est promis. L'espérance est si naturelle au cœur de l'homme, que plusieurs se hasardent à quitter leurs foyers pour se rendre à Paris sans autres chances de succès que celles qu'ils peuvent attendre de leur activité et de leur souplesse. Au milieu d'une telle concurrence, on sent que les emplois les plus médiocres doivent être avidemment recherchés. Le commerce, l'industrie, l'administration sont le point de mire de chacun. Celui-ci se présente humblement chez son patron, à jour fixe, pour stimuler son zèle; celui-là consulte, tous les matins, les petites affiches avec une anxiété toujours croissante. Il cherche partout un visage ami, est constamment en haleine pour atteindre son but et recommence sans cesse des démarches dont le résultat définitif apparaît à son imagination sous les couleurs les plus diverses.

Cependant, le temps s'écoule, le petit capital qu'il a apporté avec lui pour subsister s'épuise; ne pouvant se procurer un emploi permanent, il se rabat sur un travail temporaire quelque peu rétribué qu'il soit; il obtient d'un entrepreneur d'écritures quelques copies à faire. Mais ce genre d'industrie est variable et très incertain pour les employés qui ne sont qu'auxiliaires. Il n'offre qu'une ressource fortuite, et le solliciteur aux abois a besoin désormais de moyens d'existence pour chaque jour. Il commence à sentir les privations, à endurer la faim. Il est réduit aux expédiens, à engager sa montre ou partie de ses effets au mont-de-piété. Pendant qu'il vit sur le montant du prêt qui lui a été fait, il ne cesse pas d'être à l'affût de tous les moyens de travail capables de l'occuper utilement, mais ceux qui s'offrent à lui sont ou insuffisans, ou éphémères; et il se trouve encore aux prises avec le besoin. Un sentiment de fierté dont il ne peut se défendre lui fait repousser d'abord la pensée de demander des secours, soit aux princes, soit à quelques personnes bienfaisantes. Pourtant les cruelles atteintes de la faim, les embarras de tout genre dont il est assailli, l'excitent à surmonter sa première honte, et il se résout à chercher un appui contre l'infortune dans l'assistance publique. Cette assistance qui a ses limites ne tarde pas à lui manquer. Il est hors d'état de retourner dans son pays faute de ressources, il a mis en œuvre tous les moyens honnêtes qui dépendaient de lui pour subsister. Il n'a en perspective que vicissitudes, qu'embarras, que tribulations. Son impuissance, son dénûment l'accablent. Une pensée sinistre frappe son esprit. Cette pensée lui représente la société en pleine possession de la vie, du bien-être, de la richesse, tandis qu'il manque de toutes choses. Le point de vue que lui offre sa raison irritée par la misère, n'est que spécieux, sans doute; que dis-je, il est faux, car il est incomplet. Le malheur est un élément de l'ordre social comme le bien-être, et le bien-être a lui-même une existence si changeante et si faible que sa dernière limite touche à la négation absolue des douceurs qui le constituent, c'est-à-dire, au malheur.

Malgré la vérité de cette réflexion, il n'est pas possible de nier ce qu'il y a d'irritant pour le misérable dans la comparaison que nous venons de rappeler, comparaison qui l'humilie, qui le désespère, qui le tue. C'est sous l'empire de cette préoccupation amère et de cet égarement qu'il conçoit de funestes desseins, j'allais dire des projets de vengeance contre la société. L'abus de confiance, le faux, le vol, se présentent tour-à-tour à son esprit comme de funèbres lueurs. Stupéfait et anéanti par cet ordre étrange d'idées, il tremble, il recule devant la pensée de se déshonorer, mais emporté par la force invincible du besoin, il cède enfin, et le crime est commis.

Il y a des esprits absolus et plus romanesques encore qu'absolus, qui déclament contre l'ordre social, parce que les lois qui le régissent n'ont pas pourvu aux besoins de l'homme placé dans la cruelle alternative de se donner la mort ou de voler. Leur censure qu'on a toujours vainement reproduite est plus éloquente que judicieuse. Le mal qu'ils signalent est réel, il est déplorable; mais il n'est pas susceptible de remède, et si l'on essayait de le guérir, le remède serait pire que le mal; car comment éviter les abus, comment distinguer l'homme vraiment malheureux et digne de pitié, de celui qui feindrait la misère et le désespoir et qui ne serait que paresseux? La vie sociale a des chances et des périls contre lesquels chaque individu est tenu de se prémunir, en écoutant les conseils de la raison et de la prudence. Néanmoins, il faut dire hautement, que les honnêtes gens entraînés au vol par le dénûment et la misère, cas, du reste, fort rare, ont droit à toute l'indulgence de la justice, et que celle-ci, alors même qu'elle est contrainte de punir, ne doit jamais fermer l'oreille au cri de l'humanité.

Le vol commis de propos délibéré et dans un esprit de fraude non équivoque, embrasse toutes les sortes de soustraction, depuis la filouterie jusqu'au vol qualifié. C'est pour mettre la société en défense contre ces diverses manœuvres frauduleuses que le législateur a décrété des peines, plus ou moins graves, destinées à mulcter ceux qui s'en rendent coupables.

Nous allons essayer de faire connaître les diverses catégories de voleurs, ainsi que les manœuvres propres à chaque catégorie, en commençant par les filous.

Le filou vit de rapine comme le voleur, il fait donc partie de la masse des voleurs, mais la nature légère de ses vols le place dans une catégorie à part. Tout le secret de son industrie consiste dans la souplesse et la prestesse de sa main; il est inoffensif à l'égard des personnes, il ne s'attaque qu'aux choses qu'elles portent, aux effets, aux bijoux, à l'argent. La bourse et le mouchoir de poche étant les objets qui sont le plus à la portée de la main, sont aussi ceux qu'il enlève le plus souvent. On le désigne communément sous le nom de *voleur à la tire*. On pourrait dire que les filous forment les troupes légères de la déprédation. Ils se faufilent et voltigent dans la foule avec une étonnante agilité. Les jours de fête et les dimanches sont pour eux des jours de *travail*. Ils se rendent aux barrières et dans tous les endroits de Paris où le public se rassemble, se mêlent aux groupes, provoquent des presses artificielles et opèrent alors en toute sécurité. Ils sont à l'affût de la sortie des spectacles et profitent de l'affluence pour exploiter les poches des individus qui se trouvent sous leurs mains.

Les inspecteurs de police sont attirés dans les groupes par les motifs même qui y conduisent les filous. Ils ont, les uns comme les autres, les yeux fixés sur les poches des curieux, mais les premiers veillent à leur défense quand les seconds songent à les dépouiller. De là, cette animosité mutuelle et pour ainsi dire instinctive qui existe entre eux. Quel est celui d'entre nous qui appréhende les entreprises des filous à la promenade ou ailleurs? combien peu qui savent gré à la police de sa sollicitude, qui se doutent même de cette sollicitude? Il est pourtant vrai que dans un grand nombre de circonstances les agens de police et les filous luttent entre eux sur le terrain, d'observations de précautions et d'adresse, précisément à l'occasion du sujet qui nous occupe le moins. Ce sont les seuls qui ne soient pas attentifs aux spectacles ou aux divertissemens qui fixent les regards de tous. Cette inattention doit être pour chacun d'eux une cause de défiance et de crainte, un signe d'hostilité, excepté quand l'inspecteur et le filou se connaissent, ce qui arrive assez souvent. Alors, les rôles deviennent plus simples, l'évènement de la lutte ne tient plus qu'à une question de fait, au flagrant délit. Le public n'aperçoit qu'un accident imprévu dans ce fait que la rumeur porte à sa connaissance, tandis qu'il y a eu un drame, un dénoûment, des acteurs, le tout enveloppé d'un mystère profond.

Les filous les plus habiles et les plus dangereux sont ceux qui, grâce à l'élégance de leur mise et de leurs manières, trouvent un accès facile auprès des gens de bonne compagnie. Ils fréquentent les spectacles, les concerts, les musées, les églises, les bals de souscriptions et tous les lieux où la société polie aime à se réunir. Ils observent avec beaucoup d'attention les personnes parées de quelque bijou précieux, et plus particulièrement celles qui paraissent étrangères à la France. Ils recherchent avidement les Anglais, et s'attachent à leurs pas comme à une proie riche et facile. Ceux-ci ayant l'habitude de mettre leur bourse, leurs banknotes et autres objets de prix dans la poche extérieure de leur habit, sont l'objet d'études, de calculs et de tentatives continuelles de la part des filous. Ces tentatives ne réussissent que trop souvent au spectacle. Il est de ces malfaiteurs qui, pour ôter tout soupçon à celui qu'ils se proposent de voler, se placent près de lui, hasardent discrètement quelques paroles pour arriver à une conversation liée, épient ses allures, ses mouvemens et font leurs dispositions de manière à se saisir de sa tabatière d'or, de sa bourse, ou même de sa lorgnette avant de se séparer de lui.

Les filous renommés se raillent de ce qu'ils appellent les casseurs de portes, ou des voleurs proprement dits, à cause des nombreux obstacles que ceux-ci ont à surmonter pour arriver à leurs fins, et des peines graves auxquelles ils s'exposent, écueils qu'ils n'ont pas à redouter eux-mêmes, puisqu'ils procèdent toujours corps à corps, sans bruit, d'une manière immédiate et sans avoir à encourir d'autre peine, en cas d'échec, qu'un emprisonnement d'un an à cinq ans au plus. Ces idées s'accréditent d'une manière sensible parmi la classe malfaisante, et y multiplient considérablement les filous, ce qui n'est pas sans doute un progrès dans l'ordre moral, mais en est un réel, par rapport à la sécurité intérieure des familles.

Le vol, dans les grandes villes, et principalement à Paris, emprunte des formes très diverses. Chacune de ces formes est caractéristique, et imprime aux malfaiteurs qui l'ont adoptée un cachet particulier, en même temps qu'elle leur attribue une dénomination spéciale.

Les voleurs de chambres (1) procèdent à la consommation du vol, soit à l'aide d'effractions, soit à l'aide de fausses clefs. Avant de s'introduire dans une chambre, ils prennent soin de s'informer des habitudes de celui qui l'occupe, des heures où il se

---

(1) On les appelle *cambrioleurs*, en termes d'argot.

trouve absent, et des objets sur lesquels le vol peut être dirigé avec fruit. A l'imitation de presque tous les voleurs, ils opèrent par groupes; ces groupes, en ce qui les concerne, sont de trois à quatre personnes. Il y a quelquefois parmi celles-ci, des femmes qui portent des paniers ou des hottes de blanchisseuses, dans lesquelles on dépose les objets volés. Les maisons sans portier sont les plus favorables à ces sortes de vols. Avant de rien entreprendre, les voleurs entrent successivement, ils observent en éclaireurs, les issues ou les portes qui donnent sur l'escalier; l'un d'eux frappe plusieurs fois à la porte de la chambre qu'il est question de dévaliser, afin de s'assurer s'il y a quelqu'un. Si on ne répond pas, un des associés se met à faire le guet, à l'étage supérieur, et l'autre, à l'étage inférieur, pendant que le premier essaie d'ouvrir la porte. Un locataire vient, il a à monter ou à descendre, on a une réponse toute prête à lui faire, s'il est tenté de s'enquérir de ce que font dans l'escalier des individus qu'il ne connaît pas, on lui dit que l'on va aux lieux d'aisances, ou que l'on cherche une personne, à qui l'on donne un nom en l'air. C'est dans la belle saison que les voleurs de chambre font leurs expéditions les plus productives. Les jours de dimanche, lorsque la population laborieuse se rend aux barrières, ou à la campagne, ils se donnent pleine carrière.

Ces malfaiteurs sont de deux espèces, les uns se hasardent à exercer leur industrie sans aucune préparation, c'est-à-dire, sans avoir un but déterminé, et frappant à toutes les portes, ils pénètrent indifféremment dans toutes les chambres dont ils peuvent ouvrir les portes (1); les autres, au contraire, n'agissent que sur des renseignemens précis et sur des indications exactes (2); ces derniers, pour ne rien donner au hasard, se ménagent des intelligences avec les domestiques, les frotteurs, les cardeurs et cardeuses de matelas, peintres, colleurs de papiers, tapissiers, etc. Les fausses clefs (3) dont ils se servent sont fabriquées, le plus souvent, sur des empreintes qui leur sont fournies par les indicateurs, leurs complices.

Il est des malfaiteurs (4) qui, s'étant introduits dans une maison, enlèvent le premier objet qui leur tombe sous la main. Ce vol s'effectue sans effraction, sans fausses clefs, sans escalade. Celui qui se livre à ce genre de vol est toujours vêtu proprement et chaussé avec légèreté. Il commence ses in-

---

(1) Ils sont désignés sous le nom de *cambrioleurs à la flan*.
(2) *Caroubleurs*.
(3) *Caroubles*.
(4) *Bonjouriers* ou *voleurs au bonjour*, ou *chevaliers grimpans*.

cursions dès le matin, à l'heure où les bonnes vont chercher leur crême, et pendant que les maîtres sont encore au lit. Il est rare qu'il entre dans une maison, sans savoir le nom de deux locataires au moins. L'Almanach du commerce et le Dictionnaire des vingt-cinq mille adresses sont les sources où il puise en grande partie la connaissance de ces noms. Il demande au portier l'un de ces deux locataires, et c'est l'autre qu'il tâche de voler. Au surplus, dès qu'il a mis le pied sur l'escalier, le voleur ne s'occupe plus que de regarder aux portes des appartemens. Aperçoit-il une clef à l'une d'elles, il frappe plusieurs fois; et si on ne lui répond pas, il entre jusqu'à ce qu'il arrive à la salle à manger. Alors il va droit au buffet, et si la clef de ce dernier n'est pas en évidence, il la cherche dans tous les endroits où l'on a coutume de la cacher. L'a-t-il trouvée, il ouvre aussitôt le buffet pour s'emparer de l'argenterie, qu'il emporte dans son chapeau, après avoir jeté dessus un foulard ou son mouchoir. Si quelqu'un survient, pendant qu'il explore la salle à manger, ou qu'il est prêt à se retirer avec son butin, il demande, avec un air poli et riant, si ce n'est pas à monsieur un tel (l'autre locataire) qu'il a l'honneur de parler. On lui répond qu'il demeure à un autre étage; et l'heureux larron s'éclipse aussitôt, après avoir payé seulement son vol ou sa tentative de vol de force excuses et salutations.

Parfois le survenant (locataire volé, ou domestique) s'avise non-seulement de soupçonner celui dont il vient de faire la rencontre, mais de le fouiller; dans ce cas et si l'on découvre sur lui les objets qu'il vient de dérober, il invoque le pardon de celui dont il a violé la propriété, et il cherche à le toucher par un conte bien pathétique, préparé pour les conjonctures périlleuses. Il est joueur : c'est sa funeste passion qui l'a entraîné au vol par une sorte de fatalité. En décidant de son sort, celui dont il implore la pitié décidera aussi de l'avenir d'un père respectable qui ne survivrait pas au déshonneur de son fils. En un mot, il met en œuvre tout ce qui peut désarmer le locataire irrité. L'issue la plus favorable à laquelle il doive s'attendre, dans une pareille situation, est que l'on se contente de le jeter à la porte. C'est aussi à quoi il aspire; et, pour cet effet, il ne cesse de protester de son respect et de sa douleur.

D'autres malfaiteurs de la même espèce se mettent en quête aux approches du dîner. Le mouvement, la préoccupation des domestiques, à cette heure essentielle de la journée, la facilité qu'on a de pénétrer, soit dans la cuisine, soit dans la salle à manger, offrent aux projets du voleur autant de chances de succès. Si le couvert est mis, et qu'il soit assez bien avisé pour s'insinuer à temps dans la salle à manger, toute l'argenterie peut être enlevée dans quelques minutes. Le vol est tenté quelquefois avec non moins de rapidité dans la cuisine, alors que toutes les pièces d'argenterie viennent d'être apprêtées et réunies pour être portées à la salle à manger. Le larron, dans ce moment de crise, a besoin de coup-d'œil, de tact et d'aplomb tout ensemble. On cite des traits d'une audace imperturbable de la part de plusieurs de ces voleurs. Nous les rapporterions, si les détails qui précèdent n'étaient eux-mêmes suffisamment caractéristiques.

Les hôtels garnis sont un sujet particulier d'étude et de spéculation pour quelques-uns des malfaiteurs dont il est ici question. Ils ont un art merveilleux pour tromper la surveillance des portiers. Une fois qu'ils sont entrés dans l'hôtel, il est rare qu'ils ne réussissent pas à exploiter quelques chambres, les clefs étant presque toujours aux portes. Matineux dans leurs expéditions, ils prennent leurs mesures de manière à trouver au lit le voyageur. S'il est endormi, ils font main-basse sur sa montre, sa bourse et sur les bijoux qu'ils peuvent atteindre. Chaussés de souliers de daims, à la semelle souple et rompue, ou de chaussons en lisière, ils marchent à pas de loups, sans craindre d'être découverts. Cependant il y a des circonstances où le voyageur est réveillé par un léger bruit occasioné involontairement par le voleur. Il en est d'autres où il avait les yeux ouverts, quand celui-ci a pénétré dans sa chambre, ou même il était levé. Dans ces diverses occurrences, le voleur demande avec un visage calme et plein de sérénité, s'il n'est pas au numéro 10, si monsieur n'a pas fait appeler un tailleur, un coiffeur; enfin il cherche à donner une couleur raisonnable à sa présence dans la chambre d'un autre. Ces faux-fuyans lui réussissent la plupart du temps; le locataire le détrompe en toute bonne foi, et il n'est pas rare que l'imposteur sorte nanti de quelque bijou dérobé.

Les objets transportés sur des voitures ne sont pas à l'abri des tentatives des voleurs; les individus (1) qui se livrent à ce genre de soustraction, parcourent les lieux où les arrivages sont les plus fréquens. Ils sont ordinairement vêtus en commissionnaires, ou en rouliers, et pendant que l'un d'eux engage la conversation avec le voiturier, les autres enlèvent les effets qu'ils peuvent atteindre. Les camioneurs, les blanchisseurs et tous ceux dont les

(1) *Rouletiers.*

voitures peuvent exciter d'une manière quelconque, la convoitise de cette dernière espèce de voleurs, doivent se tenir en garde contre leurs manœuvres et leurs entreprises.

Les voleurs de boutique, pendant la nuit, forment une des catégories de voleurs les plus redoutables (1). Avant de réaliser leur projet de vol, ils se mettent en état, par des allées et des venues fréquentes dans les alentours, d'observer l'ouverture et la fermeture de la boutique. Ils y entrent plusieurs fois pour marchander, ils se montrent vétilleux dans le choix des objets qu'ils disent vouloir acheter, et débattent le prix long-temps, le tout, afin de pouvoir promener à l'aise, leurs regards sur les issues et sur l'arrangement intérieur de la boutique ; enfin, ils achètent quelque chose pour ne pas indisposer le marchand, et ils vont faire leurs dispositions pour l'exécution du vol.

Le vol commis par un individu dans le magasin où il vient faire des emplettes, reçoit un nom particulier (2). Cet individu agit de concert avec des affidés ou des compères qui l'aident par des moyens convenus d'avance à la perpétration du vol. Un des individus de la bande se présente dans un magasin

---

(1) *Boucardiers.*
(2) *Vol à la détourne.*

pour y acheter diverses marchandises qu'il fait déployer : ce sont des foulards, de la mousseline, et, en général, des objets faciles à dérober. Pendant qu'il est occupé à les examiner, arrivent un ou deux de ses affidés, qui demandent à leur tour à faire des emplettes. Le marchand, empressé de satisfaire les nouveau-venus, étale devant eux plusieurs pièces de la marchandise qu'ils ont désignée; mais les dessins de ces pièces ne sont pas de leur goût; ils jettent les yeux sur la case supérieure à celle où elles ont été prises, et ils paraissent arrêter leur choix sur une autre pièce. Le marchand se retourne pour la leur donner, mais, dans l'intervalle, l'un des voleurs enlève une des pièces qui sont sous sa main, et il disparaît.

Les bijoutiers, les joailliers, et en général les marchands détaillans sont fréquemment visités par les individus voués à cette espèce de vol.

Les mêmes marchands ont à se prémunir aussi contre le manège d'une autre espèce de voleurs (1), non moins habiles dans l'art de dérober. Ces derniers, après avoir fait quelque emplette, demandent à changer de l'or contre des pièces portant une certaine effigie, telles que des pièces de la république, des pièces du royaume d'Italie. Le marchand répand

(1) *Carreurs.*

un sac d'argent sur le comptoir, et l'acheteur de trier avec grand soin les pièces qui font l'objet de ses recherches. Pendant ce triage, qui lui permet de manier les écus étalés devant lui, il fait disparaître avec un art surprenant, qui le disputerait souvent à celui de l'escamoteur le plus adroit, autant de pièces qu'il lui est possible, sans diminuer d'une manière trop sensible, le monceau éparpillé sous ses doigts. Le marchand, qui ne se doute de rien, rétablit son argent dans le sac, et ne s'aperçoit de la soustraction, que lorsqu'il veut faire usage de ce même argent, qui, alors, ne répondant plus au capital primitif, met en évidence le larcin de l'étranger. Il y a des voleurs qui ont dérobé de cette manière à des marchands, de 600 francs à 1000 francs.

Les voleurs combinent leurs projets de spoliation contre la société avec une inépuisable variété de moyens. Il en est (1) qui parcourent les places, les boulevards, ainsi que les rues les plus fréquentées, démêlent parmi les passans avec une rare sagacité, ceux dont ils peuvent tromper la bonne foi, et saisissent avec adresse l'occasion de les aborder. Cette occasion les met à même de leur offrir ou de leur rendre quelque bon office. On jase, on lie connais-

(1) Les *floueurs*,

sance; à la vue du premier café, l'officieux propose un petit verre de liqueur ou quelque rafraîchissement, le candide interlocuteur accepte. Pendant que tout cela se passe, le voleur suivi d'un compère informe ce dernier par quelques signes de l'opportunité de sa rencontre et l'invite toujours par un jeu muet à le suivre au café, on s'attable; le compère entre, et monte droit à la salle de billard; au bout de quelques instans, le voleur invite sa dupe à faire une partie, afin de rejoindre son complice qui l'attend. En le voyant, il paraît surpris et joyeux de le trouver là; on arrange aussitôt une partie qui intéresse tout le monde, le larron et l'étranger joueront de moitié contre le compère, et le premier se charge de défendre à lui seul les intérêts unis. On met trois pièces de cent sous pour enjeu, et l'étranger gagne; on joue la revanche, et cette fois celui-ci doit entrer en lice, mais il perd; une autre partie est proposée, il la perd encore; il veut rattraper son argent par de nouvelles tentatives, mais plus il s'obstine, plus il perd et le voleur avec lui. Enfin, de guerre lasse, il quitte le café; après avoir témoigné à son associé toute sa peine d'avoir si mal réussi dans la défense de leurs communs intérêts. La dupe partie, les deux voleurs se partagent son argent, non sans rire beaucoup de sa bonhomie et de sa légèreté.

Dans le cas suivant, c'est encore une dupe sur qui tombe le vol, avec cette différence qu'elle est moins intéressante que la première, parce que la cupidité se trouve jointe chez elle à la simplesse et à la crédulité. Les malfaiteurs (1) adonnés à cette espèce de vol, stationnent aux barrières, aux abords des grandes routes, sur les boulevards, sur certains quais, observant avec curiosité les passans, qui par leurs allures paraissent les plus propres à être circonvenus et abusés. Ils jettent de préférence leur dévolu sur les campagnards, parce qu'en général ils sont âpres au gain. Ils les accostent sans dessein apparent, avec rondeur et bienveillance, et chemin faisant, après quelques momens de causerie, ils laissent tomber un bijou bien reluisant, de manière à n'être pas vus. Ils l'aperçoivent aussitôt comme par hasard, le ramassent avec empressement, en s'écriant: *part à deux*. Le rustaud frappé de la trouvaille, quoiqu'il le témoigne peu, est plus excité encore par l'air insouciant et dégagé de l'inventeur, qui se contenterait d'une pièce de cinq francs pour sa propre part, satisfait d'ailleurs, de laisser à son compagnon un souvenir de leur rencontre. Le paysan tourne et retourne le bijou, et après l'avoir bien considéré, il sort de sa poche la pièce d'argent demandée qu'il

---

(1) *Ramastiques.*

remet à l'adroit filou, et il reste possesseur de l'objet trouvé, qu'il apprend plus tard, être en or faux et bien au-dessous de la somme qu'il a déboursée.

Il est une dernière forme de vol de la même famille que les trois précédentes, dont je serais tenté de ne parler qu'en très peu de mots, parce que les journaux en ont signalé souvent les détails et les caractères. Mais les vols de cette espèce se renouvelent encore si souvent, malgré les avertissemens réitérés donnés par la presse au public, que je crois nécessaire d'exposer ici leurs circonstances les plus ordinaires, en prenant pour exemple un des faits les plus notables et les plus instructifs.

Le vol dont il s'agit (1) suppose l'association de trois individus, ou tout au moins de deux. Ceux qui s'y livrent habituellement se tiennent aux abords de la banque de France, du trésor, des messageries, ou bien ils parcourent les quartiers marchands. Ils guettent les personnes nanties d'un sac ou d'une sacoche d'argent, et si parmi elles ils distinguent un homme ou une femme dont les dehors soient rustiques ou tels qu'ils puissent se promettre quelque succès, ils se distribuent les rôles et se mettent en campagne. Celui qui joue le principal rôle est censé un Américain.

(1) *Vol à l'américaine, le charriage.*

Voici le fait sur lequel nous avons jugé à propos d'appeler l'attention du lecteur.

Une jeune fille est aperçue sortant du trésor avec un sac bien plein et bien ficelé. Deux de nos voleurs étant à l'affût la suivent. L'un d'eux prend les devans et l'autre continue de marcher à quelque distance, derrière elle. Lorsque le moment d'agir est arrivé, suivant les dispositions concertées entre eux, celui qui doit remplir le rôle d'étranger revient sur ses pas. Aussitôt l'autre accoste avec un air riant et tout-à-fait courtois, la jeune fille qui chemine sans défiance et lui dit quelques paroles galantes qui ne paraissent pas l'effaroucher. Ce commencement l'encourage, il parle économie, caisse d'épargnes, il observe que les ouvrières de son âge montrent rarement l'esprit d'ordre qu'elle annonce ; au fort de ces belles paroles, l'Américain survient et demande en mauvais français à la jeune fille, si elle ne pourrait pas lui donner des écus contre de l'or, en lui offrant de lui bonifier cent sous par chaque pièce de vingt francs. Cette proposition semble la choquer, mais le quidam qui l'accompagne est moins scrupuleux, il consent à l'échange d'une pièce de vingt francs pour son propre compte et l'Américain tire de son gousset de nouvelles pièces d'or, afin de réaliser d'autres échanges, à la même condition. La surprise de la jeune fille augmente; mais cette surprise est à son comble, lorsqu'elle entend dire par l'insouciant Américain qu'il a apporté des tonnes d'or sur le bâtiment qui l'a amené en France, et qu'il lui faut présentement de la monnaie à tout prix. A ces paroles, elle témoigne tout bas à l'aimable inconnu qui l'a abordée le premier, son desir de participer aux bénéfices du change; l'inconnu l'affermit dans sa résolution et lui propose d'entrer avec l'Américain chez un marchand de vins. Arrivés là, ils s'établissent dans un cabinet, et l'Américain montre plusieurs pièces d'or, ainsi qu'un joli petit sac en peau fermé par un cadenas, lequel contient des rouleaux à échanger. L'officieux ferait conscience d'intervenir dans un troc aussi important avant de s'être assuré du bon aloi de quelques-unes, au moins, de ces pièces d'or. Il court donc chez le changeur le plus voisin et revient avec des écus. Cette circonstance dissipe tous les doutes. Mais l'Américain s'avise à son tour de vouloir faire vérifier les écus qu'on lui offre. On rit de sa bonhomie. Le galant serviteur de la jeune fille ne veut y consentir qu'à la condition qu'il accompagnera l'étranger. La délicatesse de ce procédé est appréciée par celle qui en est l'objet et qui reste seule dans le cabinet, en présence du sac renfermant le précieux dépôt. Une demi-heure s'écoule et personne ne paraît. L'impatience gagne la jeune fille; bientôt l'impatience fait place à la crainte, enfin, au bout d'une heure d'attente, le marchand de vins est appelé par la jeune fille qui lui raconte ce qui s'est passé, lui expose ses appréhensions et qui, décousant le sac avec un profond sentiment d'angoisse, n'y voit que des rouleaux de sous au lieu d'or.

La classe malfaisante a exercé, depuis quelques années, avec un rare succès des extorsions d'argent que l'on peut qualifier de vols (1), contre certaines personnes appartenant aux rangs aisés de la société, placées dans des positions critiques ou embarrassantes et pour qui le mystère dont elles couvrent leurs habitudes vicieuses, leurs faiblesses ou la fatalité de leurs relations, est une condition impérieuse de leur repos, de leur considération et même de leur honneur. Les faits suivans éclairciront ce que ces observations préliminaires peuvent offrir d'énigmatique au premier aperçu.

Cette variété de vol se prête à une foule de combinaisons dont nous ferons connaître seulement les plus usuelles.

Une femme tenant un cabinet de lecture, ou ayant une profession qui la met en rapport habituel avec

---

(1) Le *chantage*, le voleur s'appelle *chanteur*.

le public, épouse un condamné libéré, sans connaître cette circonstance, sans l'avoir jamais soupçonnée. La conduite de son mari, depuis leur union, a été constamment honnête et irréprochable; elle est aimée de lui, et la bonne réputation de sa maison rend l'industrie qu'elle exerce assez lucrative pour permettre à tous deux de vivre honorablement. Cependant la fatale condamnation subie jadis par son mari est connue d'un malfaiteur qui a été son compagnon de captivité, ou qui a su cette particularité d'une manière indirecte, et par un coup du hasard, comme presque toutes les mauvaises nouvelles se répandent. Cet homme a résolu, par un calcul infernal, de mettre à contribution l'un ou l'autre des époux, en les menaçant de divulguer la tache imprimée sur l'un d'eux; et, pour mieux assurer le succès de sa criminelle spéculation, il s'adresse à la femme. Celle-ci, accablée autant que surprise du crime imputé à son mari, et de la condamnation dont il a été frappé, concerte avec lui les moyens d'étouffer cette affreuse nouvelle; et, pour arriver à ce but, ils souscrivent sans discussion aux exigences infâmes du voleur, qui n'a pas craint d'abuser de leur douloureuse position. Après un certain laps de temps, le voleur revient pour lever une nouvelle contribution. Cette fois, l'indignation éclate de la part des malheureux ainsi pressurés; mais le voleur insiste, il menace; il est d'autant plus arrogant, qu'il sait être dépositaire d'un fait non démenti, et même confessé par ses propres victimes, puisqu'elles ont été contraintes de subir déjà l'opprobre d'une première transaction. Ils s'imposent donc un second sacrifice, heureux lorsque ce corsaire impitoyable ne les désigne pas à la rapacité de quelque autre bandit prêt à les soumettre à de nouvelles exactions.

Combien de relations adultères, de secrets qui intéressent l'honneur des familles, de fautes graves réparées ou couvertes d'un voile jusque-là impénétrable, sont devenues la matière de calculs éhontés et fructueux de la part de ces brigands, qui font profession, disent-ils, *d'exploiter les positions sociales*.

Cette industrie fut imaginée primitivement, et elle est encore exercée contre ces hommes qu'une sorte d'aberration incompréhensible, enfantée par la dépravation de l'esprit, plus peut-être que par celle des sens, a mis en révolte contre les lois de la nature, et qui ne répugnent pas à descendre dans les rangs les plus infimes et les plus corrompus de la société, pour y chercher des instrumens de leurs infâmes privautés.

Les voleurs, pour atteindre ces individus d'une

manière utile, arrêtent d'avance le plan de leurs manœuvres, le nombre et le rôle de leurs complices. Ils endoctrinent un jeune homme qu'ils doivent lancer plus tard sur le terrain pour attirer leur proie, et se partagent les rôles pour donner à leur intervention une couleur raisonnable, morale et même légale. Ainsi l'un fait l'office de père ou de tuteur du jeune homme, tandis que les autres se chargent des fonctions d'agens de police. Les lieux fréquentés par les hommes adonnés au vice monstrueux dont nous venons de parler sont connus. Ces lieux sont déserts; ils sont parcourus, durant la nuit, par des êtres dont la démarche est incertaine, honteuse, embarrassée, qui se recherchent avec défiance et qui se rapprochent de même. Ces êtres sont épars çà et là : ils apparaissent dans l'obscurité comme des fantômes. Les voleurs arrivent; le chef de la bande observe la localité, l'individu contre lequel il peut dresser son piège avec profit. Le jeune complice est poussé en avant; et au moment convenu, le couple est entouré. Aussitôt le principal coupable est vivement interpellé par le père ou le tuteur courroucé. Le fils ou le pupille est l'objet de sanglans reproches; il lui est enjoint avec menaces de s'expliquer sans déguisement sur la nature de ses rapports avec un inconnu, dans un lieu suspect, et à une heure avancée de la nuit. Le jeune homme fait connaître des propositions et des actes que la morale réprouve, que la loi incrimine, et aussitôt les prétendus agens de police se saisissent de l'inconnu, le font monter dans une voiture de place qui les a conduits sur la localité, sous le prétexte de sauver les bienséances, et dans l'intérêt de sa propre considération. La voiture est dirigée ou censée dirigée vers la préfecture de police. Chemin faisant, un des agens insinue qu'il serait à desirer, pour la famille du jeune homme comme pour celle de l'individu arrêté, que l'affaire pût être terminée sans éclat : on parle d'indemnité. Le captif paraît disposé à cette réparation. La voiture est aussitôt détournée de sa route pour se rendre chez lui. L'indemnité est comptée, et l'on se sépare.

Quand la personne ainsi abusée paraît avoir de la fortune, on ne se contente pas d'une première somme. Au bout de quelque temps, le père ou le tuteur outragé reparaît et lui demande une nouvelle indemnité, sous un prétexte ou sous un autre, menaçant au besoin de déférer sa conduite à l'autorité, en cas de refus. On cite des étrangers qui ont été en butte, de la sorte, à des exactions et à des avanies telles, qu'ils ont été contraints de quitter la capitale pour se soustraire à des exigences sans cesse renaissantes. Lacenaire a plusieurs fois tiré parti des manœuvres que nous venons d'indiquer, pour se procurer de l'argent. Il intervenait sur la scène, revêtu des insignes de commissaire de police, et montrait une audace imperturbable, pour amener le coupable à composition. L'administration a reçu quelquefois des plaintes contre de semblables extorsions; mais les plaignans ou leurs familles, alarmés de la publicité qu'une instruction judiciaire aurait pu donner aux circonstances de l'affaire, ont préféré se désister de leurs poursuites.

Parmi les nombreuses catégories de voleurs que nous venons de faire connaître, la déprédation se montre sous les aspects les plus divers. Ses familiers multiplient leurs combinaisons, leurs ruses, leurs manœuvres, au détriment de la société; mais ils ne recourent ni à la violence, ni au meurtre. Cependant, bien que la population malfaisante des grandes villes (et cela est vrai de toutes les capitales du monde civilisé comme de Paris) soit plus cupide que sanguinaire, il n'en est pas moins vrai qu'il existe dans son sein des êtres dont la brutalité et la profonde dépravation rendent le caractère dur et féroce, qui roulent dans la société comme des hyènes, jouant le tout pour le tout, et prêts à tremper leurs mains dans le sang, au premier cri ou au premier signe de résistance du malheureux qu'ils dépouillent. Cette humeur sanguinaire, que les voleurs parisiens ne veulent attribuer qu'à des malfaiteurs rustiques et endurcis, nouvellement arrivés dans la capitale, se manifeste avec non moins de force chez quelques individus étrangers aux mœurs rudes de la campagne, et sortis de la fange des grandes villes. Ceux-ci se livrent à l'assassinat, moins par cruauté que par forfanterie : ce sont des sicaires toujours prêts pour la consommation de quelque grand crime. Ils se jouent avec un rire satanique de la vie de leurs semblables, et affectent de la mettre au rabais, comme pour faire preuve de désintéressement dans le crime. Cette tendance froide et systématique vers le meurtre est le comble de la scélératesse. Elle ne se montre guère que dans un petit nombre d'hommes gangrénés par le vice ou par la propagande anti-sociale organisée dans les prisons, propagande qui a ses docteurs, ses traditions et, qui le croirait! ses honneurs.

Ces bandits sont redoutés par leurs propres complices, car il n'est pas donné même aux plus mauvaises natures de commettre un meurtre à froid, sur la personne d'un être inoffensif qu'on a résolu de voler. On a vu des malfaiteurs, atteints depuis par le glaive de la justice, qui affectaient de monter pendant la nuit à l'escalade, la pipe à la bouche, après avoir passé la journée à faire les préparatifs de leur crime, au milieu de nombreuses libations bachiques et d'une féroce gaîté. On en cite d'autres, qui par l'émission de fausses lettres de change, payables à leur demeure, s'étant ménagé les moyens de se mettre en rapport avec les garçons de recette de riches maisons de banque, affilaient sur le carreau de leur chambre, en attendant l'arrivée de celui qu'ils avaient le dessein de dépouiller, le couteau ou le tire-pointe dont ils devaient frapper leur victime. L'audace et le calme dans le meurtre sont le partage de ce petit nombre de misérables. Ils portent ces affreuses qualités si haut qu'il en est qui selon leur propre aveu n'ont pas craint de passer au spectacle avec leur complice, la soirée du jour, où ils ont commis le double crime de vol et d'assassinat. Plusieurs, dès le lendemain de leurs attentats, s'occupent d'organiser une partie avec des prostituées et, à table, ils font allusion par d'horribles facéties, dans le langage ignoble qui leur est particulier, aux circonstances les plus douloureuses du meurtre de la veille.

Dans l'exposition que je viens de faire des différens vols qui se commettent à Paris, j'ai pensé que l'important était de m'arrêter sur les plus fréquens et les plus dangereux, sans tenir compte des variantes que chaque catégorie peut offrir, ce qui m'eût jeté dans de trop longs détails.

Parlons maintenant des escrocs.

L'escroc procède par des manœuvres subtiles, artificieuses, et propres à séduire la bonne foi de celui dont il veut faire sa dupe. Il joue un rôle médité d'avance avec astuce et malice et prend le masque qui lui paraît le mieux assorti à ce rôle pervers, en affectant la bienveillance; faux sous le semblant de la bonhomie, il marche à ses fins avec d'autant plus d'avantage que celui qu'il prétend abuser est plus éloigné de s'attendre à une imposture et à un larcin.

Il y a cette différence entre l'escroc et le voleur que l'un reçoit d'une manière ostensible, des mains de la personne trompée, l'objet qu'il convoite, tandis que l'autre dérobe secrètement au propriétaire sa chose et se l'approprie sans le secours de la volonté de ce dernier. On ne saurait disconvenir, toutefois, que l'escroquerie ne soit au fond un larcin, mais un larcin déguisé.

Les individus qui vivent d'escroquerie à Paris, composent trois classes principales, ce sont les *mendians à domicile*, ceux qui prennent le titre de *négocians* et *certains joueurs*.

Les mendians à domicile se divisent en deux catégories. Les uns se présentent en personne, chez des particuliers entourés d'une haute considération, tels que des fonctionnaires de l'ordre administratif et judiciaire, des pairs, des députés, des gens titrés, etc.; plusieurs même étendent le cercle de leur spéculation dans toutes les classes qui, par leur position sociale peuvent leur offrir quelque chance de contribution volontaire. Les autres se contentent de leur écrire et pour captiver leur intérêt, ils usent de tous les stratagèmes, ils fabriquent de faux états de service en prenant la qualité d'anciens officiers, ou bien, ils se disent artistes, hommes de lettres, malheureux par quelque coup du sort. Plusieurs sont impotens par suite de leurs blessures. Tous prient la personne bienfaisante à laquelle ils s'adressent de déposer chez le concierge le secours qu'elle leur destine.

Dans le nombre de ceux qui ne répugnent pas à demander de vive voix, il en est qui recueillent jusqu'à 40 fr. par jour. Ceux-ci sont les plus hardis et les plus habiles. Tantôt ils se présentent au nom d'un père de famille appartenant à une classe considérée de la société et que l'infortune a réduit aux plus cruelles extrémités. Dans ce cas, le thème de leur histoire est tout fait d'avance, et quand cette histoire n'est pas un roman, ils la calquent sur les vicissitudes de leur propre existence qu'ils ont toujours soin d'arranger et d'exposer de manière à parvenir à leur fin. Tantôt ils sollicitent pour eux-mêmes sans déguisement, mais ils ne se font pas scrupule, alors d'en imposer sur leur qualité, leurs services et sur les circonstances de leur récit, qui en général est plus ou moins mensonger. Ils recherchent surtout l'approche des hommes politiques pour flatter leurs passions, leur animosité, leurs préjugés, se donnant comme victimes de leur dévoûment à la cause qu'ils servent eux-mêmes et paraissant tout prêts à affronter de nouvelles épreuves. Ces hommes excellent par leur souplesse et leur aplomb à porter tous les masques. Afin de multiplier leurs ressources, ou tout ou moins les chances de s'en procurer, ils se donnent réciproquement des avis sur les personnes utiles à voir, ainsi que des conseils, soit pour arriver jusqu'à leur dupe, soit pour l'intéresser avec fruit.

En faisant connaître les élémens de la classe vicieuse lettrée, frappée de condamnations judiciaires, nous avons signalé notamment une catégorie composée de prétendus négocians : c'est ici le lieu de donner quelques explications à l'égard de cette catégorie.

Le commerce, comme toutes les autres classes de

la société, renferme dans son sein des individus corrompus, qui ne voulant point s'assujettir aux pratiques ordinaires et régulières de leur profession, se jettent dans la voie du désordre et de la fraude. Familiers avec les procédés du négoce, ils sont d'autant plus dangereux qu'ils s'efforcent de donner moins de prise à la défiance, par une conduite prudente et calculée. Leurs prospectus, l'intérieur de leurs établissemens (car ils affectent de vouloir créer des maisons bien assises et durables), annoncent l'entreprise de gens expérimentés, et qui sont animés du desir de fonder le crédit de leurs maisons sur la bonne foi et la confiance. Leurs premières transactions sont irréprochables; dépositaires des marchandises qui leur sont envoyées pour en effectuer la vente, ils acquittent exactement les traites tirées sur eux par leurs commettans, pour se remplir du prix de ces marchandises; ils nouent ainsi des relations qui se renouvellent et deviennent de plus en plus importantes, jusqu'au moment ou une opération qui promet des bénéfices considérables, leur permette de se les approprier par une fuite prompte et inattendue. Ces manœuvres frauduleuses se reproduisent fréquemment dans les grands centres d'activité commerciale. Il est bien difficile de les prévoir et de les déjouer.

La passion du jeu, nous en avons déjà fait la remarque, est une de celles qui suscitent le plus d'individus dangereux dans la société. Nous avons esquissé dans un précédent chapitre les traits du joueur, alors qu'il n'a mis encore le pied que sur le premier degré de la classe dangereuse. Le voici maintenant incorporé dans les rangs les plus avancés de cette classe.

Les joueurs qui s'écartent des règles ordinaires du jeu et qui prennent à tâche par des manœuvres subtiles et désavouées par l'honneur de tromper la bonne foi de leurs adversaires, appartiennent à la famille des escrocs. Ils prennent une dénomination (1) qui, pour paraître plaisante, ne les lave pas de l'opprobre attaché à la qualité de malfaiteur.

Ces individus ne sont pas nombreux; toutefois, il en existe dans tous les rangs de la société et principalement dans les rangs intermédiaires et supérieurs. Nous ne parlerons ici que des individus qui ont des rapports avec ces derniers rangs, ayant fait connaître plus haut, dans la revue des voleurs, les individus (2) qui s'attaquent de préférence à la classe des ouvriers, des gens de campagne ou des artisans.

(1) *Grecs* ou *philosophes*.
(2) *Floueurs*.

Il y a, à Paris, des femmes galantes ou tout ou moins équivoques, qui tiennent maison et qui ont l'art d'attirer chez elles de jolies femmes dont les moyens d'existence ne sont pas moins incertains que les leurs, aussi bien que des fils de famille, qui sont le principal ressort de ces sociétés, en raison de leur fortune et de leur goût pour le jeu. Plusieurs de ces femmes ne se contentent pas de donner des soirées, des bals, elles tiennent table d'hôte, afin de pouvoir fixer autour d'elles par les liens de l'habitude et la force des relations, ceux que le hasard, la curiosité, l'amour du jeu, ou les faveurs d'une galanterie facile, amène chez elles comme des convives de passage. Ces femmes ont leurs émissaires et leurs indicateurs : c'est ainsi qu'elles sont informées de la demeure des jeunes gens ou des personnes que leurs habitudes vicieuses conduisent sans répugnance dans des sociétés de la nature de celles qu'elles réunissent, et qu'elles leur écrivent quand elles n'ont pas d'autre moyen de les inviter à leurs soirées.

Les joueurs, que l'esprit de fraude dirige, fréquentent volontiers ces maisons et y trouvent bon accueil. Ils usent de tous les stratagèmes pour tromper ; ils emploient des cartes biseautées, des compères, qui, au moyen de signes convenus, leur font connaître le jeu de leurs adversaires. Ils se concertent quelquefois dans le même but avec une des femmes invitées, regardant ces manœuvres coupables comme des traits de malice et de finesse, comme des ruses de guerre, qui témoignent de l'habileté d'un joueur et de l'ignorance ou de la simplicité de l'autre, quoiqu'ils se tinssent cependant pour offensés, si quelqu'un venait à leur reprocher publiquement l'usage de semblables procédés.

Il est certains salons du grand monde qui offrent les mêmes scènes. L'escroc est ici un homme de belles manières, prévenant, ayant toutes les apparences d'un bon joueur, et impénétrable par sa profonde dissimulation.

L'on cite des dames d'un haut parage, habituées de ces salons, ou, pour parler plus juste, de ces infâmes tripots, et associées par leurs coupables complaisances, aux turpitudes qui s'y commettent.

Paris n'est pas le seul théâtre des *exploits* de cette classe de malfaiteurs. Durant la belle saison, ils se rendent aux eaux de Baden, à celles de plusieurs autres villes de l'Allemagne, d'Aix en Savoie, et en général dans les villes où séjourne le plus grand nombre d'étrangers. Ces résidences ne sont pas moins favorables à la santé de ceux qui y viennent prendre les eaux qu'aux jouissances et aux passions des oisifs, possesseurs d'une grande fortune. Autour de ces derniers, viennent se grouper les joueurs les plus rénommés de l'Europe. Alléchés par l'espoir d'une brillante curée, nos aventuriers arrêtent le plan de leur voyage de manière à figurer dans le lieu où ils doivent rester momentanément, comme des hommes distingués par leur rang, leur fortune, et le choix élevé de leurs relations. S'ils ne sont pas titrés, ils s'affublent d'un titre ; ils parent leur boutonnière d'une ou de plusieurs décorations. Dès le lendemain de leur arrivée, ils s'informent du nom des personnes les plus considérables qui fréquentent les bains ; ils déposent des cartes chez celles qui passent pour être adonnées au jeu. Ils sont réservés, souples, insinuans avec elles; ils s'efforcent de leur plaire, et, avant peu, ils sont admis dans leur familiarité. Ils usent, pour les tromper, de stratagèmes semblables à ceux que nous avons indiqués plus haut.

Les escrocs d'élite, dont nous venons de tracer le portrait, appartiennent tous à d'honorables familles, et quelques-uns portent ou ont porté des noms environnés d'une haute considération. Après avoir ruiné ou pressuré leurs parens par leurs désordres, ils finissent par se déshonorer, en recourant à l'escroquerie comme à leur dernière ressource.

Les femmes qui s'adonnent à la filouterie, au vol ou à l'escroquerie, peuvent se diviser en deux classes distinctes : l'une se compose de femmes entraînées par la misère et par l'occasion, l'autre, de femmes que la cupidité et l'esprit de rapine excitent à s'approprier le bien d'autrui. Les méfaits qui procèdent de la première classe sont de purs accidens qui cessent avec le dénûment des femmes malheureuses, auxquelles on peut les attribuer. Il n'en est pas de même des méfaits commis par les voleuses de profession; ce sont des attentats qui ont leur source dans des penchans dépravés et hostiles à la société: la filouterie et le vol abondent dans cette dernière classe, le vol surtout.

Parmi les femmes qui se livrent le plus à la filouterie, il faut mettre au premier rang les femmes publiques de bas étage. Avant que la police eût limité à une femme ou deux par maison de tolérance, le le nombre des femmes qui peuvent stationner sur la voie publique, certaines rues étaient, dès la chute du jour, abandonnées à des essaims de ces femmes, qui abordaient les passans, les sollicitaient, fouillaient, en se jouant, dans leurs poches, et leur dérobaient ou quelque pièce d'argent, ou leur bourse, ou même leur montre. Ce danger n'est guère à craindre maintenant que dans les cabarets fréquentés par cette espèce de femmes publiques. Les souteneurs étaient et sont encore les instigateurs de ces sortes de vols. Ils se commettent principalement dans les cabarets dont le quartier de la Cité est couvert; les ouvriers qui se laissent entraîner dans ces repaires, sont enivrés par des souteneurs, ou par des voleurs qui les livrent ensuite à des prostituées, et celles-ci ne se séparent jamais d'eux, sans leur avoir dérobé leur argent ou leur montre, ou, faute de mieux, leur mouchoir. Lors même qu'ils ont échappé à la tentation de boire outre mesure, les ouvriers attirés dans ces cabarets infâmes s'exposent à plus d'une chance périlleuse.

Il y a, près de certaines barrières, des cabarets qui sont le théâtre de semblables méfaits. Le vol est commis quelquefois au dehors, à l'aide d'un guet-apens ourdi contre l'ouvrier par la fille publique, de concert avec son amant, qui, d'ordinaire, est voleur. Celui-ci, assisté d'un camarade, ou tout seul, suit les pas de la prostituée, qui entraîne le malheureux ouvrier non loin du cabaret, dans un endroit écarté. Au même instant, les voleurs fondent sur lui, et pendant que la fille prend la fuite, ils le terrassent sans peine, parce qu'il est presque toujours à moitié ivre, et ils le volent.

Les ivrognes isolés dans les faubourgs, les barrières, ou dans les villages voisins de Paris, sont aussi les victimes des agaceries de certaines prostituées infimes, qui les abordent gaîment et qui les dévalisent tout en causant.

La faiblesse propre au sexe ne lui permet pas de se livrer à d'autres vols qu'à ceux qui exigent de l'adresse manuelle et de la ruse, en même temps que de la dissimulation.

Les domestiques sans place, ou se disant telles (1), trouvent dans cette qualité un prétexte pour s'introduire dans les maisons particulières, et pour y voler, soit de l'argenterie, soit des effets d'une certaine valeur. D'autres femmes pénètrent dans les hôtels garnis, comme modistes, marchandes à la toilette, ou à tout autre titre, pour y chercher curée, et ne sont pas moins redoutables par leur sang-froid et leur dextérité que les voleurs les plus déliés.

Les magasins de nouveautés sont exposés aux entreprises d'une classe particulière de voleuses (2). Celles-ci sont mises avec élégance, à moins qu'elles ne soient des femmes de campagne. Dans ce dernier cas, leur costume annonce l'aisance. Elles prennent ordinairement la qualité de marchandes, cachent les objets volés sous leur pelisse ou leur manteau, dont la doublure forme une poche assez vaste pour contenir plusieurs pièces d'étoffe. Quand elles n'ont

(1) *Donneuses de bonjour.*
(2) *Détourneuses.*

pas de manteau, elles s'enveloppent d'un grand châle qui est très favorable, par son ampleur, à l'exécution de leurs projets. Les jupons de celles qui sont vêtues en paysannes sont pleins de secrets et de compartimens destinés à recevoir le butin. Il y a des voleuses de cette catégorie qui se font accompagner d'une bonne portant un enfant, dont la robe est fort longue. La bonne pose l'enfant sur le comptoir, et enlève avec lui les objets sur lesquels la maîtresse a jeté son dévolu. L'industrie de ces femmes est fertile en mille ruses.

On rencontre chez les femmes qui subsistent de rapines une espèce de vol (1) que nous avons déjà signalé, et qui consiste à faire quelques emplettes chez un marchand, pour avoir l'occasion de lui dérober plusieurs pièces de monnaie, en lui demandant à échanger de l'or contre des pièces d'une certaine effigie. Toute l'habileté de ces voleuses gît dans leurs doigts, dont la souplesse et la force attractive a quelque chose de merveilleux.

Quelques femmes ne rougissent pas d'emprunter les dehors les plus respectables pour faire des dupes. Les unes prennent le masque de la dévotion et de la bienfaisance pour s'introduire chez des ecclésiastiques, dont elles décrochent la montre ou

(1) Vol à la *carre*.

enlèvent la bourse en un clin-d'œil. D'autres visitent des indigens honteux, à qui elles offrent d'interposer leurs bons offices pour leur faire avoir des secours; elles s'informent avec une apparente bonté de l'état de leurs ressources. Les malheureux, ayant à cœur de prouver qu'ils n'en imposent pas sur leur dénûment, ouvrent leurs armoires, leurs meubles, pour intéresser encore plus les femmes, qu'ils croient être des dames de charité; et celles-ci, en affectant une commisération trompeuse, profitent de ce moment pour s'approprier quelque bijou ou quelque autre chose de prix se trouvant à leur portée.

Il est des femmes qui, sans voler directement, s'associent à des bandes de voleurs, et les aident puissamment par leur concours. Elles fraient la voie aux voleurs, en étudiant les lieux qui doivent être le théâtre du crime, et en facilitant par leurs avis l'exécution de l'entreprise. Elles veillent à ce qu'ils ne soient pas surpris durant l'opération; et elles participent quelquefois à celle-ci, soit en portant les objets volés, soit au moyen d'un expédient ou d'un stratagème capable de distraire l'attention de celui contre qui le vol est dirigé.

Les cas d'escroquerie sont rares chez les femmes. Le délit de ce genre qui leur est le plus familier est celui où elles se targuent d'un crédit imaginaire pour procurer des places ou des secours à certaines personnes qui ajoutent foi trop aisément à leurs promesses trompeuses.

Les recéleurs forment le dernier anneau de la chaîne des êtres malfaisans; ils jouent un rôle important dans l'histoire du dol, car ils en sont les instrumens les plus actifs. Ils entretiennent et encouragent l'esprit de rapine non-seulement par l'achat des objets volés, mais par leurs rapports avec les voleurs, dont ils excitent la cupidité et les passions. Ces individus ne sont pas moins dangereux pour la société que ceux qui vivent de ses dépouilles. Ils sont possédés de l'amour du lucre. Ils pressurent les voleurs comme les maîtresses de maisons de tolérance pressurent les filles publiques. Le recélé est pratiqué surtout par les femmes, qui excellent dans ce genre d'industrie. Les marchands à la toilette s'en occupent d'une manière particulière. Elles comptent parmi elles des personnes d'une immoralité profonde et qui non contentes de leurs relations avec les voleurs, jouent un rôle très actif dans le recrutement des prostituées. Beaucoup de recéleuses prennent la qualité de filles publiques, afin de déguiser sous le voile de la prostitution leur principale et criminelle industrie. Il y a des recéleurs qui n'achètent pas de toute espèce d'individus. C'est par suite de cette circonspection que les voleurs associés par bandes ou par groupes confient le soin de vendre le fruit de leurs rapines à celui d'entre eux qui est le plus familier avec leur recéleur, car chaque bande a son recéleur habituel. Ces sortes de négociations s'opèrent très souvent pendant la nuit.

En cas d'arrestation, les voleurs ne manquent pas de mettre à contribution les recéleurs par des voies indirectes et ils en obtiennent quelques secours, ce qui n'a pas toujours lieu sans insistance ni même sans menace. La police profite avec empressement des révélations qui suivent ces menaces, lorsque les recéleurs n'en tiennent pas compte et refusent de secourir les prisonniers avec lesquels ils ont été en contact.

SECTION II.

Elémens qui servent au recrutement de la classe malfaisante. — Des condamnés libérés, placés sous la surveillance de la police. — Des catégories dont ils se composent, nombre de chacune d'elles dans le département de la Seine, et notamment à Paris. — Evaluation du nombre des libérés en état de rupture de ban. — Mœurs des libérés. — Voleurs proprement dits, de leurs penchans à s'associer, bandes, leur organisation, leur effectif, des chefs de bande, de l'affinité existant entre les manœuvres de quelques-uns de ceux-ci et celles des malfaiteurs connus à Londres sous le nom de gros voleurs. — Habitudes et genre de vie des voleurs et filous. — Mœurs des voleuses.

Les vides, qui éclaircissent les rangs des voleurs, sont remplis par des nouvelles recrues qui surgissent de temps en temps de la fange du vice ou par des condamnés libérés. Comme ceux-ci reparaissent très fréquemment dans les tentatives criminelles qui viennent par intervalle alarmer la capitale, j'ai cru devoir entrer, à leur égard, dans quelques détails propres à faire connaître les principales catégories dont ils se composent, le nombre d'individus afférent à chaque catégorie ainsi que l'état moral comparé de celles-ci.

Dans le département de la Seine, il existait au 1er janvier 1836, 1867 libérés, soumis à la surveillance de la police, savoir :

	Hommes.	Femmes.	Total.
Forçats	456	86	542
Réclusionnaires.	595	335	930
Correctionnels.	319	76	395
Totaux.	1370	497	1867

Sur ce dernier nombre, on comptait à Paris 1711 individus des deux sexes appartenant aux trois catégories ci-dessus indiquées; les mouvemens d'entrée et de sortie qui s'opèrent chaque année à Paris se balancent de telle sorte qu'on peut affirmer, que cette ville ne renferme pas, année commune, au-delà de 1700 libérés de toutes classes. Dans ce chiffre ne sont pas compris à la vérité, les libérés en état de rupture de ban, mais en évaluant ceux-ci à quelques centaines, on peut se faire une juste idée de la force numérique de cette portion de la classe des libérés, force qui au surplus a donné lieu de la part de quelques écrivains, d'ailleurs éclairés, aux conjectures les plus hasardées et aux estimations les plus fausses.

Les chiffres authentiques et précis que nous venons de poser, démontrent combien les idées du public, en ce qui concerne les forçats libérés, sont confuses et erronées. Il ne distingue pas, ou plutôt il ne connaît pas, les diverses classes de libérés, et il est enclin par un sentiment outré de délicatesse et d'aversion à ne voir dans ceux-ci que des forçats. A Paris, cette dernière catégorie ne forme guère que le quart de la masse des libérés autorisés à y résider. Non-seulement elle est moins nombreuses que celle des réclusionnaires, mais si l'on consulte le rapport fait au roi sur l'administration de la justice criminelle en 1836, on voit qu'elle compte moins de récidives. En effet, ce rapport établit que, pendant une période de cinq années (de 1832 à 1836) sur 3,398 condamnés sortis des bagnes, 646 ont été poursuivis et jugés de nouveau, ce qui donne 19 récidivistes sur 100 libérés, tandis que sur 25,807 détenus sortis des maisons centrales, 5,488 ont été l'objet de poursuites et de condamnations nouvelles, proportion qui fait ressortir un plus grand nombre de libérés en récidive, c'est-à-dire, 21 sur 100. La différence en faveur des bagnes est d'autant plus remarquable, dit le rapport, que la population des maisons centrales renferme des femmes, qui tombent en récidive bien moins souvent que les hommes, et que dès-lors cette population semblerait devoir offrir moins de condamnés relaps que celle des bagnes. Il est juste de convenir toutefois, que les vols commis par les forçats libérés en état de récidive sont accompagnés de circonstances plus graves que ceux qui sont imputés aux réclusionnaires placés dans la même position. Quoi qu'il en soit, malgré le poids de cette dernière considération, l'expérience a mis en lumière cette vérité, que le réclusionnaire et le correctionnel peuvent être beaucoup plus corrompus que l'homme sorti du bagne; d'où il suit qu'il n'y a pas lieu de tant se préoccuper de la catégorie à laquelle les libérés appartiennent. C'est de l'influence que l'expiation a exercée sur leur esprit et sur leur âme qu'il faut s'inquiéter et non pas de la nature de leur condamnation.

Les mœurs des détenus élargis par suite de l'expiration de leur peine ne portent pas l'empreinte d'un caractère particulier, comme plusieurs personnes sembleraient le croire. Ces détenus, auxquels on donne le titre de libérés, n'ont que deux partis à prendre lorsqu'ils sont mis en liberté; et, sous ce rapport, on peut affirmer que leur avenir dépend de leur propre sagesse, ou plutôt de la direction bonne ou mauvaise de leurs penchans. Ou ils prennent rang parmi les travailleurs dont le grand nombre forme le fond de la société légale, ou ils se livrent de nouveau à leurs anciennes habitudes de désordre, et s'affilient à la classe des malfaiteurs. Dans le premier cas, ils vivent comme tout le monde, ils pratiquent les devoirs et les vertus de leur état; et par cela même, leur conduite n'offre rien qui les différencie des masses. Dans le second cas, ils deviennent membres d'une société à part, d'une communauté ennemie de la société véritable; et dès-lors ils se condamnent à vivre dans les mêmes agitations que les malfaiteurs qui composent cette société d'exception : ils fréquentent les mêmes lieux, parlent la même langue, méditent et exécutent les mêmes entreprises contre la propriété d'autrui, qu'ils ne savent ni ne veulent acquérir légitimement. Néanmoins, leur qualité de libéré n'imprime pas à leurs allures de malfaiteurs une marque distinctive. Ils sont voleurs comme les premiers sont travailleurs, bravant l'infamie autant que ceux-ci la redoutent, et fuyant le travail avec non moins de résolution que les autres en mettent à le rechercher.

Les voleurs ont un penchant décidé à s'associer pour l'exécution de leurs méfaits : ce penchant est constaté par tous les documens officiels publiés sur l'administration de la justice criminelle. Ils agissent par petits groupes ou par bandes. Ils ne sont pas moins de deux, sauf un petit nombre d'exceptions où ils procèdent isolément. Les bandes sont plus ou moins fortes; il en est qui comptent quinze individus, et quelques-unes un plus grand nombre. Chaque bande a son chef, qui, d'ordinaire, est l'homme le plus entreprenant et le plus habile. Quand elles sont assez considérables pour former deux sections, le chef principal prend la direction d'une des sections, et l'autre est confiée au plus habile après lui. Les deux sections mettent en commun leur butin particulier, et elles en font le partage. Il y a des chefs de bande doués d'une telle habileté, qu'ils sont pour ainsi dire l'âme du corps tout entier, et que leur escouade est presque toujours celle qui apporte le plus de butin. Si ces misérables prenaient à tâche de faire chaque jour quelque expédition, ils seraient pour la société de véritables fléaux. Heureusement pour elle, ils se reposent jusqu'à ce qu'ils aient consumé au jeu ou dans des parties de débauche le produit tout entier de leurs rapines. On a vu de ces voleurs d'élite environnés d'une espèce de clientelle, et sollicités, pendant leur inaction, par des malfaiteurs faméliques, ou par ce qu'ils appellent des *donneurs d'affaires* ou courtiers.

Dans le nombre des chefs de bande, il en est qui agissent avec la plus grande circonspection, qui organisent le vol, en préparent, en dictent l'exécution, mais qui n'y participent jamais eux-mêmes; ils sont à l'affût des occasions dont ils sont informés par des indicateurs à leur solde; ils étudient les moyens de les rendre fructueuses, et lorsque le moment d'agir est venu, ils se procurent des hommes dont ils ont lieu de se croire sûrs, et ils les mettent en mouvement pour la consommation du crime. Ces entrepreneurs, ces fauteurs de rapine entrent en partage dans le produit du butin résultant de leurs propres combinaisons; ils vivent retirés, se montrent économes et rangés; ils s'abstiennent de paraître dans les lieux publics hantés par les voleurs pour ne pas exciter les soupçons de la police. Seulement, ils consentent quelquefois à se réunir secrètement aux instrumens qu'ils emploient, lorsqu'à la suite d'une tentative de vol qui a réussi, ceux-ci s'égaient à la barrière, aux dépens du malheureux contre lequel cette tentative a été dirigée. L'industrie de ces bandits a quelque rapport avec celle des malfaiteurs connus à Londres sous le nom de gros voleurs (*swell cracksmen*).

Les confédérations organisées et dirigées par ces derniers offrent un assemblage d'élémens divers, combinés et unis entre eux avec un profond calcul. Les auteurs de ces confédérations malfaisantes, couverts d'un voile mystérieux, se sont associés pour exploiter le vol sur un plan tout-à-fait neuf. Ils ont créé des cadres, une hiérarchie, des espions, et des agens chargés des opérations manuelles, se réservant pour eux-mêmes la *partie morale et intellectuelle de l'entreprise*. Les cadres sont remplis d'employés de différens ordres, qui ont des attributions spéciales, suivant le rang qu'ils occupent dans la hiérarchie. Ils ne trempent jamais dans le délit matériel, non plus que les espions. Ceux-ci, répandus dans le monde et bien vêtus, se contentent d'indiquer les occasions, les chances de réussite, les périls à éviter et les instans propices ou dangereux pour l'exécution. Les agens ne sont que des instrumens subordonnés à l'employé dépositaire des instructions de la société. Il leur est interdit par les statuts, de se livrer à aucun vol secondaire, et ils prennent l'engagement de rendre compte du fruit de leurs rapines, avec une sévère exactitude, sous des peines promptes et terribles. L'une de ces peines, et qui n'est pas la moins redoutable, consiste dans la dénonciation faite par la société à la police, des sujets qu'elle veut sacrifier à sa vengeance. La police apprécie beaucoup les renseignemens qui lui arrivent par cette voie mystérieuse, et elle sait qu'elle tenterait vainement de remonter à la source dont ils émanent. L'agent ou le voleur est d'ailleurs fort bien traité; on pourvoit à ses besoins avec une certaine libéralité, même lorsque l'*ouvrage* manque; et il a droit, comme tous les membres de la société, à un dividende dont la quotité est réglée par un tarif commun. Défenses lui sont faites de se montrer dans les tavernes, afin de ne pas éveiller les soupçons de la police, et ses instructions lui recommandent de ne se lier qu'avec des gens bien famés. Les chefs de la société ne s'occupent que des travaux de l'administration; ils reçoivent les renseignemens qui indiquent les vols à faire, traitent avec les espions, découvrent les secrets, tracent les plans de campagne, recrutent leur armée, protègent ses mouvemens et assurent sa subsistance en tout temps. Ils affectent, au surplus, de fréquenter la bonne société, qui ne se doute pas de leur occupation véritable; et ils jouissent de la considération que donne en Angleterre ce qu'on appelle le *comfort*. On compte à Londres deux ou trois de ces sociétés anonymes de voleurs, qui vivent sur la ville, pour me servir de la locution anglaise!

Les voleurs à Paris ont leur mère, leur logeur, un idiome qui leur est particulier et auquel il faut être initié pour le comprendre; cet argot est enseigné dans les prisons et forme le lien commun de tous les voleurs. L'exercice du vol constitue parmi eux un art, une industrie : voler ou travailler c'est tout un à leurs yeux. Ils ont leurs courtiers, leurs recéleurs. Une proposition de vol est assimilée à une affaire ; elle est négociée et par suite acceptée ou refusée, suivant le caractère, les habitudes et le degré d'immoralité de celui à qui elle est faite. Les premiers mots de ces négociations sont souvent hasardés dans les lieux où les malfaiteurs ont coutume de se voir et de se réunir. — Parmi ces lieux de rendez-vous, nous citerons les deux qui sont les plus connus; l'estaminet des quatre billards (1) et le caveau (2). Les voleurs consommés se piquent de connaître et connaissent en effet l'organisation des grandes villes, ainsi que les replis et les détours de

(1) Rue de Bondy, derrière le Château-d'eau.
(2) Boulevard du Temple, près le théâtre de Franconi.
Ces deux établissemens sont principalement fréquentés par les jeunes filous.

la vie sociale. C'est pourquoi ils sont si redoutables même à Paris, malgré son immense étendue. Ils ont dans leur costume quelque chose qui décèle leur métier et même la classe à laquelle ils appartiennent; c'est la couleur ou l'arrangement de la cravate, la forme du gilet, le bourgeron, la manière de porter la casquette ou le chapeau, et d'autres particularités qui tiennent à la mise ou aux allures de l'individu. Toutes ces circonstances sont pour eux des signes de reconnaissances et de ralliement comme elles sont des traits de lumière pour les agens de police. On a remarqué depuis peu que les voleurs appartenant à la même bande se secouraient avec un véritable dévoûment, lorsque un ou plusieurs d'entre eux venaient à tomber dans les mains de l'autorité. Les éclaireurs de la bande sont si vigilans et si adroits, qu'il en est qui ont réussi à faire parvenir de l'argent à leurs camarades arrêtés, jusque dans le corps-de-garde, où ils avaient été provisoirement déposés.

Lorsque les filous rentrent la nuit dans les garnis qu'ils fréquentent habituellement, ils se targuent avec effronterie de leur habileté et dépensent en raison du butin qu'ils ont fait. La mère et les logeurs se réjouissent avec eux de leurs exploits. Ces bandits s'abattent quelquefois dans leurs repaires par troupes comme des oiseaux de proie et font retentir le taudis des bruyans éclats de leur gaîté. Le quartier Saint-Honoré est l'asile favori de cette espèce de voleurs, parce qu'il est à proximité des spectacles et des lieux les plus animés de la capitale. Les autres catégories, celles qui habitent les quartiers de la Cité et des Arcis s'entourent de plus de circonspection et de mystère, à cause de la nature de leurs crimes qui est ordinairement plus grave.

Au surplus, les voleurs sont d'autant plus audacieux dans un pays libre comme le nôtre, que les lois y sont mieux observées. Ils savent qu'ils s'exposent à être frappés par ces lois, en outrepassant les limites qu'elles ont posées, mais ils savent aussi que les agens de la force publique ne peuvent se mouvoir contre eux que suivant des règles fixes qui leur laissent par cela même beaucoup de latitude pour l'exercice du vol. Voilà pourquoi ils se plaisent quelquefois à braver ces agens par des défis, se portant forts de mettre leur vigilance en défaut dans telle ou telle occasion donnée.

Les mœurs des voleuses ne diffèrent de celles des voleurs qu'à certains égards. Cette différence se rattache aux habitudes même de leur sexe. A part cela, elles ont des logeurs communs, elles parlent le même argot, et gravitent, pour ainsi dire, autour d'eux, comme apprêteuses ou comme espionnes, à moins qu'elles ne se livrent à une nature particulière de vol, ce qui arrive fréquemment ainsi que nous l'avons vu.

La plupart des femmes sont poussées au vol par de mauvaises connaissances ou par la misère qui suit l'abandon où leurs amans les laissent après les avoir enlevées à leurs familles. Leur position dans ce dernier cas est d'autant plus malheureuse qu'elles se trouvent plus éloignées de leurs parens domiciliés souvent dans le fond des départemens.

TROISIÈME PARTIE.

DES PRÉSERVATIFS CONTRE L'INVASION DU VICE.

OBSERVATIONS PRÉLIMINAIRES.

Nature des maux décrits précédemment. — Ils sont inhérens à toute société. — Efforts des législateurs et des moralistes pour prévenir ces maux. — Réaction corruptrice de la société et quelquefois de la famille. — Nécessité de cultiver le sens moral. — Le vice et le crime ne sont pas susceptibles d'une guérison absolue. — Impuissance des lois répressives pour parvenir à cette guérison. — Le seul moyen au pouvoir de l'homme pour résister au mal moral est d'opposer une forte barrière à ses progrès et d'en resserrer le siège de plus en plus. — Ressorts généraux à employer. — Préservatifs. — Remèdes. (1)

Les maux déplorables que nous venons de décrire ne sont pas circonscrits dans un seul pays, dans une seule cité; ils apparaissent avec une intensité plus ou moins forte dans tous les pays, dans toutes les cités qui sont le centre d'une grande activité sociale et industrielle. Ils ne datent ni des temps anciens ni des temps modernes, ils remontent à l'origine des sociétés humaines. Ces maux n'ont donc rien d'accidentel ni de transitoire. Ils sont inhérens à l'organisme social, comme les passions qui les engendrent sont inhérentes à l'homme.

Toutefois les législateurs et les moralistes se sont efforcés dans tous les temps d'opposer une barrière

(1) Ce chapitre a été remanié et augmenté.

puissante à l'influence des principes délétères qui dépravent et affligent les peuples. Les uns ont travaillé à cette œuvre immense et vitale en établissant des peines contre les actes coupables qui nuisent à la société, les autres en faisant pénétrer dans l'esprit des masses les préceptes d'une saine morale et en essayant de leur donner des habitudes d'ordre, d'économie et de vertu. Le prêtre et le moraliste créent les bonnes mœurs par l'instruction et l'exemple, et le législateur les maintient par la crainte; mais la société et souvent la famille détruisent leur ouvrage par de pernicieuses doctrines et par le relâchement ou la licence des mœurs. C'est cette réaction corruptrice et incessante, qui ébranle tant de sages résolutions, qui rend stériles tant de bonnes semences. Malgré l'écueil que les mœurs des enfans rencontrent parfois dans le sein même de la famille, c'est encore elle qui est la meilleure école, car heureusement les familles honnêtes et bien disciplinées sont les plus nombreuses dans toutes les classes, et le soin de leur propre réputation autant que l'intérêt de la morale tient constamment leur sollicitude en éveil, sur la conduite de ceux de leurs membres qui, par leur faiblesse ou leur inexpérience, sont les plus sujets à faillir.

Les instincts moraux de l'homme ont besoin d'aliment non moins que ses appétits. Plus le sens moral devient exquis par la culture, plus il se développe et se perfectionne. C'est ce développement qui engendre les délicatesses de l'honneur, les alarmes naïves et quelquefois outrées de la conscience, et qui sous ce rapport rend les exigences des mœurs beaucoup plus inflexibles que les prescriptions des lois les plus sévères. Quelle force les gouvernemens ne puiseraient-ils pas dans le ressort moral, s'ils savaient le diriger ou seulement s'ils voulaient encourager son action! Mais ne sortons pas du sujet de ce chapitre. Après avoir décrit les principales variétés du vice et du crime, examinons s'ils sont l'un et l'autre susceptibles de guérison.

Est-il au pouvoir de l'homme d'extirper d'une manière absolue le vice dans le cœur de son semblable? Est-il en son pouvoir de purger la terre du crime qui l'épouvante et qui la désole?

La question, ainsi posée, me paraîtrait insoluble, parce qu'elle est conçue en termes trop abstraits et incompatibles avec les facultés bornées que Dieu a départies à l'homme. On a considéré notre pélerinage ici bas comme une épreuve; la vie humaine n'est, en effet, que cela; l'homme a été doué d'une liberté d'action qui le rend apte au bien comme au mal; le libre arbitre est une force, mais cette force est sollicitée tour-à-tour par les passions et par la raison, et c'est en ce sens qu'on a dit avec fondement que la vie était un combat. La misère et la corruption sont le génie du mal, de même que le bien-être, l'égalité des mœurs, et la mesure dans les passions constituent le génie du bien. Éloigner la misère par le travail, et la corruption par de bonnes habitudes, telle est la tâche que l'homme doit s'imposer pour ne pas déroger à la dignité de son espèce, telle est aussi la direction où la famille et le pouvoir social doivent le maintenir, la première par ses exemples, et le second par ses institutions, ses doctrines et ses lois.

Si l'homme réduit à sa seule individualité ne sait pas se défendre contre les séductions du vice et les tentations du crime, si d'un autre côté l'action morale et conservatrice de la famille, si l'action réprimante de l'autorité publique sont également impuissantes pour l'affermir dans le droit chemin ou pour l'y faire rentrer, par quel moyen espérerait-on réussir à l'empêcher d'être vicieux ou criminel! la société ne peut que subir les chances de son institution; ces chances ne sont pas toutes favorables à son développement régulier, à sa prospérité, il en est qui sont nuisibles, il faut qu'elle les supporte comme on se soumet à une charge onéreuse, à une servitude. L'éternel honneur de la civilisation est d'être indulgente envers l'homme vicieux en méprisant le vice, juste envers ceux qui par un sentiment forcené de cupidité et de dépravation portent atteinte à la propriété, à la vie d'autrui, et de se défier d'elle-même pour ne pas substituer la vengeance à la justice. Voilà la loi des peuples intelligens, moraux, libres et bien policés. Cette loi exclut la guérison radicale du vice et du crime, puisque le vice qui n'attente point à la morale publique n'est justiciable que de l'opinion, dont le blâme est impuissant lorsqu'il frappe sur un individu qui n'en ressent pas le déshonneur, et que la justice pénale, malgré ses rigueurs, ne se lasse pas d'espérer la réforme du délinquant et du criminel, lors même que le fait imputable est accompagné d'une récidive opiniâtre.

Des écrivains moralistes, navrés du spectacle de nos misères et de nos vices, ont prédit que la société serait conduite, par la force du mal moral qui l'agite, à porter un jour des lois contre le vice. Ces lois ont existé, et malgré l'excès de leur sévérité, elles n'ont pu déraciner le vice. En effet, sous nos anciens rois, les maisons qui servaient d'asile aux prostitués étaient démolies ; les prostituées étaient assujetties à un costume particulier, que l'on considérait comme une flétrissure, et elles étaient reléguées, parquées dans des rues qui n'étaient habitées que par elles. Malgré cet appareil de sévérité et d'avanie, le mal qu'on s'était flatté de détruire dans son germe, ne cessa pas de se montrer ; il acquit même plus d'intensité et de danger, puisque la prostitution clandestine prit la place de la prostitution publique, et trompa, de la sorte, la vigilance de l'autorité qui toléra plus tard ce qu'elle n'avait pu empêcher. Les tribus de sectaires qui ont jeté les fondemens de l'Amérique du nord déployèrent, dans l'origine de leur établissement, une sévérité implacable contre le vice. Les premiers actes de leur législation attestent la ferveur de leur piété, la pureté de leur vie ; mais ils restèrent pour la plupart dans l'état de théories inapplicables, et aujourd'hui ils expliquent comme monumens historiques, l'ascendant soutenu des idées religieuses, dans un pays si peu fait en apparence pour les admettre et pour les respecter à cause de la forme de son gouvernement. Il existe encore dans ce pays, des dispositions législatives contre l'ivresse ; les sociétés de tempérance ont agi avec plus d'efficacité par le seul empire de la persuasion, contre l'abus du vin et des liqueurs fortes, que ces dispositions tombées en désuétude, et maintenues pour l'honneur de la morale, plutôt que comme moyens effectifs de répression.

Parlerai-je des peines portées contre le crime par les lois de la vieille Europe? La torture avec son affreux cortège était écrite dans toutes ces lois; non-seulement elle était appliquée, à titre de supplice, aux malheureux frappés d'une condamnation capitale; mais elle était employée *comme expédient* et dans une certaine mesure, contre les accusés eux-mêmes pour leur arracher de prétendus aveux.

Certes, s'il était possible d'attendre de la terreur des peines la guérison absolue du crime, nul doute que cette guérison n'eût été opérée par cette législation barbare, mais non! le crime, pas plus que le vice, ne s'est jamais lassé et ne se lassera jamais d'affliger l'humanité.

Quand on porte ses regards dans les profondeurs du passé et qu'on les arrête sur les deux derniers siècles, on est frappé des efforts qui ont été faits par la religion et par la saine philosophie pour corriger les vices de la nation; le dix-septième siècle surtout se recommande à l'admiration de la postérité par l'alliance sacrée de la morale religieuse et des lumières contre l'invasion du vice. Les efforts de ce dernier siècle, comparés à ceux des âges qui l'ont précédé et qui l'ont suivi, ont quelque chose d'héroïque et de majestueux, et pourtant ce siècle si grave, si discipliné, ne put que restreindre, qu'amoindrir le foyer des maux qui ternissent notre civilisation comme ils ternissaient la sienne.

Si le siècle où la civilisation des mœurs eut constamment le pas sur la civilisation des lumières, où le génie et la vertu enfantèrent tant de prodiges, n'a pas réussi à cicatriser la plaie sociale qui nous préoccupe, c'est qu'elle est incurable. L'histoire nous apprend, qu'en effet dans tous les temps et dans tous les lieux, cette plaie a résisté à tous les remèdes; que les peuples les plus sages et les plus moraux sont ceux qui, dans l'impuissance de détruire complètement le mal dans son principe, ont opposé une forte digue à ses progrès, ou resserré son siège dans des limites plus étroites.

C'est sous ce point de vue purement pratique, que nous avons cru devoir envisager la question de l'amélioration morale de la classe vicieuse, dépravée et dangereuse. Diminuer le nombre des vicieux et des méchans pour augmenter la masse des bons, dans son sens le plus large, tel est le but que doit se proposer l'homme d'état aussi bien que le moraliste. Cette manière de poser les termes du problème n'est ni ambitieuse ni tranchante; elle ne tend pas sans doute à détruire le mal dans sa racine, chose moralement impossible et digne tout au plus de trouver place dans quelque utopie, mais elle tend à lui disputer le terrain pied à pied, à préserver les bons de sa maligne influence, et à lui arracher par des efforts continuels ceux qu'un égarement passager ou une profonde dépravation a séparés de la société régulière. Que peut-on demander de plus à la puissance publique et à la morale? que peut-on demander de plus à la religion elle-même?

Les sciences politiques et les sciences morales ne peuvent espérer de régler les penchans de l'homme et de le rendre apte à la vie sociale, par la connaissance et la pratique des devoirs qu'elle impose, qu'en multipliant les moyens de travail, en unissant, par les liens d'une bienveillance et d'une solidarité commune, tous les agens de la production, et en donnant à l'emploi du salaire une direction sage et éclairée, c'est-à-dire conforme aux intérêts bien entendus de l'ouvrier à qui ce salaire doit profiter. Toutes ces choses sont, en effet, la fin et la consommation de l'économie politique et de la morale; mais les applications utiles et fécondes de celle-ci sont beaucoup plus difficiles à créer et à renouveler que les moyens de travail. L'ordre et la paix sont une source infaillible et intarissable de travail, outre que l'amour du bien-être le conseille, le soutient et l'alimente sans cesse. La morale n'a pour elle que la raison et la conscience; il faut que l'une et l'autre luttent contre les appétits, contre la violence des passions; il faut qu'elles les surveillent, les combattent pour les régler, et lorsque les passions sont trop effervescentes, il ne leur est donné de les surmonter qu'en les maîtrisant comme des rebelles. Le travail est un élément de moralisation; mais il est aussi, ou du moins il peut devenir par l'abus des ressources qu'il procure, un élément de désordre. L'influence de la morale est donc indispensable pour assurer le bonheur de l'homme considéré dans toutes les positions de la vie; et cette influence est d'autant plus précieuse, qu'elle est compatible même avec le plaisir où elle ne se mêle que pour l'épurer et l'ennoblir. La religion elle-même, quand elle vient au secours de la morale, ne se propose pas d'autre but.

Prévenir la misère par le travail, la corruption par l'enseignement et la pratique des préceptes de la saine morale, tel est le principal devoir des gouvernemens et des moralistes. Néanmoins les efforts tentés par ceux-ci pour préserver l'homme des atteintes du vice ne sont pas toujours heureux; il est des individus qui cèdent sans résistance et sans mesure à ces atteintes, soit que dès l'origine leur éducation ait été négligée, soit qu'ils aient étouffé par de mauvaises habitudes les bons sentimens qui leur avaient été inspirés. Il est rare, que le vice marche seul, il donne quelquefois naissance à l'immoralité, et celle-ci engendre le crime. Ces conséquences fatales se manifestent dans tous les rangs de la société, sans distinction de rang, d'âge, ni de sexe. L'adolescent, l'enfant lui-même deviennent dangereux pour elle, dès que la corruption les a touchés.

Lorsqu'un individu est condamné à expier dans une maison de force, par un emprisonnement plus ou moins long, les méfaits dont il s'est rendu coupable; lorsque l'enfant convaincu de vagabondage ou de petits vols, mais protégé par son inexpérience et son défaut de discernement, a été envoyé dans une maison de correction, à titre de discipline seulement et pour apprendre que les maximes de la morale ne sont pas un vain mot, il ne s'agit plus de maintenir chez l'un et chez l'autre par des conseils ou des sages précautions, le sens moral dans son intégrité, dans sa pureté, mais d'une mission bien autrement difficile. Il s'agit de vaincre les mauvaises passions du détenu adulte par l'intimidation, de purifier son cœur par des instructions morales et bienveillantes, et de tenter les mêmes efforts à l'égard de l'enfant en se servant de moyens appropriés à ces connaissances et à son âge. Or, ici, tout est obstacle et embarras pour le prêtre ou le moraliste; ce n'est plus l'ignorance et la brutalité qu'il lui est réservé de combattre dans l'adulte, c'est le vice opiniâtre et dépravé, c'est le crime; il ne faut pas seulement qu'il le délivre du mal, mais qu'il le relève à ses propres yeux et qu'il le rende à la vie morale. Quant à l'enfant, sa réforme offre plus d'espoir, parce que chez lui le vice est moins endurci et que son esprit est moins corrompu que ses habitudes. Il lui suffit le plus souvent de désapprendre le mal pour connaître et sentir le prix inestimable de la vertu.

Ajoutons que le travail peut être employé, à l'égard de l'enfant comme à l'égard de l'adulte, à titre non-seulement de moyens d'existence pour l'avenir, mais aussi à titre d'amendement et de régénération, et qu'il n'est pas moins efficace pour réprimer que pour prévenir les mauvaises passions.

Cette double théorie que nous venons d'indiquer et qui divise naturellement les modes de curation à employer contre le vice en *préservatifs* et en *remèdes*, constitue le fond de cet ouvrage et sera l'objet des développemens contenus dans la troisième et la quatrième partie destinées, l'une comme l'autre, à son exposition approfondie.

TITRE Ier.

DES MOYENS A EMPLOYER POUR PRÉSERVER LA CLASSE PAUVRE ET IGNORANTE DES INFLUENCES DU VICE.

CHAPITRE Ier.

Besoins de l'homme. — Ces besoins sont simples et devaient être tels pour ne pas excéder ses forces naturelles. — Facultés départies à l'homme, et suffisantes non-seulement au soutien de son existence, mais à lui procurer les moyens de bien-être les plus étendus. — Travail, fondement de l'existence individuelle et de toutes les jouissances sociales. — Travail, nécessité imposée à l'homme, et moyen de consolation. — Rapport du travail avec les divers agens de l'industrie. — Influence de la demande du travail et de la concurrence sur le sort de l'ouvrier. — De l'ordre, de l'économie et des autres vertus nécessaires au travailleur. — Obstacles qui s'opposent à l'exercice de ces vertus. — Comment il serait possible de les vaincre. (1)

L'homme est soumis, par les lois de son organisation, à des besoins auxquels il est obligé de satisfaire pour le soutien de son existence : ces besoins sont simples et devaient l'être, pour que l'homme pût jouir du bienfait de la vie, sans s'imposer des efforts trop pénibles et trop disproportionnés avec sa faiblesse naturelle. La satisfaction complète et régulière des besoins physiques, constitue ce qu'on

(1) Ce chapitre n'existait pas dans le mémoire.

appelle le bien-être matériel, état qui représente bien plus les conditions nécessaires et vitales de l'individu, l'équilibre ou la possession suffisante des forces indispensables à la vie, que les commodités et les douceurs de celle-ci. Le créateur, en nous appelant à la vie, devait nous doter de facultés propres à l'entretenir et à la prolonger, pour ne pas faire une œuvre inutile; mais là pouvait se borner le lot qu'il a départi à chacun de nous, quoique dans sa toute-puissance, et dans sa bonté, il se soit montré, beaucoup plus libéral envers l'humanité, et qu'il lui ait fourni les moyens d'atteindre à une somme de bien-être infiniment supérieure à ses besoins les plus variés et les plus étendus.

La divinité, en distribuant, d'une manière inégale en apparence, le trésor de ses dons, parmi le nombre infini de ses créatures, a compensé cette inégalité par d'autres avantages. Elle a placé la force dans l'humble fortune, à côté de la frugalité et de la tempérance, tandis qu'elle a placé le souci et les maladies à côté de la richesse, quand celui qui en est possesseur ne l'a pas acquise légitimement ou l'a fait servir follement à ses dissipations et à ses désordres. Le bien-être dans son acception rigoureuse et normale est donc, en définitive, la possession des moyens d'existence, que comporte la condition sociale de chaque individu. Envisagé sous ce point de vue, les jouissances qu'il procure sont bornées et relatives, et elles peuvent se réduire au simple nécessaire sans cesser pour cela d'être des jouissances.

Quelque restreinte que soit la mesure du bien-être, l'homme, considéré isolément dans sa nudité et son indigence, ne peut s'empêcher de le conquérir par un labeur continuel. Dieu l'a voulu ainsi, et il a fait du travail, non-seulement une des lois fondamentales de notre existence, mais la base de la fortune, qui est un développement plus ou moins étendu du bien-être. Le rôle du travail dans la destinée de l'homme, n'est pas celui d'un agent purement matériel, le créateur l'a élevé au rang de vertu. C'est en effet, à titre de vertu, que le travail préserve la volonté humaine de l'influence des mauvais penchans et que, suivant une des pensées les plus profondes et les plus salutaires du christianisme, il renferme en lui toute la force et l'efficacité de la prière. Si l'on pouvait placer quelque chose au-dessus de la vertu, je dirais, que le travail est plus encore, car il est le consolateur de nos afflictions, le charme tout puissant de nos peines.

Le travail est une des sources principales de la richesse dans les divers domaines de l'industrie; il rend avec usure à chacun des agens qui concourent à la production, l'équivalent du tribut de son œuvre: c'est comme tels que le chef d'industrie, le capitaliste et l'ouvrier, reçoivent leur part du profit de l'entreprise à laquelle ils se sont associés. Celle qui revient à l'ouvrier pour prix de la main-d'œuvre s'appelle salaire : ce salaire augmente ou diminue, en raison de la quantité de travail demandé et de la concurrence des travailleurs. Ceux-ci, étant en très grand nombre dans tous les centres d'activité industrielle, et tendant à s'accroître sans cesse, d'après la force reproductive inhérente au principe de la population, leur profit s'abaisse d'autant plus que leur concurrence est plus active. L'influence combinée de la demande du travail et de la concurrence sur la position de l'ouvrier, est permanente, décisive, et résistera toujours à toutes les théories qui auraient la prétention de la décliner ou de la méconnaître pour arriver à l'amélioration du sort des classes laborieuses. L'examen de cette influence, ayant un rapport intime avec celui de la question du salaire, nous les comprendrons tous deux dans le chapitre qui traitera de cette question afin de les éclairer l'un par l'autre.

Quelque résultat que l'on puisse espérer, au surplus, en faveur des ouvriers, de la solution des questions difficiles qui, dans l'ordre économique, se rattachent au réglement du salaire, nous sommes loin de penser que ce résultat soit jamais de nature à transformer complètement la condition de la masse des travailleurs, et à les faire sortir de la médiocrité attachée de tout temps, et par la force des choses, à la classe du plus grand nombre. En admettant qu'il fût au pouvoir de la science de diminuer les élémens de la concurrence, sans restreindre la liberté de l'industrie, nous doutons que les ouvriers obtinssent autre chose qu'une amélioration plus ou moins sensible, plus ou moins durable, de leur situation présente. Ce changement, quelque important qu'il fût, ne les dispenserait pas, en tout cas, de chercher dans l'ordre, l'épargne, et la modération, ce qui leur manquerait toujours pour fournir suffisamment à leurs besoins ainsi qu'à ceux de leur famille.

Ces vertus, qui sont utiles à tous, mais principalement au pauvre dont elles garantissent le bien-être, éprouvent toutes sortes d'entraves dans les divers corps d'état, à cause des habitudes irrégulières qui y règnent, habitudes que la tradition et la coutume y ont introduites, et que la coutume, appuyée sur le bon sens et les lumières, aurait seule la force de détruire. Il existe parmi les ouvriers qui se livrent à la boisson, abstraction faite de ceux qui en poussent l'abus jusqu'à l'ivresse, une fausse honte qu'on ne saurait trop combattre. C'est la persuasion où ils sont qu'on aurait droit de les regarder comme de mauvais camarades, comme des ouvriers avares, peu sociables et bizarres, s'ils se refusaient à boire hors de leurs repas, sans besoin et par forme de passe-temps. Il est positif cependant que plus d'un ouvrier a, dans maintes circonstances, exprimé un pareil refus. Il en est, et j'en connais, qui non-seulement ont résisté à des invitations pressantes et réitérées, mais qui ont su se mettre au-dessus des railleries occasionées par leur refus : épreuve que le grand nombre redoute le plus, et qui est presque toujours l'écueil de leurs bonnes dispositions. C'est de cette minorité raisonnable et ferme que sont sortis et que sortent encore, par intervalles, ces entrepreneurs courageux, fils de leurs œuvres, arrivés à une honnête aisance ou à la fortune, par la sagesse de leur esprit, leur goût pour l'épargne et la simplicité de leur vie. On m'a montré, dans certains ateliers, des ouvriers adolescens livrés à eux-mêmes dans Paris, sans tutelle et sans surveillance, chez qui ces bonnes habitudes s'étaient déjà tellement fortifiées, qu'ils imposaient en quelque sorte, par leur sagesse, à des ouvriers d'un âge mûr, accoutumés à dépenser leur salaire en boissons, et réduits à emprunter quelquefois à leurs jeunes camarades l'argent dont ils avaient besoin pour se procurer un maigre repas.

Ce qui manque le plus aux classes pauvres, c'est le sentiment vrai de leur situation, et la force de s'y conformer; c'est la sagesse d'employer utilement les modestes ressources qu'elles doivent au travail. Il ne faut pas regimber contre la nécessité, mais la subir et y adapter sa vie. Médire de l'état social, ou s'étourdir sur les embarras de sa position par l'usage immodéré du vin, c'est, d'une part, ne pas connaître ce dont on médit; et d'autre part, empirer le mal, en croyant le pallier.

Sans me dissimuler ce qu'il faut de courage et de résignation pour supporter la pauvreté dans ses mauvais jours, je suis fermement persuadé que cette même pauvreté laborieuse et économe peut, dans les temps ordinaires, pourvoir aux besoins de la vie et se ménager quelques-unes des commodités créées par la civilisation. Dans aucun des rangs de la société, nul n'est en état de contenter tous ses desirs. Ce qui manque à l'ouvrier manque au contre-maître, et ce qui paraît desirable à ce dernier est un objet d'envie pour le chef d'industrie, toute proportion gardée. La mesure du nécessaire change avec la condition de l'individu, et par suite celle du superflu. Elles doivent changer, en effet, simultanément; mais elles restent toujours en deçà de la portée du desir. Voilà pourquoi, depuis que ce bas monde existe, nul n'est content et ne sera jamais content de son sort. Quelles que soient les promesses du système emphatique et creux de la perfectibilité indéfinie, quelles que soient les espérances de ceux qui appellent une refonte complète de la société, pour y faire à leur guise le lot du pauvre, l'essence de ce lot ne changera jamais; elle sera toujours l'expression plus ou moins bornée du nécessaire, selon la conduite de l'individu, l'état des circonstances et le nombre des membres de sa famille.

Quant au palliatif emprunté par l'ouvrier aux plaisirs du cabaret, je n'y vois qu'une satisfaction momentanée, suivie d'un enchaînement de privations qui s'aggravent de plus en plus, et qui atteignent sa famille, non moins fortement que lui-même. Ce prétendu palliatif n'est qu'une illusion, et atteste tout à-la-fois la légèreté, l'imprévoyance et l'égoïsme de celui qui en fait usage.

On a dit, pour expliquer et justifier l'ardeur que l'ouvrier met à la recherche des plaisirs, que Dieu avait donné à l'homme un desir insatiable de bien-être. Ce desir se révèle en effet dans l'humanité tout entière, mais il a pour corrélatif la raison qui est aussi un don du créateur et le plus éminent comme le plus inappréciable des dons, puisque c'est à lui que l'homme doit sa suprématie sur tous les êtres créés et la faculté de maîtriser ses mauvais penchans. Obéir à ses appétits d'une manière aveugle et sans écouter la voix de la raison, toujours prête à se faire entendre, c'est donc méconnaître la nature raisonnable de l'homme, c'est altérer l'harmonie et l'essence de son être. Nous remarquerons à ce sujet, que certains moralistes sont presque aussi outrés que ceux qu'ils veulent endoctriner sont déraisonnables. Ils enseignent à détruire les passions, tandis qu'ils devraient enseigner à les régler. Le bon sens a plus de tact et de science qu'eux; il fait simplement l'office de modérateur, en donnant aux appétits naturels le développement le plus conforme à nos véritables besoins. C'est lui qui est le meilleur juge du bien-être. Il n'est ni stoïcien ni épicurien; il est ami de la mesure et de l'équilibre; *ni trop, ni trop peu,* voilà sa devise; et cet aphorisme résume en quelques mots toute la science de la vie.

CHAPITRE II.

Industrie manufacturière. — Vue générale. — Formes principales de l'industrie en France. — Première forme : Etablissemens fondés sur l'unité d'intérêt. — Deuxième forme : Etablissemens complexes et fondés sur la pluralité d'intérêts. — Répartition territoriale de ces deux classes d'établissemens. — Avantages qui leur sont propres respectivement. — Leurs inconvéniens. — Organisation de l'industrie. — Mode d'organisation particulier à Paris. — Causes qui séparent les ouvriers des chefs d'industrie. — Causes qui établissent la sympathie et la solidarité entre eux. — Du patronage exercé par l'entrepreneur sur l'ouvrier. — Exemples choisis dans la haute, la moyenne et la petite industrie basée sur l'unité d'intérêts. — Procédé de l'industrie appartenant à la deuxième forme. — Influence de ce procédé sur le sort de l'ouvrier en cas de chômage. — Des contre-maîtres et de l'action morale qu'ils pourraient exercer sur les ouvriers. — Résumé. (1)

De tous les modes de travail, le plus fécond, le plus riche et le plus varié, est sans contredit l'industrie manufacturière. Cette industrie a son principal foyer dans les villes; partout où elle établit ses ateliers, elle attire et rassemble des masses d'individus plus ou moins considérables. Comme l'industrie manufacturière exerce une puissante influence sur la population urbaine et que l'étude de cette population forme le principal sujet de nos recherches, nous nous contenterons d'examiner ici

(1) Ce chapitre renferme quelques additions.

l'organisation de ce mode de travail et nous essaierons en même temps d'indiquer par quels moyens il serait possible de le faire tourner au profit du bien-être matériel et de la moralité des classes laborieuses.

Un des plus beaux spectacles de la civilisation, c'est le mouvement de l'industrie humaine dans les deux mondes, au milieu de la paix des nations, c'est la lutte animée, mais inoffensive, des intérêts mercantiles sur toute la surface du globe. Cette lutte s'exerce sous l'influence de diverses lois ou de traités particuliers ayant pour objet de faciliter les relations commerciales entre les peuples, d'imprimer à l'industrie particulière de chacun d'eux toute l'activité et tout le développement dont elle est susceptible. L'échange est tout à-la-fois le mobile et le but de l'industrie; c'est par lui que les produits s'écoulent pour être consommés définitivement et sans retours ou pour être transformés en vue de la reproduction. Les différens phénomènes de l'industrie aboutissent à l'un ou à l'autre de ces deux résultats principaux. Sa marche quoique régulière est sujette à de fréquentes oscillations et à des crises profondes qui la contraignent au repos. Ces accidens, ces perturbations tiennent à un grand nombre de causes: elles dérivent des faux calculs, de l'impéritie, ou des spéculations démesurées des entrepreneurs ; elles dérivent aussi des atteintes portées à la sécurité publique par les factions, et aux opérations du commerce par les mauvaises mesures des gouvernemens. L'industrie s'affecte de tout ce qui peut nuire à la liberté et à l'ordre public ; la stabilité dans les hommes et dans les choses est la plus sûre garantie qu'un gouvernement puisse lui assurer.

En France, l'industrie (j'entends l'industrie manufacturière) existe sous deux formes capitales, qui dominent toutes les autres. Dans l'une il y a unité, dans l'autre pluralité d'intérêts. Les établissemens de la première catégorie se personnifient dans les chefs qui les ont fondés et qui les exploitent ; ceux de la seconde sont complexes et pour ainsi dire multiples ; le chef de l'industrie y est séparé des travailleurs et de ceux qui les dirigent : c'est moins un fabricant ou un manufacturier qu'un spéculateur.

Ces deux modes d'organisation ne sont pas également répandus. L'un abonde principalement dans les départemens du nord de la France, et l'autre dans les départemens du Rhône, de la Drôme, de Vaucluse et de la Loire ; à Paris ils sont employés simultanément. Là, où les manufactures appartiennent à un seul, il n'y a qu'une impulsion, qu'une volonté: c'est celle du maître de l'établissement, c'est sur lui que pèsent les charges, à lui que profitent les bénéfices; les ouvriers qu'il occupe, y compris les contre-maîtres et généralement les sous-chefs de l'industrie, ne reçoivent de lui qu'un salaire qui est le prix de leur capacité relative. Là, au contraire, où l'industrie est fractionnée, celui qui fait travailler, n'a de rapport qu'avec les chefs d'atelier qu'il a coutume d'employer; il traite avec eux pour les parties de marchandises, ou les produits dont il a besoin, leur fournissant quelquefois les matières premières, ou les avances nécessaires pour se les procurer. Il est évident que l'office de cet individu, en pareil cas, est celui d'un spéculateur et non d'un fabricant proprement dit. Les articles de soierie, de rubannerie et de chapellerie, ne se confectionnent pas autrement à Lyon, à Saint-Etienne, à Valence et à Avignon. L'ébénisterie, la passementerie, et un grand nombre d'autres branches d'industrie, sont soumises, à Paris, au même système de fabrication; le salaire payé dans ce cas, par celui qui fait fabriquer le produit, représente les services tant du chef d'atelier que des compagnons ouvriers.

Le parallèle de ces deux cadres d'industrie fait ressortir des avantages propres à chacun d'eux. Ainsi l'industrie que j'appellerai unitaire, quand elle est dirigée par un homme généreux et éclairé, est la source des relations les plus morales et les plus utiles, car elle forme des ouvriers, laborieux, dévoués à la personne et aux intérêts du fabricant, en même temps qu'elle attache celui-ci aux travailleurs qu'il emploie par les liens de la confiance et d'un patronage actif et vigilant. D'un autre côté, l'industrie qui procède par voie de spéculation multiplie les centres de travail, en suscitant un grand nombre de chefs secondaires d'industrie, combinaison qui a le double avantage de répandre par une foule de petits canaux le bien-être dans les classes laborieuses, et de diminuer, chez elles, la contagion du vice, au moyen de la constitution même de l'atelier dont l'enceinte limitée ne comporte que de petits groupes d'ouvriers.

Afin de bien apprécier la valeur respective de ces deux formes d'exploitation industrielle, il est nécessaire d'en montrer les inconvéniens comme les avantages. La première, celle qui se rapproche de la forme régimentaire, devient un foyer de corruption, lorsqu'elle n'est pas rigoureusement surveillée par le fabricant ou le manufacturier ; et la seconde, un foyer de désordre et de sédition aux époques de ralentissement du travail ou de chômage forcé, parce qu'il n'existe pas entre les spéculateurs, les chefs d'ateliers et leurs compagnons, ces rapports de clientelle et de protection, cette solidarité morale qui fait que le chef d'une manufacture, véritablement affectionné à ceux qu'il emploie, ne se résout à fermer ses ateliers qu'après qu'il a épuisé tous les moyens en son pouvoir pour occuper et soutenir ses ouvriers.

Il est digne de remarque que les souffrances éprouvées depuis quelques années, dans les diverses villes manufacturières du royaume, n'ont produit partout que des émotions passagères et des troubles de peu de conséquence, tandis qu'à Lyon, les ouvriers se sont portés aux excès les plus graves et les plus meurtriers; et que, par deux fois, ils ont livré bataille à l'autorité des lois, comme si les pouvoirs de la société étaient à portée d'influer d'une manière quelconque sur les luttes de la concurrence et sur les désastres qu'à certains intervalles elles entraînent à leur suite. On a dit, en l'honneur de l'industrie, qu'elle avait absorbé la guerre : c'est un immense bienfait, sans doute; mais ce bienfait sera comme non avenu, tant qu'elle n'aura pas la vertu d'absorber aussi la sédition et la révolte.

Il y a, dans l'industrie, des lois hiérarchiques à-peu-près semblables à celles qui régissent un corps militaire ou une administration. Ces lois ne sont pas généralement observées comme elles devraient l'être; mais il nous suffit qu'elles existent, pour que nous marchions avec assurance vers le but que nous croyons utile d'atteindre: à savoir, l'organisation forte et régulière de l'industrie.

Le chef d'une manufacture est à la tête d'une espèce de milice divisée en deux grandes sections: l'une, incorporée à l'établissement par son ancienneté et ses travaux continus, l'autre, mobile et flottante, c'est-à-dire occupée irrégulièrement et suivant l'activité de la fabrication. Il est la source du commandement qui se transmet de degré en degré, dans l'ordre hiérarchique des fonctions de commis ou directeurs, contre-maîtres, sous-contre-maîtres, chefs ouvriers, jusqu'à la masse des travailleurs. L'existence des fonctions de directeurs implique le fractionnement d'une manufacture en plusieurs établissemens partiels, ce qui fait exception parmi les grandes exploitations de ce genre. A part cette circonstance qui exige un rouage de plus, les cadres de tous les établissemens, connus sous la dénomination de manufactures ou de fabriques, se ressemblent. La main-d'œuvre est dirigée et surveillée, ainsi que nous venons de le dire, par des contre-maîtres, sous-contre-maîtres, chefs d'atelier, sous-chefs, et en général, par des préposés investis de la confiance des chefs d'industrie ; à Paris les manufactures ou fabriques sont des établissemens uniques et isolés, et ne comportent pas, dès-lors, la surveillance d'un directeur ; la direction se trouve placée dans les mains du maître de l'établissement ; mais les effets de cette direction varient suivant la manière de voir et le caractère de celui qui en est saisi.

Lorsque le chef de l'industrie se complaît dans ses intérêts et dans la prospérité de son exploitation, sans s'inquiéter du bien-être de ceux qu'il emploie, il y a une ligne de démarcation profonde entre le travailleur et lui ; il se forme dès-lors deux sphères d'intérêts au lieu d'une, et l'identité, l'unité d'intérêt qui eussent fait la force et le lien de l'établissement disparaissent complètement.

Supposez, au contraire, un manufacturier qui unisse à l'ambition de faire fortune le desir de procurer aux nombreux ouvriers qui l'environnent, une existence modeste et tranquille, autant que le permettent les secousses et les crises de l'industrie ; supposez qu'il les aide à élever leurs enfans, qu'il leur prête assistance en cas de maladie, en un mot, qu'il leur donne, en toute occasion, des marques de sympathie et d'estime ; soyez sûr que ces ouvriers rivaliseront de zèle pour accroître de plus en plus la réputation de son établissement et le succès de ses opérations.

Certains publicistes alarmés de la prépondérance de l'industrie, ont vu dans l'influence exercée par plusieurs manufacturiers sur leurs ouvriers, le présage d'une espèce de féodalité industrielle. Ce présage est une chimère. Dans l'état actuel de l'industrie il n'y a ni suzeraineté ni vasselage. Les rapports qui lient les chefs d'industrie aux classes ouvrières n'excluent la liberté ni des uns ni des autres. L'hommage que l'ouvrier doit à celui qui l'emploie est l'hommage du client envers le patron, et cet hommage qui n'ôte rien à sa dignité d'homme, puisqu'il est purement volontaire et fondé sur le dévoûment, consolide son existence ainsi que celle de sa famille. Heureux les peuples qui comptent en grand nombre de semblables confédérations !

Ces observations dénotent assez que la grande propriété industrielle n'offusque pas mon esprit, et que tout mon souci est de développer et d'étendre le patronage du riche sur le pauvre par des moyens qui honorent la bienfaisance de l'un sans abaisser le caractère de l'autre. Sous ce rapport, il est, en France, des contrées manufacturières où les chefs de fabriques et de manufactures traitent leurs ouvriers avec une bienveillance, une affection, qui, sans affaiblir les liens de la subordination, assure à cette classe si intéressante tout le bien-être que peut comporter une vie de labeur et de peine. Outre le salaire dont la proportion avec le travail est l'objet d'une attention toute particulière de la part du manufacturier, celui-ci procure à l'ouvrier durant l'état de maladie tous les soins de l'art, ainsi que les médicamens qui leur sont nécessaires; il y ajoute des secours quand le malheur de sa position les réclame; et malgré ces sacrifices il ne laisse pas de continuer à ce même ouvrier son salaire ordinaire. Il y a plus, dans certains établissemens, la bonté du chef s'étend à la famille même de l'ouvrier, lorsque ce dernier est vraiment dans le besoin et qu'il mérite, du reste, cette faveur par son zèle, son habileté et par sa bonne conduite comme citoyen. Ainsi, la femme est secourue en cas de grossesse ou de maladie, et les enfans sont reçus en apprentissage préférablement à tous autres par égard pour les services du père. Il y a des familles qui comptent de la sorte plusieurs générations d'ouvriers dans la même manufacture. La vieillesse de l'homme laborieux et honnête n'est pas moins protégée que son âge mûr par la sollicitude de ces chefs d'industrie malheureusement trop rares. S'il arrive que ses enfans soient hors d'état de le prendre à leur charge, il est sûr de trouver dans le sein de l'établissement où il a passé sa vie un emploi de concierge ou tel autre qui lui permet de finir sa carrière honorablement sans recourir à la charité publique.

Ce régime est mis en pratique dans des établissemens d'une grande importance, car il en est qui renferment de 15 à 1,800 ouvriers ; les chefs d'industrie qui l'ont adopté sont dignes par cela même d'une estime d'autant plus méritée. Parmi eux, je citerai un manufacturier de Sedan (1), connu par l'étendue de ses lumières, autant que par la générosité de ses sentimens, qui fait une pension annuelle de 120 fr. à ceux de ses bons et vieux ouvriers qu'il n'a pas le moyen de placer dans ses établissemens d'une manière convenable à leur âge. Cette ressource quoique faible suffit pour ménager à ces vétérans du travail une retraite paisible dans leur village où ils vivent honorés auprès de quelqu'un de leur famille qui s'estime souvent heureux de l'apport de leur modeste pension. Je dois également signaler comme un trait peu commun et digne de toute la sympathie des amis de l'humanité, le procédé d'un autre manufacturier (2), placé à la tête de l'administration mu-

---

(1) M. Cunin-Gridaine.
(2) M. Granier.

nicipale de Montpellier, qui non content de prodiguer à ses ouvriers tous les secours dont nous avons parlé plus haut va les visiter pendant leur maladie et les excite par la crainte de ne pas le recevoir convenablement ou de passer pour des pères de famille sans ordre et sans économie, à garnir leur logement de meubles suffisans et tenus avec propreté. La préoccupation qui résulte dans l'esprit des ouvriers et de leur famille, de la possibilité de ces visites solennelles, quoique modestes de la part de celui qui les faits, produit sur eux les meilleurs effets, car elle les oblige à contracter des habitudes morales et régulières, et à y persévérer.

A Paris, quelque bienveillans que puissent être les rapports existant entre les ouvriers et les fabricans, ou les manufacturiers, il y a des difficultés provenant, soit des distances, soit de la cherté de toutes choses qui ne permettraient pas au chef d'industrie le mieux intentionné, de suivre avec la même libéralité les exemples que nous venons de retracer. Il est cependant des établissemens qui ne comptent pas moins de six à sept cents ouvriers, conduits avec un tel esprit de justice et de bienveillance, que celui qui les dirige pourrait attendre d'une grande partie d'entre eux, les marques les moins équivoques de considération et de dévoûment. Nous citerons, entre autres, l'établissement d'un teinturier (1); cet industriel sévère, mais bienfaisant, est pénétré pour ses ouvriers des mêmes sentimens que les manufacturiers dont nous avons parlé plus haut. Il les soulage par des secours, durant l'état de maladie, emploie leurs femmes dans l'intérieur de ses ateliers, pour prévenir, de leur part, des liaisons illégitimes avec des ouvrières qui leur seraient étrangères. Il protège, surtout, les travailleurs qui ont vieilli dans son usine; en telle sorte qu'à l'âge de soixante à soixante-dix ans, ils touchent le même salaire que dans l'âge de l'activité et de la vigueur. Lorsqu'ils ne peuvent plus se livrer au travail, il les soutient jusqu'à ce qu'il puisse les faire entrer dans un hospice. Il va sans dire, qu'aux époques de chômage, cet homme généreux fait tous ses efforts pour les occuper, non pas d'une manière continue, mais à tour de rôle, de façon qu'ils n'aient que peu de temps à rester dans l'oisiveté. Au surplus, tous ces avantages sont le prix du dévoûment et de la bonne conduite, et c'est en quoi ils attestent l'intelligence et la sagesse de celui dont ils émanent.

Dans la petite industrie, j'ai eu des rapports avec des entrepreneurs qui, par la saine direction imprimée à leurs ouvriers, et par les sacrifices pécu-

---

(1) M. Boutarel.

niaires qu'ils savent s'imposer en leur faveur en cas de maladie, ou dans les temps de chômage, doivent être distingués de la foule. Il en est un surtout (1), dont les efforts pour l'amélioration morale et matérielle des travailleurs qu'il emploie, n'ont pas, je crois, été surpassés, dans des conditions de fortune et de position analogues. Cet entrepreneur est peintre en bâtimens. Je le cite d'une manière particulière, parce que les ouvriers de sa profession, sont, en général, sujets à des habitudes d'intempérance et de désordre qui les classent parmi les ouvriers les plus vicieux, et que, malgré la contagion de l'exemple, il a su discipliner les siens avec une rare habileté. Fils de ses œuvres, artisan de sa propre fortune, il a commencé par traîner la brouette, et il s'est élevé graduellement par la sagesse de son esprit, par son intelligence et ses vertus, au premier rang de sa profession. Il occupe de soixante à quatre-vingts ouvriers, qui, au dire des architectes, en rapport habituel d'affaires avec lui, sont supérieurs de tout point au reste de leurs compagnons. Le régime de sa maison est sévère, mais cette sévérité gît plutôt dans les prescriptions des réglemens et la force de la hiérarchie que dans le caractère de l'entrepreneur. La façon d'agir de celui-ci avec ses ou-

(1) M. Leclaire, rue Cassette.

vriers est fondée sur une justice exacte et bienveillante. Il est sobre de mesures de rigueur; mais quand il y a lieu de sévir, il est prompt et inflexible dans ses résolutions. Il pense, comme tous les industriels instruits et bien avisés, que les contre-maîtres ou sous-chefs d'industrie doivent être investis d'une grande autorité; mais il les surveille, les reprend au besoin hors la présence des ouvriers; en un mot, il les endoctrine de manière à leur inculquer ses propres maximes et à les rendre inaccessibles aux séductions du cabaret, ou à d'autres tentations non moins fâcheuses, écueil ordinaire des conducteurs d'ouvriers; il visite ses ateliers, stimule et encourage les travailleurs, qui sont toujours à sa disposition, ne chômant ni le lundi, ni même le dimanche, quand il le faut. Sa prévoyance ne sépare jamais ses intérêts de ceux de ses ouvriers; je parle des ouvriers qui composent la partie fixe et permanente de sa maison, et c'est le plus grand nombre. Ainsi, il combine ses opérations, de façon à ménager constamment de l'ouvrage à ces derniers, pendant la saison rigoureuse, quoique ces sortes de travaux ne lui procurent aucun profit. Le salaire étant alors moins élevé, il y supplée par des avances dont il se rembourse sur les premiers salaires, lors du retour des grands travaux. Que dirai-je de la discipline morale? elle est telle que, d'anciens ouvriers qui s'étaient séparés de lui, pour se soustraire aux liens de cette discipline, viennent en réclamer le joug salutaire avec instance, dès que leur santé est altérée par les excès de l'intempérance. Ces retours, presque toujours bien accueillis, sont plus éloquens que les éloges que je pourrais donner à la prudente fermeté de l'homme de bien, qui a su introduire avec tant de bonheur la sobriété, le goût du travail et l'économie, parmi les ouvriers placés sous sa direction.

L'industrie qui ne revêt point la forme régimentaire, mais qui procède isolément et sous forme d'intérêts distincts et tranchés, vit en elle-même et se concentre dans une espèce d'égoïsme. Le spéculateur qui possède le nerf de l'industrie, c'est-à-dire les capitaux, dirige et féconde la production uniquement pour alimenter et exercer son commerce, lequel consiste dans la vente et l'écoulement des produits. Tant que cet écoulement dure et que le spéculateur obtient exactement des retours en espèces ou en marchandises, la production ne se ralentit pas, mais dès qu'il y a encombrement sur les marchés et que les produits ne peuvent plus se placer avantageusement, ce même spéculateur arrête ses commandes, heureux lorsqu'il les arrête à temps, car l'amour du gain est une passion qui enivre, qui aveugle comme toutes les passions, et il est rare que l'âpreté de ce sentiment n'imprime pas aux spéculations du commerce un essor démesuré.

Il suit de là que le ralentissement ou la cessation de la production pèse principalement sur les chefs d'ateliers et leurs ouvriers, par la raison que les premiers n'ont d'autres capitaux que leurs métiers, quand toutefois ils leur appartiennent en propre, et les seconds, vivant au jour le jour, se trouvent bientôt au dépourvu, faute d'ouvrage. Ces deux situations, quoique différentes dans la hiérarchie industrielle et par conséquent dans la répartition des salaires, finissent toutes deux par la misère, dès que le chômage se prolonge. En effet; si le chef d'atelier est plus aisé que l'ouvrier, il supporte des charges étrangères à celui-ci et qui aggravent d'autant l'embarras de sa position. Le chef d'atelier, supposé même qu'il eût pu faire quelques économies, n'en serait pas moins hors d'état de venir au secours de ses ouvriers, puisque ces économies formeraient sa seule ressource. Les faibles existences, dans le genre d'industrie qui nous occupe, sont donc livrées à toutes les difficultés de la mauvaise fortune, sitôt que les conjonctures deviennent critiques; ce qui n'a pas lieu aussi brusquement ni d'une manière aussi générale dans l'ordre industriel, où toutes les existences se tiennent depuis la plus élevée jusqu'à la plus petite.

Je ne disconviens pas que ces deux formes d'industrie sont loin d'offrir les mêmes avantages sous le rapport de la stabilité; qu'ainsi l'industrie lyonnaise fabrique en grande partie des produits de luxe, sujets par cela même à tous les changemens de la mode, tandis que l'industrie de Sedan et d'Elbeuf s'exerce sur un genre de produits qui n'est pas de nature à changer, si ce n'est quant aux objets de fantaisie, formant la partie la moins considérable de la fabrication. En tenant compte de ces disparités, on pourrait donc admettre que les chefs de l'industrie la plus stable devraient dans les temps de crise s'imposer des sacrifices plus étendus que les chefs de l'industrie la plus mobile, et un tel état de choses, bien qu'il ne créât qu'un palliatif pour adoucir les souffrances des classes ouvrières, occupées par cette dernière industrie, n'en serait pas moins une sensible amélioration, puisqu'il fournirait à ces classes le temps et les moyens de procurer un autre travail à leurs bras.

La discipline et la règle exigent une certaine contrainte morale de la part de celui qui s'y soumet; il faut pour le disposer à recevoir et à porter les liens de cette discipline, l'attirer par l'appât de quelques avantages capables de lui en faire sentir le prix, jusqu'à ce que l'expérience l'ait mis à même de reconnaître que la règle dans l'exercice de l'industrie comme en toutes choses, a une utilité essentielle, et qui profite à celui qui la pratique, non moins qu'à celui qui l'impose. C'est dans ce but que nous avons cru devoir placer ici les observations qui précèdent, sur le patronage de l'homme industrieux à l'égard des ouvriers dont il emploie le travail. Ce patronage est, à notre sens, le lien le plus fort de la discipline, en ce qu'il a pour effet d'en relever, d'en moraliser l'influence, et d'attacher l'idée du devoir à des pratiques, où, sans son concours, on n'aurait pu voir que les prescriptions de la force. On a objecté à cela, que les entrepreneurs n'étaient pas tous également en état de s'imposer les sacrifices que comporte l'emploi du patronage, que tous ne travaillaient pas avec leurs propres fonds, et qu'il n'y avait que cette dernière classe d'entrepreneurs qui pût, sans trop de gêne, accepter les conditions d'un ordre de choses ainsi organisé. Cette objection n'est pas concluante; en effet, il n'est pas d'entrepreneurs, quelle que soit l'importance de ses capitaux, qui, même dans le cours habituel de ses affaires, ne recoure au crédit et aux ressources des prêteurs; non-seulement il paie à autrui l'intérêt des fonds qu'il emprunte, mais il se paie à lui-même l'intérêt de ses propres capitaux, de sorte qu'en réalité, il est soumis aux mêmes lois d'économie politique, que celui qui spécule avec des fonds qui ne lui appartiennent pas ; car, celui-ci, au lieu de payer des intérêts à des tiers et à lui-même, comme le premier, ne compte qu'avec ses prêteurs.

Après la vigilance et les bienfaits du chef d'industrie, les ressorts les plus sûrs et les plus utiles de la discipline sont les contre-maîtres et en général les ouvriers ayant le titre de sous-chef. Placés par la nature de leurs fonctions entre celui qui dirige l'industrie et l'ouvrier, ils servent d'organes à l'un comme à l'autre ; ils transmettent les ordres du premier, aussi bien que les demandes, les représentations, et les griefs du second. On ne saurait mieux les comparer qu'aux sous-officiers de l'armée qui s'interposent également par suite des devoirs de leur grade entre les officiers et la troupe.

Le rôle d'un contre-maître bien compris n'exige pas seulement de la part de celui-ci des qualités industrielles peu communes, mais aussi des qualités intellectuelles et morales capables d'exercer de l'ascendant sur l'esprit des travailleurs confiés à sa surveillance. Le contre-maître est tout ensemble un ouvrier et un administrateur ; cette dernière qualité doit néanmoins dominer en lui parce que son principal mandat est de suppléer le chef d'entreprise auprès des ouvriers. C'est à titre d'administrateur, qu'on peut attendre de lui un concours efficace pour l'introduction ou l'affermissement de la discipline dans son escouade, et par discipline j'entends ce qui touche à l'exactitude dans le travail, à l'obéissance, comme ce qui intéresse les bonnes mœurs. L'intelligence, le tact et la mesure l'aideront sans doute beaucoup à captiver les esprits, mais cet assemblage de qualités, quoique précieux, serait insuffisant pour atteindre la partie morale du but s'il n'y joignait l'exemple d'une vie régulière ; je dirai plus, en matière de mœurs, il faut que le chef d'industrie soit lui-même à l'abri de toute critique, sinon les leçons qui émaneront de lui ou de ses délégués seront dépourvues d'autorité et tout-à-fait infructueuses.

Plusieurs bons esprits qui s'occupent avec sollicitude de l'organisation de l'industrie ont invité les économistes à rechercher et à déterminer qu'elle pourrait être la part d'influence des ouvriers intelligens, honnêtes et laborieux dans l'amélioration morale de la masse des travailleurs.

Un simple ouvrier, quelque honorable qu'il fût par son habileté et sa bonne conduite, ne saurait prétendre à une influence marquée sur ses compagnons, parce que, n'étant que leur égal, il n'aurait aucun droit de leur faire des représentations, et encore moins des reproches. Son exemple serait utile comme exemple moral. Là se bornerait toute la portée qu'on pourrait en attendre; les sous-chefs seuls dans les mêmes conditions données seraient à même de contribuer puissamment à la réforme des mœurs des ouvriers placés sous leurs ordres, et la raison en est qu'investis chacun dans leur sphère, de l'autorité de leurs chefs, ils auraient qualité, non-seulement pour donner des conseils, mais pour faire des représentations d'autant plus persuasives qu'elles seraient plus en harmonie avec leur propre conduite.

En dernière analyse, tous ceux qui ont vécu au milieu des ouvriers, ou qui ont fait une étude attentive de leurs mœurs, n'hésitent pas à penser et à dire que la réforme de celles-ci tient en grande partie à la façon d'agir des entrepreneurs. Les informations, que j'ai recueillies à cet égard, sont parfaitement concordantes entre elles, et leur exactitude m'inspire d'autant plus de confiance qu'elles viennent d'être confirmées par une publication récente de M. Villermé, membre de l'Institut, publication remarquable par le dévoûment consciencieux du philosophe, autant que par les vues judicieuses de l'économiste. L'objet du travail de M. Villermé est de faire connaître l'état physique et moral des ouvriers employés dans les manufactures, dont les produits ont pour matière première le coton, la laine et la soie. L'auteur, désigné par l'Académie des sciences morales et politiques, à laquelle il appartient, pour recueillir des renseignemens propres à faciliter l'amélioration de la condition des classes ouvrières, a déterminé lui-même le but particulier de ses recherches, et l'ouvrage qu'il publie est le rapport dans lequel il a rendu compte à l'académie des résultats de sa mission.

Historien fidèle, il raconte comme je l'ai fait moi-même des traits éclatans de sollicitude, de prévoyance et de bonté, de plusieurs chefs de fabrique en faveur de leurs nombreux ouvriers; ces traits ne sont ni accidentels ni passagers, ils tiennent à un système complet et arrêté d'administration, système qui tend par une sage et bienfaisante combinaison, à relier l'ouvrier à celui qui l'emploie, à les incorporer tous deux dans le même cadre et à les unir l'un à l'autre par une solidarité commune. Ce système, que nous avons traduit par le mot de patronage, a

---

(1) *Rapport à l'Académie des sciences morales et politiques, sur l'état physique et moral des ouvriers* (Introduction).

RÉSUMÉ DES BIENFAITS DU PATRONAGE. 311

eu pour effet d'introduire et d'accréditer partout où il a pris racine, le goût du travail, l'ordre, l'économie et les bonnes mœurs.

Par opposition à ces honorables et vertueux exemples, M. Villermé cite la conduite de certains entrepreneurs qui non-seulement se montrent indifférens au bien-être et aux mœurs des ouvriers qu'ils emploient, mais qui ne craignent pas d'afficher cette indifférence, alléguant, pour qu'on ne s'y méprenne pas, les exigences de leur propre intérêt, lequel aurait nécessairement à souffrir de graves atteintes, s'ils venaient à rencontrer un jour, dans leurs ouvriers, des rivaux prêts à leur faire concurrence. Or, pour éloigner d'eux la possibilité de cette lutte, ils abandonnent ces ouvriers à eux-mêmes, trouvant dans leurs désordres une chance favorable à leur industrie et dans leur misère le gage d'une parfaite tranquillité d'esprit. Le véridique historien s'est imposé la loi de ne pas nommer les entrepreneurs, qui lui tenaient cet étrange langage, et sa discrétion à cet égard ne saurait être blâmée. Mais il faut avouer qu'il serait rare de porter plus loin que ces industriels, l'amour du lucre et la candeur de l'égoïsme; la société a droit de s'inquiéter de la propagation de semblables doctrines, et si elle doit de l'estime et des encouragemens au fabricant honnête et généreux, elle ne doit que du mépris à celui qui tolère le désordre de ses ouvriers, par calcul, sans respect ni pour lui-même qu'il déshonore, ni pour ses confrères qu'il outrage, ni pour les droits de l'humanité qu'il méconnaît.

CHAPITRE III.

Considérations générales sur le salaire des classes ouvrières. — De son insuffisance. — Est-elle imputable aux chefs d'industrie ou au cours du prix de la main-d'œuvre? — Coalitions illicites formées en Angleterre pour faire hausser les salaires, réduire le temps du travail et le nombre des apprentis. — Détails à ce sujet. — Essais de coalition abusifs en France. — De la *contrainte morale* ou de *la prudence* considérée dans ses rapports avec l'usage des forces reproductives de la population et avec la concurrence industrielle. — De la commandite du travail. — Moyen d'arriver à une fixation équitable du salaire. — Nécessité de recourir au patronage pour suppléer aux non-valeurs résultant du manque de travail. — Salaire des ouvrières. — Salaire des chiffonniers. — Des devoirs de l'ouvrier envers l'entrepreneur. — Bien-être de l'ouvrier subordonné à l'accomplissement de ces devoirs. — Examen de la conduite des ouvriers sous ce rapport. (1)

Il convient de distinguer dans les travaux qui sont du domaine de l'industrie manufacturière, les travaux simples et grossiers de ceux qui demandent une certaine dose d'intelligence de la part des ouvriers. Parmi ces travaux, il existe une gradation qui règle le rang des ouvriers en même temps que le taux de leurs salaires. Il est même un degré de

---

(1) Ce chapitre a reçu des additions nombreuses et importantes, notamment les observations relatives à *la contrainte morale ou à la prudence*, lesquelles n'existaient pas dans le mémoire soumis au jugement de l'Académie.

l'échelle industrielle où le salaire prend la forme et la dénomination de traitement, et se trouve à l'abri jusqu'à un certain point des oscillations de l'industrie. Ce degré est le point de départ de la hiérarchie, qui, de degré en degré, vient aboutir au chef de l'entreprise, ainsi que nous l'avons dit dans le chapitre précédent; cette hiérarchie se compose des employés supérieurs et des sous-chefs de l'établissement; le traitement des premiers dans les maisons importantes s'élève de 1,800 à 3,000 fr., et celui des seconds de 1,200 à 2,000 fr.

Dans les maisons d'un ordre inférieur et dans les établissemens dépendans de la petite industrie, les employés et sous-chefs ne sont pas rétribués sur un pied aussi élevé; mais, en tout cas, ils jouissent d'un traitement en rapport avec leur capacité, et qui les place dans une position tout autre que celle de la masse des ouvriers, bien que ce traitement ne soit pas toujours fixe, et qu'il se rapproche quelquefois de la forme du salaire, du moins quant aux sous-chefs de dernière classe. Pour eux les variations de l'industrie ne sont point une question d'existence, ils s'en ressentent comme tous les travailleurs, avec cette différence, pourtant, qu'ils peuvent faire face par leurs épargnes aux embarras momentanés qu'elles engendrent. Aussi, la sollicitude publique s'est portée tout entière sur les ouvriers journaliers, parce que leur existence n'a aucune racine, et que, dans les momens de crise industrielle, ils composent cette multitude de nécessiteux que l'administration comme la classe riche s'efforce de sustenter.

Il existe, entre les ouvriers et les fabricans, une hostilité incessante, et la cause de cette hostilité doit être attribuée à l'insuffisance du salaire : peut-on remédier à cette insuffisance? et si celle-ci est susceptible d'un remède, quel est-il?

Nul doute que le salaire de l'ouvrier ne soit au-dessous de ses besoins, puisque, en thèse générale, l'année ouvrable n'excède pas sept mois, et que l'année ordinaire n'est pas moindre de douze ; il y a donc, de fait, dans les ressources de l'ouvrier, un déficit proportionné au temps du chômage: ce déficit varie plus ou moins, il est vrai, selon que le chômage est plus ou moins prolongé; mais, quel que soit le cours de ces variations, le mal ne saurait être révoqué en doute. Est-ce à dire, cependant, qu'il soit permis de l'imputer à l'entrepreneur! si l'on était tenté de le faire, ce dernier ne serait-il pas fondé à dire : le salaire que j'ai payé est conforme à celui qui a été librement discuté et établi sur la place, entre les délégués des entrepreneurs et les ouvriers. J'ai subi les conditions générales imposées à mon industrie par les exigences du travail. Il n'est pas juste de me rendre responsable d'une insuffisance qui n'est pas de mon fait. Le salaire étant en tout lieu le représentant et la contre-valeur de la main-d'œuvre, il est impossible de prendre pour base de sa quotité, un autre élément que celui de la journée de travail, ou de l'année ouvrable qui forme le total de ces journées. Exiger de l'entrepreneur qu'il paie une année de douze mois, quand il ne reçoit que sept mois de main-d'œuvre, c'est mettre en oubli les lois les plus simples de l'économie industrielle, c'est bouleverser les notions reçues chez tous les peuples, sur l'appréciation du travail.

Ce langage est très raisonnable, mais le grief auquel il répond n'est pas précisément celui que les ouvriers articulent contre les maîtres. Ils s'élèvent contre la cupidité de ceux-ci, qui, dans les conjonctures les plus favorables à leur industrie et lorsque le gain s'accumule de plus en plus entre leurs mains, ne daigneraient pas accorder à leurs ouvriers une légère augmentation de salaire.

L'espoir d'obtenir le redressement de ce grief a déterminé les ouvriers à se coaliser. Leurs premières tentatives d'union ont éclaté en Angleterre. Les associations formées par les ouvriers dans ce pays ont pris, avec le temps, un très grand développement.

Elles étaient administrées par des comités investis d'une sorte d'omnipotence, et chacun des membres de l'association était soumis au paiement d'une cotisation, et à prêter lors de sa réception un serment qui lui faisait une loi d'exécuter aveuglément toutes les résolutions adoptées par le comité directeur.

Dès 1824, les sociétés connues sous la dénomination d'unions agissaient avec une précision, un ensemble et une ténacité, qui devenaient menaçantes pour les maîtres. Au lieu de renfermer leurs prétentions dans des bornes raisonnables, elles conçurent la folle pensée de dominer la volonté des chefs d'industrie et de changer de fond en comble l'organisation du travail. Il ne fut plus question, comme dans l'origine, de participer sous forme de prime ou autrement aux bénéfices des maîtres quand les circonstances auraient pu les autoriser à réclamer cette participation ; dépositaires de sommes considérables, représentées par des comités prêts à tout entreprendre et à tout oser, elles annoncèrent la prétention de dicter le prix du salaire, de déterminer la durée du travail, de restreindre le nombre des apprentis et de soumettre ceux-ci à verser dans les caisses de l'association une somme convenue pendant tout le temps de leur apprentissage, somme indépendante, au surplus, du droit d'entrée qu'ils devaient acquitter pour être admissibles dans le sein des corps de métier.

Les ouvriers médiocres et paresseux, formant la majorité de ces coalitions, comme il arrive partout dans les associations de ce genre, on dressa un tableau d'inscription de tous les unionistes, et il fut arrêté, qu'au fur et à mesure des besoins des maîtres, ceux-ci recevraient de l'association le nombre d'ouvriers qui leur serait nécessaire, sans que l'on pût s'écarter pour la désignation des sujets de l'ordre d'inscription porté au tableau. Les garçons tailleurs travaillant à la journée se montrèrent les partisans les plus chauds de cette mesure qui était absurde autant qu'inique, puisqu'elle tendait à placer sur la même ligne l'ouvrier habile et l'ignorant, l'homme actif et le paresseux. Dans chaque corps d'état tout fut réglementé par les comités des sociétés d'union. On cite plusieurs de ces comités dont les décrets atteignaient tout à-la-fois les maîtres et les contre-maîtres qui par la sévérité de leur surveillance avaient eu le malheur d'encourir la disgrâce de leurs ouvriers.

Quels étaient les moyens d'action des comités directeurs sur les maîtres pour les amener ou pour les contraindre à céder à leurs demandes ou à leurs admonitions? Ces moyens se réduisaient à un seul qui consistait à donner l'ordre aux ouvriers affiliés à l'association d'abandonner la manufacture ou les ateliers du maître récalcitrant. La retraite s'opérait en masse et la reprise des travaux n'avait lieu que lorsque ce dernier avait déféré à la demande du comité. Pendant la durée de la suspension, le comité pourvoyait aux besoins de l'ouvrier sur les fonds de l'union.

Non-seulement l'entrepreneur dont l'établissement avait été frappé d'interdit, était privé tout-à-coup de la presque totalité de ses ouvriers, mais il ne pouvait compter sur ceux qui lui restaient parce qu'ils étaient entraînés par les sollicitations ou intimidés par les menaces des ouvriers coalisés, et les mêmes causes l'empêchaient d'engager d'autres ouvriers pour remplacer les absens ou les timides. Les menaces dirigées contre les ouvriers qui résistaient aux injonctions des comités étaient suivies de violences graves et quelquefois cruelles exercées contre eux par des membres de l'association ou par des individus qu'elle prenait à ses gages. Les comités recouraient même au meurtre pour assurer l'exécution de leurs volontés.

Quand on examine avec sang froid et avec impartialité le but du système d'union, on ne peut s'empêcher de gémir sur l'emportement des passions et sur la tyrannie des sociétés secrètes travaillées par les mauvais conseils du besoin, de l'intérêt, et de l'esprit révolutionnaire. Des ouvriers s'enrôlent dans des confédérations *pour résister*, disent-ils, *à l'oppression et au despotisme des maîtres*, et le premier acte de cette résistance est une mesure oppressive qui frappe les apprentis. Ils en limitent le nombre, de leur autorité privée, et après avoir organisé de la sorte un véritable monopole à leur profit, ils astreignent les parens des apprentis qui consentent à subir l'injustice de leur contrôle, à des sacrifices pour lesquels ces mêmes parens sont obligés de s'imposer les plus pénibles privations. Ils interdisent au maître le droit de choisir ses ouvriers selon ses convenances. Il est tenu de prendre sans examen le premier inscrit sur la liste des ouvriers sans travail, de sorte que ce n'est pas l'habileté de l'ouvrier qui doit régler son choix, mais la priorité de l'inscription. Enfin ils obtiennent des maîtres des conditions meilleures, quant au salaire et à la durée du travail, et lorsqu'une crise survient, lorsque le prix des matières premières augmente et que des circonstances impérieuses commandent une réduction de salaire, ils menacent de quitter les ateliers sitôt que le maître annonce le dessein d'effectuer cette réduction. Ainsi, un des reproches les plus amers et les plus plausibles adressés en général aux maîtres est de ne pas améliorer le sort de leurs ouvriers, dans les momens de fortes commandes et de grande activité industrielle, et des ouvriers coalisés contre cet abus ne craignent pas de mériter eux-mêmes un reproche semblable en refusant de se résigner à la force des circonstances, aux nécessités de l'industrie, qui veulent que le tarif du salaire s'abaisse en raison des phénomènes opposés au mouvement de la production, à la circulation des capitaux et au bon marché des matières employées. La logique de l'intérêt et des passions est la même chez tous les hommes.

Nous n'avons pas eu de peine à faire voir ce qu'il y a d'odieux et d'absurde dans les procédés du système d'union; montrons à présent combien peu il a répondu à l'attente de ses partisans. Dans quelques professions industrielles, ce système a fait hausser le taux des salaires; mais cette hausse n'a pas été durable, parce qu'elle était le fruit de la violence parce qu'elle était artificielle et fausse dans son principe. Du moment que les fabricans ont été protégés par l'autorité, que les ouvriers étrangers aux coalitions ont trouvé, de leur côté, un appui dans la force publique pour se défendre des insultes et des violences dirigées contre eux par les ouvriers sociétaires, la cause de l'union a été perdue. Il faut voir dans les revues anglaises, qui ont rendu compte de ces tristes débats, comment l'industrie troublée et bouleversée par des prétentions insensées et des actes coupables, s'est rassise peu-à-peu et a repris son état naturel : voici de quelle manière les choses se passent. Pendant la durée de la suspension des travaux, et cette durée n'a pas été moindre de cinq mois, en 1837, dans certains districts manufacturiers, les comités directeurs contiennent aisément tous les membres de l'union, tant que les ressources provenant des cotisations et dont ils dirigent l'emploi leur permettent de subvenir aux besoins les plus nécessaires de la masse; ils s'efforcent alors d'entretenir dans l'esprit des confédérés des illusions flatteuses et ces illusions tendent toujours à faire la loi aux maîtres.

Mais à mesure que le temps s'écoule, les fonds de l'union s'épuisent, on est obligé de réduire les secours, et cette réduction devient progressivement telle que l'ouvrier supplanté par de nouveaux travailleurs, ou annulé par l'usage de nouvelles machines, n'a plus que la souffrance et la misère en partage. Il vient en suppliant, demander du travail au maître, il accepte sans murmure les conditions qu'il avait jadis refusées, en un mot, il se rend à discrétion à celui qu'il s'était flatté de dominer. Mais l'entrepreneur, entouré d'ouvriers soumis, choisit avec circonspection parmi les ouvriers réfractaires, éloignant les plus mutins et n'admettant dans ses ateliers que ceux sur lesquels il peut compter. Les ouvriers éconduits se contentent des plus minces salaires pour apaiser leur faim; on en a vu travailler sur une grande route aux gages de deux shillings par jour après avoir gagné dans leur ancienne profession jusqu'à trente shillings par semaine. Cette situation n'est pas encore la plus misérable: combien d'ouvriers dénués de toutes choses, et privés de travail, se livrent à la mendicité, à la fraude et au vol.

Les détails qui précèdent nous offrent le tableau de la justice et du bon droit triomphant de la force brutale. Malheureusement ce résultat n'a pas été partout le même: là où le fabricant isolé par suite de la position de son usine n'a pu se faire protéger d'une manière continue par les agens de l'autorité et par la force armée, il a été contraint, pour satisfaire à ses engagemens, de subir de la part des unionistes, une hausse de salaire exorbitante, et cette hausse l'a conduit à une banqueroute désastreuse pour lui comme pour les ouvriers qui ont abusé de sa situation.

Ainsi, soit que le maître parvienne à surmonter les obstacles suscités à son industrie par des ouvriers mutinés, soit qu'il ne puisse vaincre ces obstacles et qu'il succombe en subissant les conditions onéreuses qui lui ont été imposées, toujours est-il que l'ouvrier demeure, en dernier résultat, victime de ses propres machinations ; car, dans le premier cas, il est obligé d'implorer le pardon d'un maître justement irrité, pardon qui lui est souvent refusé, et dans le second, il est atteint par le désastre, qu'il a lui-même occasioné et qu'il aurait pu prévenir en faisant à l'entrepreneur les concessions que la justice lui conseillait non moins que son intérêt.

J'ai cru devoir m'appesantir un peu sur les coalitions anglaises, parce qu'elles datent d'une époque déjà ancienne (1824); que dès cette époque elles ont été soumises à une organisation régulière et que, malgré des efforts sans cesse renaissans, malgré des dépenses qui se sont élevées jusqu'à 250,000 francs dans certains districts, elles n'ont jamais obtenu que des avantages passagers et qui ont disparu, soit devant *la libre* concurrence des ouvriers non associés, soit à la suite d'une banqueroute du chef d'industrie qu'elles n'ont jamais pu conjurer, parce que leurs prétentions étaient déraisonnables et arbitraires.

En faisant l'historique de ces coalitions qui n'ont cessé d'employer la force brutale depuis quinze ans, sans droit comme sans profit, contre tous les ouvriers qui n'étaient pas leurs adhérens, mon but a été d'éclairer les ouvriers français et de les prémunir contre des suggestions qui tendraient à les exciter à former aussi des sociétés d'union. Quelques essais de ce genre ont eu lieu, soit à Paris, soit ailleurs, mais ils ont été réprimés presque dès leur naissance. Les entrepreneurs qui ont provoqué cette répression ont peut-être été mus dans leurs poursuites, bien plus par l'augmentation de salaire qu'on voulait exiger d'eux que par la prétention illégitime de limiter le nombre des apprentis, et par les exactions auxquelles ceux-ci ont été assujettis dans l'intérêt des associations. Pour moi, tout en reconnaissant que les moyens employés contre les maîtres sont condamnables, je pense que l'intérêt de ceux-ci mérite encore moins de faveur que celui des apprentis, dont l'avenir est entravé et menacé par des mesures oppressives d'autant plus intolérables qu'elles émanent d'ouvriers qui furent eux-mêmes apprentis, et que leurs parens auraient justement résisté, sans nul doute, à des extorsions de la nature de celles qu'ils ne craignent pas de se permettre eux-mêmes contre des enfans sur lesquels ils n'ont aucune espèce de droit.

Parmi les écrivains qui ont médité sur les moyens d'arriver à l'amélioration du sort des ouvriers, il en est quelques-uns qui ont indiqué des vues dont l'objet serait de restreindre la concurrence des travailleurs en amenant ceux-ci à user avec prudence des forces reproductives de la population. Cette idée que des économistes distingués ont mise en avant produirait, selon nous, plus d'inconvéniens que d'avantages, si elle venait à pénétrer dans les mœurs des classes ouvrières, et, en définitive, la science ne réussirait jamais à atteindre le but qu'elle se serait proposé.

Malthus qui a fait un livre pour prédire les maux que devait entraîner le principe illimité de la population et qui s'efforce de resserrer le cercle de ce principe et d'en amortir l'activité, afin de prévenir autant que possible le danger dont son esprit est obsédé; Malthus, dis-je, avait recommandé la contrainte morale, c'est-à-dire la continence aux ouvriers non mariés. Il les engageait à ne contracter mariage qu'autant qu'ils seraient en état de soutenir leur famille. D'autres écrivains, après lui, ont été plus loin, ils ont conseillé aux gens mariés, appartenant aux classes laborieuses de mesurer le nombre de leurs enfans, sur la valeur de leurs revenus, et de rendre leur cohabition inféconde plutôt que de surcharger leur famille d'enfans qu'ils ne pourraient élever.

L'austère écrivain que nous venons de nommer a oublié, en établissant la doctrine de la contrainte morale, que les masses auxquelles il s'adressait n'étaient pas à la hauteur de sa théorie ; que les mâles vertus de l'abstinence ne sont données qu'à quelques hommes séparés du monde, de ses passions, de ses plaisirs, et que la contemplation des choses divines, ou l'ardeur de l'étude affranchissent, pour ainsi dire, de l'influence des sens. Aussi, cette théorie, toute respectable qu'elle soit, a eu peu de sectateurs, et les écrivains, préoccupés comme Malthus de la nécessité d'opposer une barrière à la surabondance de la population se sont contentés de recommander la prudence aux ouvriers unis à des femmes par les liens du mariage ou par des conjonctions illégitimes.

Les mariages qu'on appelle prématurés, ou téméraires, seront toujours préférables à l'incertitude et au désordre de l'état de concubinage. Or, c'est bien peu connaître les habitudes des classes laborieuses, que de supposer qu'un ouvrier et une ouvrière célibataires, observeront le précepte de la continence, tant qu'ils ne seront pas mariés. Dans toutes les villes qui sont le centre de quelque industrie, il n'y a, en général, de choix pour l'ouvrier, qu'entre le mariage et le concubinage ; et, tel ouvrier qui dans les liens d'une union légitime et les douceurs de la paternité, a trouvé un frein à ses passions et des motifs impérieux de pratiquer les vertus nécessaires au bonheur domestique, n'eût été, dans la situation opposée, qu'un homme de mœurs déréglées, sans affection réelle et profonde pour sa compagne et pour ses enfans, prêt à sacrifier la première à une passion nouvelle, et à sacrifier les seconds aussi aisément que leur mère. La paternité domestique, quelque gênée, quelque malheureuse qu'elle soit, vaut encore mieux que la paternité publique exercée dans un hospice.

L'usage de la prudence considérée comme limite de la population, n'est pas rare dans les familles aisées. Beaucoup de parens peu fortunés, inquiets de l'avenir de leurs enfans, et desirant autant que possible les élever dans la condition où ils sont nés, s'imposent le devoir d'en borner le nombre, et cette prévoyance est naturelle. On cite des contrées agricoles de la France, où la population n'est pas aussi abondante que dans d'autres localités, quoique les deux pays soient placés dans les mêmes conditions de bien-être, et cette différence tient précisément à l'adoption de l'usage que l'on voudrait introduire dans les classes ouvrières.

J'entrevois plus d'un obstacle à l'accomplissement d'un semblable projet en ce qui concerne ces classes; une des circonstances les plus nécessaires à sa réussite est la tempérance. Or, l'homme des champs, habitué à une vie sobre et frugale, n'a pas de peine à acquérir cette vertu et à la conserver. Il n'est pas sujet aux excès dont l'habitant des villes appartenant aux conditions laborieuses trouve l'occasion dans la fréquentation des cabarets, et qui troublent son esprit en même temps qu'ils altèrent sa santé. Il est donc peu surprenant que, dans certains départemens, les cultivateurs aient fait, de la prudence dans le mariage, un moyen d'épargne et de bien-être, et que ce moyen soit devenu chez eux une habitude sans nuire à la paix domestique. Mais admettons pour un moment que, dans l'état actuel des mœurs des classes ouvrières, on parvienne à faire adopter la même coutume parmi celles-ci ; l'ouvrier enclin à la boisson sera-t-il, pourra-t-il être exactement fidèle aux lois de cette coutume ? En supposant, d'un autre côté, que le penchant dont nous venons de parler n'existât pas chez l'ouvrier, la vie de fabrique, où les femmes sont mêlées avec les hommes, ne donnerait-elle pas lieu à des soupçons et à des discordes continuelles entre le mari et la femme ? Celle-ci, pour peu que son mari fût jaloux, ne serait-elle pas exposée à des outrages et même à des actes de violence, dans le cas où elle viendrait à déclarer à ce dernier une grossesse inattendue ?

Ces prévisions ne me paraissent ni déraisonnables ni exagérées ; leur influence sur les mœurs publiques serait très fâcheuse. En effet elles auraient pour résultat, non-seulement de prévenir l'esprit de l'ouvrier contre les unions légitimes, et d'étendre par une suite nécessaire les progrès du concubinage, mais encore de compromettre d'une manière grave l'état et l'avenir des enfans, qui sur un doute, sur un soupçon du père présumé seraient déposés à l'hospice. Si, dans les classes ouvrières, la seule indigence conseille actuellement de tels abandons, combien ne seraient-ils pas excités et multipliés par l'existence d'un usage sujet à tant de vissicitudes, d'accidens et de passions.

D'ailleurs, les économistes qui préconisent le plus l'adoption de cet usage, sont-ils bien sûrs que l'ouvrier chargé de moins d'enfans, serait plus économe et plus prévoyant? l'expérience semblerait autoriser à penser le contraire. Aujourd'hui, l'ouvrier travaille d'autant moins qu'il a plus de ressources. Du moment que ses enfans sont en état de gagner un salaire, il chôme plus volontiers, et il dépense davantage sur le sien propre. L'ouvrier a peu de souci de l'avenir : homme de labeur, il croit que son devoir comme père ne s'étend pas au-delà de l'obligation de mettre ses enfans en état d'acquérir un métier. Sitôt qu'ils ont ceint le tablier de travailleur, il serait tenté de les laisser à eux-mêmes, et c'est ce qui arrive dans les pays de fabrique, où les enfans ont, en général, la libre disposition de leur salaire. Les choses étant ainsi, et les mœurs des ouvriers demeurant les mêmes, n'est-il pas probable que dans les familles, où, par suite de la nouvelle théorie, le nombre des enfans serait le moins élevé, ou même il n'en existerait pas du tout, le chef de ces familles, entraîné par l'exemple de ses camarades et par l'attrait des jouissances, dépenserait d'autant plus qu'il aurait moins de charges à supporter.

Pour moi, sans nier que la prudence ne soit une habitude utile à encourager dans certaines classes, où le calme de l'esprit, ainsi que des habitudes simples et régulières, permettent de ne pas s'en écarter, je suis persuadé que, dans les classes ouvrières, elle serait un sujet de trouble et de discorde, qu'elle relâcherait les liens de la paternité, et qu'en somme, loin d'améliorer le sort des ouvriers, elle ne ferait que l'empirer.

Mais en supposant que cette habitude observée avec quelque soin diminuât d'une manière sensible le nombre des travailleurs et que la concurrence étant moins vive désormais sur le marché, le salaire devînt plus élevé, est-ce à dire, qu'il n'y aurait plus de surabondance parmi les travailleurs, et que, dans un temps donné, l'équilibre existant entre la quantité de travail demandée et la quantité de travail offerte, ne serait pas troublé par la survenance d'ouvriers sortis des conditions agricoles ou venus de l'étranger (1)? On s'expatrie de tous les points du globe pour

(1) Le lecteur remarquera sans doute que je me suis écarté de la formule ordinaire *de l'offre et de la demande* employée par les économistes, c'est-à-dire que j'ai interverti les termes de cette formule. Je lui dois compte des motifs qui m'ont déterminé à opérer ce changement.

La locution employée jusqu'ici par la science pour exprimer les conventions qui s'accomplissent chaque jour sur les marchés, à l'occasion du *travail* nécessaire à l'exploitation des diverses branches de l'industrie manufacturière, ne m'a point paru répondre exactement à l'ordre naturel et logique des actes qui précèdent ces conventions. Les parties contractantes sont l'entrepreneur ou son délégué, et l'ouvrier. La matière de la convention est le travail ou une certaine quantité de travail. Qui est-ce qui doit demander ce travail, cette quantité de travail? Ce doit être naturellement celui qui en a besoin pour remplir sa tâche de producteur, de chef d'industrie. C'est l'entrepreneur de peinture, de maçonnerie, de charpente, pour l'exercice de sa profession. C'est donc lui qui doit s'aboucher avec l'ouvrier, l'agent immédiat du travail dont il a besoin, pour l'engager au service de son industrie. Il demande du travail sur le marché, et l'ouvrier lui en offre. Voilà l'ordre naturel des idées, l'ordre naturel des actes. La demande est en première ligne; l'offre ne vient qu'ensuite. Il faut qu'elle soit provoquée, et elle l'est effectivement par la demande; or, la formule économique n'est pas d'accord avec la négociation que nous venons d'exposer, elle la représente dans un sens inverse, puisqu'elle pose l'offre comme premier terme, et la demande comme second terme de la convention.

Ce que je viens de dire du travail est également vrai de la denrée, l'acheteur prend et doit prendre l'initiative du marché; il demande la quantité de denrée qui lui est nécessaire, et le détenteur de celle-ci ou le vendeur la lui offre. On voit que dans les deux hypothèses le phénomène économique est le même;

D'une part : demande de travail ou de denrée.

D'autre part : offre de la quantité demandée de l'un ou de l'autre.

aller chercher des moyens d'existence dans l'Amérique septentrionale; pourquoi les Européens ne viendraient-ils pas en France chercher le travail qui leur manque plutôt que de quitter l'ancien continent?

Je pourrais opposer des considérations d'un ordre plus élevé à la doctrine contraire à l'extension de la population parmi les classes ouvrières et en général parmi les conditions laborieuses.

Quoi qu'en ait dit Malthus et son école, la population est une richesse. S'il est vrai, que chez les peuples civilisés, le travail et la paix donnent une forte impulsion au développement du principe de la population, et qu'à la longue, les générations se pressent les unes contre les autres, impatientes de prendre part chaque jour au banquet de la vie, il n'est pas moins certain qu'une loi providentielle agit sans cesse sur la masse de ces générations et qu'elle les éclaircit, soit par l'influence lente et successive de la mortalité naturelle, soit par des phénomènes terribles appelés fléaux, soit enfin en suscitant dans leur sein des révolutions sociales qui les bouleversent, ou des hommes extraordinaires qui, après les avoir soulevées par l'ascendant de leur caractère et l'énergie de leurs passions, les précipitent, sous forme de phalanges armées, sur des peuples voisins, ou les mènent à leur suite contre des nations lointaines pour chercher une mort éclatante dans les combats.

Tous ces phénomènes, quelque affligeans qu'ils soient, tendent à réduire la population et à la ramener dans ses limites nécessaires. Depuis qu'il existe des hommes ici bas, le monde n'a pas eu d'autres allures; il n'a pas vécu, il ne s'est pas renouvelé autrement. Ne serait-ce pas diminuer les forces de l'État, affaiblir sa puissance que de faire prévaloir l'individu sur la masse, dans l'espoir louable, mais peu certain, de compenser la quantité par la qualité, en essayant de procurer à l'individu un sort meilleur. Si vous soumettez au calcul l'instinct de la reproduction, qui vous répond que l'individu à qui vous aurez inculqué votre théorie, respectera vos motifs et ne se détournera pas de votre fin? ne sait-on pas ce que peut l'orgueil, la vanité et surtout l'égoïsme même chez le pauvre? Il est facile dans la mise en pratique d'un système sur le papier de tourner les difficultés ou même de les surmonter, en supposant que l'homme agira dans la réalité comme on le fait agir dans sa pensée. On le traite comme une abstraction, sans réfléchir, que cette abstraction est de chair et d'os comme nous, qu'elle est passionnée, et qu'elle cédera d'autant plus aisément à l'entraînement des sens que le hasard de sa naissance l'a condamnée à vivre de peu tout en travaillant beaucoup.

Les disciples de Malthus, ou ceux qui par un expédient ou par un autre voudraient arriver à la limitation du principe de la population, ne tiennent pas assez compte dans leur spéculation de l'élément moral. Ils ont raison sans doute de tendre par tous les moyens légitimes à l'amélioration matérielle des classes laborieuses ; mais ce premier pas fait, il en est un second à franchir et c'est le plus difficile ; il faut que l'individu en possession d'un plus haut salaire le fasse tourner au profit de ses besoins les plus vrais ; il faut qu'avant de songer au plaisir, il s'occupe des dépenses du ménage ; qu'il se procure un bon lit, un mobilier modeste, du linge, de chauds vêtemens pour lui, sa femme et ses enfans, s'il en a ; en un mot, il convient qu'il réforme ses mœurs et que sa vie future soit le contrepied de celle qu'il a menée jusqu'à présent. Si les économistes dont nous discutons la doctrine ne parviennent pas à améliorer les mœurs de l'ouvrier, en même temps que sa position matérielle, ils auront manqué totalement leur but, car ils auront réduit la population laborieuse, sans rien ôter à ses mauvaises habitudes.

Ne changeons pas un état social qui nous est commun avec les nations les plus éclairées et, disons-le, avec tous les peuples connus. Si la population surabonde chez nous, elle n'est pas moindre chez les autres nations. La fertilité du sol de la France, l'intelligence et l'activité qui caractérisent ses habitans, placent ces derniers dans une supériorité relative, quant à la force de leur population. C'est cet avantage qu'il importe de conserver, et que l'on pourrait compromettre en aspirant vers un but si difficile à atteindre et dans tous les cas environné de tant d'écueils. La théorie de la prudence accréditée dans les classes laborieuses peut mener à deux résultats, dont le meilleur serait encore susceptible des plus graves objections. Si la soif des jouissances et les inspirations arides de l'égoïsme s'emparent d'elle pour la façonner à leur guise, elle aboutit au néant, au moi, à la dépopulation ou à une population rare, chétive et abatardie; si les bonnes mœurs viennent en aide au calcul pour le rendre profitable à la famille, je ne saurais croire qu'une population réduite, quoique plus forte individuellement, puisse offrir à notre pays un appui, je ne dirai pas supérieur, mais équivalent à celui qu'il possède dans l'exubérance de la population actuelle, et cette considération suffirait seule pour m'attacher à l'ordre que la nature et le temps nous ont légué, malgré ses imperfections.

Les écrivains les plus avancés et les plus hardis sur la question de la rémunération de la main-d'œuvre se sont réunis à demander que l'ouvrier fût associé aux bénéfices comme à l'œuvre de l'industrie, et l'un d'entre eux a essayé de formuler ce mode d'association en l'appelant la *commandite du travail*.

La rémunération du travail par le salaire ou par une rétribution fixe est la forme la plus commode, la plus nette et la plus précise pour solder le service productif de l'ouvrier. Etablir entre celui-ci et l'entrepreneur une association quelconque, ce serait plonger l'industrie dans le chaos, et détériorer la condition de l'ouvrier au lieu de la rendre meilleure. Je ne parle pas ici de ces associations particulières et toutes d'exceptions qui peuvent se former entre un ouvrier inventeur d'un procédé industriel nouveau, et le chef d'une fabrique ou d'une manufacture; je veux parler d'une société entre une masse plus ou moins nombreuse de travailleurs et le capitaliste industrieux qui dirige cette masse en vue de l'exploitation de telle ou telle branche de produits. Pour qui connaît le mouvement habituel de la population ouvrière, une semblable association offrirait les plus grandes difficultés non-seulement dans le choix des moyens propres à la constituer, mais dans l'art de la faire fonctionner et d'administrer ses intérêts.

Et d'abord, l'ouvrier pourrait-il s'immiscer dans

la gestion de la société sans la compromettre par des agitations continuelles et les résolutions les plus contraires? Qu'attendre, sous ce rapport, d'une masse d'hommes illétrés pour la plupart, et qui, dès-lors, seraient incapables de comprendre le plus souvent l'objet des questions mises en délibération. L'impossibilité de donner voix délibérative à l'ouvrier a été sentie tout de suite, et l'on a songé à lui assigner le rôle d'un associé commanditaire en substituant le travail à la mise de fonds. Mais ce nouveau mode de commandite qu'on appelle la commandite du travail sera-t-il régi par les mêmes conditions que la commandite ordinaire? Rendra-t-il l'associé passible des pertes, à l'instar du bailleur de fonds qui les supporte jusqu'à concurrence de sa mise? Des pertes! comment l'ouvrier à la journée qui vit de son salaire, lui, sa femme et ses enfans, serait-il astreint à payer sa part des pertes? On ne pourrait les imputer que sur ses bénéfices, car toucher à son salaire, ce serait attenter à l'existence de sa famille autant qu'à la sienne; cependant, les bénéfices ne se réalisent pas immédiatement, puisqu'ils dépendent du paiement des fournitures et que ces fournitures ne se règlent pas seulement en espèces, mais aussi en papier ou en marchandises. On ne saurait donc compter, à l'égard de l'ouvrier, sur une balance réelle des pertes avec les bénéfices, et cette balance serait nécessairement aléatoire.

D'un autre côté, l'entrepreneur, seul associé-gérant et seul véritablement responsable, renoncerait-il au droit de congédier ceux de ses ouvriers dont il aurait à se plaindre? Une pareille renonciation serait un suicide et ne saurait par cela même être prévue ni supposée. L'ouvrier associé pourrait donc être renvoyé par l'entrepreneur suivant sa seule volonté. Eh! bien, les conséquences de ce renvoi suffiraient pour démontrer de la manière la plus complète une partie, qui n'est pas la moindre, des inextricables embarras inhérens à la commandite du travail. Le décompte de l'ouvrier congédié est établi; il a concouru à plusieurs opérations qui ont été réglées en traites ou en billets; ces traites sont protestées ou renouvelées à l'échéance; pendant cet intervalle, l'ouvrier a quitté Paris, faute d'ouvrage; quel moyen aura-t-il de suivre l'effet de son décompte? Par la correspondance? il ne sait pas écrire. Par l'entremise d'un mandataire? mais sa portion de bénéfices serait absorbée par les frais de procuration, de correspondance, et les honoraires du procureur fondé. Combien de procès, d'incidens de toutes sortes peuvent venir à la traverse de la liquidation définitive de cet ouvrier absent!

Ce que nous venons de dire des ouvriers congédiés pour des griefs particuliers s'applique avec non moins de fondement à ceux bien plus nombreux qui, aux époques de chômage, se trouveraient privés d'emploi et de ressources pour subsister jusqu'à l'apurement de leur compte particulier. Une association compliquée de tant d'intérêts, de positions si diverses, si mobiles et si précaires, serait une œuvre faite avec des nuages; elle n'aurait ni corps ni âme.

Il nous reste maintenant à faire connaître notre opinion particulière sur la question du salaire.

Il n'y a pas de question qui se prête moins à l'arbitraire de l'esprit que celle-là. Elle est toute positive, et sa solution varie avec l'état journalier de l'industrie. Plus les moyens de travail abondent sur le marché, moins il y a de travailleurs, plus le prix du salaire s'élève; et réciproquement, moins la demande de travail est considérable, plus il y a de concurrence entre les travailleurs, plus le taux du salaire s'abaisse. Les lois qui régissent le salaire sont aussi exactes et aussi précises que celles qui président au développement des phénomènes naturels, les plus approfondis et les mieux connus. L'état normal du salaire ne peut souffrir d'altération que par l'influence de causes étrangères à l'industrie, telles que les circonstances politiques, propres à diminuer la confiance des capitalistes, à ralentir le cours de la consommation, et les manœuvres employées par les maîtres ou par les ouvriers, soit pour forcer injustement et d'une manière abusive l'abaissement du salaire, soit pour suspendre, empêcher ou enchérir les travaux, etc. Le mieux, en pareille matière, est donc de maintenir la discussion libre et entière, et de se confier à elle.

Il y a dans chaque industrie des périodes d'activité intense et soutenue, qui intéressent l'ouvrier non moins vivement que le maître, parce qu'elles peuvent procurer à l'un comme à l'autre, une amélioration notable dans ses moyens d'existence ou dans ses moyens de fortune. Lorsque ces périodes arrivent, et qu'elles se manifestent par des signes non équivoques, l'ouvrier s'attend et doit s'attendre à une augmentation de salaire. En effet, ainsi que nous en avons fait l'observation, le salaire suit la progression croissante et décroissante du travail. Si dans les conjonctures ordinaires, et aux époques de ralentissement du travail, l'ouvrier se résigne à des oscillations et à des réductions successives de salaire, nées de l'état même de l'industrie qu'il exerce, il est naturel que dans les courts momens de bonne veine qui s'offrent à lui, il se montre jaloux de profiter de tous ses avantages. Or, un des griefs les plus universels de l'ouvrier contre le maître, c'est que ce dernier ne hausse le taux de son salaire que le plus tard possible, alors même que cette hausse provoquée par la faveur des circonstances a déjà eu lieu dans quelques établissemens; tandis que, dès que les affaires commencent à décliner, il a hâte de diminuer ce même salaire. Notre remarque s'applique également aux cas où l'ouvrier, ayant fait un travail plus considérable que sa tâche ordinaire, continue à être rétribué sur l'ancien pied, quoiqu'il eût droit à un salaire plus élevé. Le grief que je viens d'indiquer est non-seulement articulé par les ouvriers dont il lèse les intérêts, mais il est avoué par les entrepreneurs de bonne foi, qui sont d'ailleurs assez justes pour prévenir le vœu de leurs ouvriers, lorsque les circonstances le permettent.

Dans l'intérêt de la main-d'œuvre, d'accord en ce point avec celui de la justice, les écrivains qui s'occupent d'économie politique ne sauraient insister avec trop de force sur la nécessité de porter le salaire de l'ouvrier à son plus haut degré, dès que l'opportunité de cette hausse paraît évidente; le moindre retard, à ce sujet, est préjudiciable à l'ouvrier et l'afflige doublement, car il le prive d'un supplément de salaire auquel il avait droit, et il lui donne la pénible assurance que l'entrepreneur avec lequel il a traité n'est pas un homme consciencieux. Les entrepreneurs n'ignorent pas ce que de pareils retardemens font naître de méfiance et d'aigreur dans le caractère de l'ouvrier; ils devraient donc tenir à honneur de lui ôter toute prétexte de plainte sur un point auquel ils ont tant de raison d'attacher de l'importance.

Cette concession, qui n'est au surplus que justice, ne dispenserait pas les entrepreneurs d'imiter, à l'égard des ouvriers, ceux de leurs confrères dont nous avons cité des traits éclatans de sollicitude et de bonté. Car il ne suffit pas d'être juste dans ce monde, quoique cette qualité soit certes bien précieuse; il faut que la générosité vienne rehausser la justice, et qu'elle achève, au besoin, le bien que celle-ci n'a pas le moyen de faire toute seule : la doctrine du patronage n'a pas d'autre objet. Elle rapproche, elle unit, elle crée des affections, et par suite, elle fait disparaître l'antagonisme des intérêts, source d'embarras, de haine et de discorde entre toutes les parties intéressées.

Comme les enfans employés dans les fabriques reçoivent un salaire, je devrais peut-être leur assigner une place dans ce chapitre; mais j'ai pensé qu'il serait plus convenable de m'occuper de ce sujet si intéressant dans le chapitre où il sera question de l'éducation; car, pour les enfans, même pour ceux de la classe la plus pauvre, l'éducation, c'est-à-dire le développement du corps et des facultés morales, est un point non moins important que le salaire, s'il ne l'est davantage.

Les conditions des ouvrières dans l'industrie, est pire encore que celle des ouvriers. Non-seulement elle est bouleversée par les commotions périodiques qui atteignent comme un véritable fléau la masse entière des travailleurs, mais elle est à peine soutenue dans les temps calmes par le modique salaire formant la seule ressource des femmes qui vivent du produit de leurs mains.

Les ouvrières gagnent de 1 fr. à 1 fr. 50 c. par jour; celles qui sont en position d'arriver à ce dernier salaire forment le plus petit nombre, quoique la journée du travail soit de douze heures. Nous répéterons ici ce que nous avons dit ailleurs. Quelque frugale que soit la vie d'une femme, quelque modestes que soient son loyer et son entretien, est-il possible qu'avec ce mince revenu, exposée qu'elle est à la suspension ou aux variations du travail, elle parvienne à subsister et à pourvoir à ses dépenses les plus nécessaires, sans s'imposer des privations?

C'est l'insuffisance du salaire qui entraîne tant d'ouvrières à chercher un supplément de ressources dans le concubinage ou dans la prostitution. C'est cette cause qui les sollicite à soustraire à leur profit, tout ou partie des résidus qui restent entre leurs mains après l'achèvement de l'objet fabriqué.

Si le patronage, comme nous en avons l'entière conviction, peut influer utilement sur le moralité et le bien-être des classes laborieuses, nul doute, qu'on ne trouvât un immense avantage à l'employer pour améliorer le sort si précaire des filles ou des femmes appartenant à ces classes.

Les chefs d'industrie, que nous avons désignés précédemment comme étant les patrons de ceux qu'ils emploient, traitent leurs ouvrières avec la même bonté et la même générosité que leurs ouvriers. Pourquoi leur exemple ne serait-il pas imité? Il y a dans la condition des femmes un assujettissement, une infériorité qui pèse sur elles comme sur tout ce qui est faible et qui les réduit toujours, au-dessous de leur véritable valeur. Ce résultat fâcheux peut tenir aux préjugés d'un sexe envers l'autre, mais il tient aussi, il faut l'avouer, aux règles de l'industrie, laquelle ne marche qu'au gré de la concurrence des intérêts, concurrence qui met la femme aux prises avec elle-même, quelquefois à son propre détriment, comme elle met l'homme en opposition avec son compétiteur sous l'influence des mêmes chances.

Parmi les travailleurs à la journée les chiffonniers sont, sans contredit, les plus infimes et les plus dépendans de leur salaire. Si quelque chose prouve que le travail est une loi inhérente à l'existence de la race humaine, c'est assurément la profession de chiffonnier. Quoi de plus humble, de plus ravalé dans une grande cité que cette profession! le malheureux qui se résout à l'exercer fait preuve d'une probité bien méritoire et a toute raison de prétendre à l'estime publique. Cependant, le chiffonnier a aussi sa morte saison; c'est la saison des beaux jours, celle où les personnes riches vont à la campagne. Cette époque de l'année est surtout funeste aux chiffonnières, dont plusieurs étant bien voulues, à cause de leur bonne humeur et de leurs facéties originales, des gens de service de ces mêmes personnes, sont assurées pendant le séjour de celles-ci à la ville, d'une récolte journalière qui leur permet d'échapper plus ou moins aux éventualités de la concurrence.

Quand on réfléchit que les immondices entassés au coin des bornes de chaque maison, forment une branche de commerce qui fait vivre, à Paris, quatre mille individus, hommes, femmes, enfans, on serait tenté par respect pour tant d'existences, de se reprocher la destruction improductive du moindre chiffon d'étoffe ou de papier sur lequel portent la recherche et l'espoir du pauvre chiffonnier. Heureux si ce scrupule pouvait avoir accès dans toutes les familles qui possèdent quelque chose !

Le salaire du chiffonnier de même que celui de l'ouvrier est inséparable de la prospérité de l'industrie. Celle-ci a comme la nature le sublime privilège de se reproduire avec ses propres débris. Ce privilège est d'autant plus précieux pour l'humanité qu'il répand la vie dans les bas-fonds de la société, en même temps qu'il fait l'ornement et la richesse de ses couches intermédiaires et les plus élevées.

Je ne crois pas avoir affaibli, dans ce que j'ai écrit sur l'état actuel de l'industrie, les argumens favorables à la cause des ouvriers. Je le crois d'autant moins que j'éprouve une profonde sympathie pour le succès de cette cause et que je serais trop payé de mes recherches et de mes travaux, si cet ouvrage pouvait contribuer en quelque chose à une réforme dans l'industrie, capable d'assurer aux classes laborieuses une condition moins agitée, moins précaire et plus douce.

Toutefois, en retraçant les devoirs des entrepreneurs envers les ouvriers, je ne serais ni juste ni impartial, si j'omettais de retracer également les obligations que la qualité de ces derniers leur impose envers les maîtres qui les emploient.

L'ouvrier doit non-seulement respect et obéissance à l'entrepreneur, mais il lui doit en outre du dévoûment. Quand on s'engage à aider de son travail le chef d'une industrie, on manque à ses engagemens, du moment que l'on s'écarte des règles de l'établissement auquel on appartient: ces règles forment la loi des parties contractantes et assurent la marche des affaires. Un des reproches les plus communs et les plus fondés que les maîtres adressent aux ouvriers, consiste dans leur inexactitude. Il est des professions, celle par exemple de serrurier mécanicien, où l'ouvrier habitué à un fort salaire qui excède quelquefois six francs par jour, ne se fait pas scrupule de chômer trois jours de la semaine sur six, et de mettre l'entrepreneur dans l'impossibilité de satisfaire aux commandes qu'il a reçues. Cette désertion qui est souvent l'effet de l'indifférence et qui est plus souvent encore celui de la légèreté et des séductions du cabaret, paralyse momentanément l'action de l'industrie, et jette dans ses opérations une incertitude et un trouble qui nuisent essentiellement à l'activité et au mouvement régulier du travail. Dans les autres professions les absences non autorisées ne sont pas aussi longues, mais elles se renouvellent aussi fréquemment, excepté dans les établissemens soumis à des réglemens écrits, et bien disciplinés.

Ce n'est pas en persévérant dans de semblables habitudes que l'ouvrier gagnera la confiance de l'entrepreneur, qu'il se conciliera sa bienveillance et sa protection. Des airs d'indépendance peuvent flatter un moment celui qui les affecte ; mais ce mouvement de vanité ne procure qu'une satisfaction passagère. Il entraîne tôt ou tard des conséquences fâcheuses, en plaçant l'ouvrier qui a la faiblesse d'agir ainsi parmi cette tourbe de travailleurs sans consistance ni racine, qui roule incessamment d'atelier en atelier, incapable de se fixer nulle part.

Un des reproches les plus graves dirigés contre les ouvriers autant par les entrepreneurs que par la société, se rapporte à la facilité déplorable avec laquelle ils sont disposés à prêter l'oreille aux paroles fallacieuses et enivrantes des factions. Quelque faible que soit le nombre de ceux qui cèdent à l'influence de ces paroles, il n'est pas inutile de faire voir, combien l'ouvrier doit se tenir en garde contre les suggestions de l'ambition et de l'intrigue qui sont les ressorts ordinaires des factions.

Le propre de celles-ci est d'agir dans l'ombre, de

s'envelopper de ténèbres et d'opposer avec perfidie la condition modeste, pénible et quelquefois malheureuse de l'ouvrier à la condition des classes aisées, condition où le superflu n'est pas rare, sans doute, mais où le bien-être, dans ses gradations infinies, offre des disparates non moins frappantes que dans les classes infimes. Ce contraste, qui a toujours été l'arme la plus redoutable des factieux, est pourtant inhérent à la civilisation elle-même; il se fait remarquer chez les peuples de l'antiquité aussi bien que chez les peuples modernes; mais il n'en est pas moins poignant pour l'homme pauvre et laborieux, parce qu'il lui montre à découvert l'exiguïté de son existence, et qu'il agit fortement sur son imagination prompte à s'aigrir de tout ce qui réveille en lui le sentiment de son infériorité.

De là vient que les sociétés secrètes comptent toujours dans leur sein, un grand nombre d'ouvriers qui en forment le noyau et la force, et que ceux pour qui le pouvoir social semble avoir été institué d'une manière plus particulière, en deviennent les ennemis et conspirent sa ruine, comme s'il était l'auteur de leurs misères et un obstacle à l'amélioration de leur sort.

En examinant successivement les conditions diverses de la société, on ne peut s'empêcher de reconnaître à chaque pas les inégalités qui servent de texte habituel aux prédications révolutionnaires des hommes de faction; et ce qu'il y a de remarquable, c'est que la classe la plus nombreuse et la plus dépendante de son salaire offre dans son propre sein les mêmes variétés de fortune qui la blessent et l'affligent, en portant ses regards sur les classes intermédiaires et supérieures. Parcourez une à une toutes les professions industrielles et autres, vous n'y verrez que des différences calculées sur la valeur personnelle du travailleur. Ces différences, quelles qu'elles soient, se résument toujours dans le salaire, qui en est la représentation vraie et nécessaire. Au lieu de poser le manœuvre, l'ouvrier, le sous-chef, le chef-ouvrier, face à face avec ce que les novateurs appellent la bourgeoisie ou les privilégiés, changez les termes de la comparaison, rapprochez entre eux ceux-là même qu'on nous présente comme des membres déshérités de la société, et vous rencontrerez du plus et du moins, des élémens qui n'ont entre eux aucune ressemblance, en un mot, des inégalités correspondant chacune à des capacités et à des salaires différens.

Ainsi, l'état de la société est essentiellement divers: c'est un assemblage d'individus ou de groupes appelés familles, dont les moyens d'existence ou de fortune tiennent aux acquisitions propres de chacun ou à des patrimoines qui leur sont échus par la voie de l'hérédité. Les moyens d'acquérir inscrits dans nos codes, et à la tête desquels figure le travail, ont été créés ou perfectionnés par le génie des législateurs les plus célèbres; ils reposent sur l'équité naturelle. Quelle règle plus inviolable pourrait-on substituer à l'équité? Nos lois civiles et politiques ouvrent à tous toutes les carrières; elles ont pour principe la concurrence universelle, parce qu'en effet, le principe de la concurrence est celui qui est le plus conforme aux notions de la justice, et qu'il favorise le plus les progrès d'un grand peuple dans la carrière des améliorations. Il est vrai que, dans la lutte pacifique et incessante des intérêts sociaux, l'enjeu de tous n'est pas le même, que le pauvre n'a pas, en général, les mêmes chances de succès que le riche; mais l'intelligence est donnée par la nature à l'un comme à l'autre, et celle du premier l'emporte bien souvent sur celle du second. Or, qui ne sait combien une forte intelligence est puissante chez l'homme, alors même qu'il se trouve dépourvu de toute fortune. Elle est un moyen de crédit, une mise toute prête pour aider et féconder le capital; elle entre comme un élément nécessaire dans presque toutes les associations, et elle fait participer celui qui en est doué aux profits résultant des opérations de l'industrie. Aujourd'hui plus que jamais l'intelligence est une valeur réelle, une valeur susceptible d'un immense développement, puisque l'instruction gratuite est offerte par la société aux adultes non moins qu'aux enfans des classes laborieuses, et qu'elle rend accessibles à chacun tous les genres de travail. Les avenues de la concurrence ne sont donc pas fermées, ainsi qu'affectent de le dire les novateurs, *aux prolétaires ou aux manouvriers par les privilégiés;* au contraire, elles sont ouvertes à tout venant, et jusqu'à présent, s'il y a tiédeur pour l'instruction populaire, ce n'est pas dans *les privilégiés* qui l'ont fondée, mais dans les masses, qui probablement n'en comprennent pas encore l'utilité et l'importance.

Non-seulement la société, que l'on prétend entachée de monopole et de privilège, a mis à la portée de tous les moyens de parvenir à la propriété mobilière, mais par l'égalité des partages, elle a morcelé la terre de manière que le simple ouvrier, de même que le journalier des campagnes, peut, par son travail et son économie, prendre rang parmi les propriétaires fonciers. Beaucoup d'ouvriers ambitionnent ce titre; ils préfèrent un petit coin de terre à un capital, et ce mode de placement s'étendrait sans nul doute de plus en plus, si, par un fâcheux préjugé, plusieurs d'entre eux ne trouvaient prudent de dissimuler leurs faibles ressources, de peur d'avoir à subir une diminution de salaire de la part de leurs maîtres.

La constitution sociale de la France, écrite dans la Charte de 1830 et dans les lois qui en ont réalisé les promesses, est aussi libérale, aussi populaire qu'aucune de celles que les factions voudraient lui imposer par la sédition et le meurtre. Elle est, par l'étendue et la sagesse de ses concessions, plus favorable aux intérêts du peuple que la constitution d'une époque célèbre (1), constitution tant préconisée par certaines opinions, et réputée néanmoins impraticable par ceux-là même qui en avaient voté l'adoption; quoi qu'on ait pu dire des motifs qui ont déterminé la majorité de la convention à reculer devant son propre ouvrage, toujours est-il que les bases politiques et administratives de cette constitution sont, en général, contraires aux véritables principes de gouvernement, à ceux que l'expérience et le temps ont consacrés. La divisibilité et l'égalisation des avantages sociaux, ces grandes et précieuses conquêtes de la révolution de 1789, n'ont pris une assiette solide et durable qu'à dater du

---

(1) Celle du 24 juin 1793.

consulat et de l'empire ; la restauration, malgré sa mauvaise grâce, et le gouvernement de Juillet, malgré ses tourmentes, ont amélioré et cimenté l'édifice glorieusement commencé par la constituante. Cet édifice est désormais inébranlable, parce qu'il répond aux besoins patriotiques et éclairés de la société actuelle.

Quant à la souveraineté populaire de 1793, il suffit de l'avoir vue fonctionner dans les clubs et dans les sections ou dans l'histoire pour se convaincre de l'impossibilité de concilier l'ordre et le travail avec une semblable souveraineté. On conçoit qu'elle puisse être rêvée par l'imagination exaltée d'un démagogue, qu'elle puisse trouver place dans la tête d'un dramaturge, mais on ne conçoit pas qu'un grand peuple ait été bouleversé et terrifié par les excès des factions au point d'en être venu à subir une aussi amère dérision, un aussi sanglant outrage.

La souveraineté déléguée est la seule qui convienne à un peuple jaloux de la possession et de la jouissance sagement limitée des droits attachés à la qualité de citoyen. Cette souveraineté est exercée à divers titres par tous les Français, dans les bornes fixées par la charte de 1830 et par les lois organiques intervenues pour la compléter. Ces lois dont plusieurs sont taxées d'insuffisance, sous le rapport politique ne sont pas irrévocables; l'extension des droits électoraux qu'elles accordent est une question de temps. C'est par la discussion et la prudence et non par des actes coupables de violence qu'on arrivera pas à pas à la solution de cette question si épineuse. D'ailleurs, à juger de l'avenir par le passé, il est douteux, que des travailleurs à la journée, si jamais cette classe de citoyens est appelée à l'exercice du droit électoral, fussent plus empressés d'user de ce droit que les électeurs actuels les moins imposés, dont l'incurie n'est pas faite à coup sûr pour convaincre le législateur de la nécessité d'agrandir le cercle électoral, en dehors des capacités.

Je crois que le peuple a plus besoin de trouver dans la classe aisée des députés qui fassent ses affaires que de les faire lui-même. Les affaires publiques ne sont pas à la portée de tous les esprits. Ceux-là même qui se sont posés dans les chambres et ailleurs, comme les avocats les plus dévoués des intérêts populaires, seraient bien embarrassés, si on les mettait en demeure de sortir des généralités où ils se sont retranchés jusqu'ici à l'égard de ces intérêts, pour formuler des projets de loi ou des systèmes susceptibles d'une application positive. Un des travers de notre temps est de céder trop aisément au fracas de paroles de certains hommes politiques, et d'être toujours enclin à soupçonner dans les actes et dans les pensées du pouvoir des projets liberticides, et je ne sais quelles autres chimères, au lieu de se montrer sévère et inexorable envers les abus journaliers, les abus réels qui sont reprochables aux meilleurs gouvernemens, et dont le chef de l'état ne peut qu'encourager la poursuite et favoriser la répression.

En définitive, pour me résumer sur la question du salaire, et pour mettre fin à une digression politique dont je me serais bien passé si je ne l'avais jugée nécessaire au développement complet de ma démonstration, j'ai l'intime conviction que l'exercice des droits politiques attribué aux ouvriers, ne changerait rien à leur situation ; qu'il ne serait digne d'être pris en considération que dans le cas où des plans de réforme sociale, débattus paisiblement par des hommes habiles devant l'opinion publique et approuvés par elle, rencontreraient une résistance intéressée et systématique dans la législature, hypothèse pleine de trop de hasards et de trop de péril, pour avoir, dans aucun temps, la moindre vraisemblance.

L'amélioration du sort de l'ouvrier dépend en grande partie de sa propre volonté. Avant de demander la régénération du riche, qu'il commence par se régénérer lui-même; en se montrant économe, sobre, tempérant, il aura fait la moitié du chemin. La Providence a voulu que nous eussions besoin les uns des autres, et cette loi est particulière au riche non moins qu'au pauvre. La position de l'ouvrier est précaire et dépendante; qu'il ne craigne donc point de faire les premiers pas auprès de l'entrepreneur. Malgré les mauvais conseils de l'amour-propre et d'une vieille défiance, l'ouvrier et l'entrepreneur sont assujétis par la nature respective de leur position à une solidarité commune. Or, cette solidarité ne peut se former que par le dévoûment d'une part et le patronage de l'autre. Nous avons engagé les entrepreneurs à chercher un appui et une garantie pour le succès de leurs opérations dans la bienveillance et la protection qu'ils témoigneraient aux ouvriers, leurs collaborateurs, c'est à ceux-ci à mériter les bienfaits du patronage par une bonne conduite soutenue et par un dévoûment vrai aux intérêts des chefs d'industrie avec lesquels ils auront pris des engagemens de travail.

CHAPITRE IV.

Nécessité d'encourager le développement de toutes les industries, et en particulier de l'industrie manufacturière. — De l'intervention des gouvernemens comme régulateurs dans l'industrie. — Utilité des travaux agricoles pour réparer les temps d'arrêt de l'industrie manufacturière. — Utilité des travaux publics pour atteindre le même but. — Comment on pourrait combiner l'exécution de ces derniers travaux avec les crises de l'industrie. — Avantages de l'influence morale de l'autorité sur les entrepreneurs, quant à l'amélioration du sort des classes ouvrières. — Distinctions et récompenses à décerner aux entrepreneurs les plus bienfaisans, aux contre-maîtres et aux ouvriers les plus dignes d'éloge. — Création de sociétés industrielles dans l'intérêt des ouvriers. — Du rôle que la presse pourrait remplir en vue du même intérêt. — Considérations sur l'urgence d'organiser des moyens de travail et d'assistance pour les mauvais jours de l'industrie. (1)

On a souvent mis en parallèle l'industrie agricole avec l'industrie manufacturière pour essayer d'établir la supériorité de l'une sur l'autre. Quoique ce parallèle soit aujourd'hui une chose rebattue, et ce qui est pis, dépourvue de sens, il est encore des personnes, d'ailleurs éclairées, qui ne seraient pas éloignées de subordonner la seconde à la première, comme si, dans l'état actuel de la civilisation européenne, l'une pouvait se passer de l'autre ; comme si elles n'étaient pas toutes deux des sources abondantes de travail et des moyens indispensables pour

(1) Ce chapitre a été aussi augmenté.

offrir un aliment à l'activité bouillante et infatigable des peuples.

Nous n'aurons garde, quant à nous, d'entrer dans ce système de primauté et de préférence. Si les gouvernemens doivent s'attacher à un système, c'est dans notre opinion à celui qui favorise tous les genres de travail et qui tend à refréner les passions par le complet développement des facultés productives, dans quelque genre d'activité que ce soit. En France, d'ailleurs, la nécessité de cette tendance est indiquée par l'inconstance naturelle des esprits et par l'état présent de nos mœurs qui grâce aux progrès de la civilisation, honorent de plus en plus le travail et ont effacé jusqu'aux derniers vestiges de ces dérogeances frivoles qui ont fait peser sur lui pendant si long-temps les préjugés les plus funestes.

Au lieu d'opposer l'une à l'autre, l'industrie manufacturière et l'industrie agricole, comme des rivales ou comme des ennemies, il faut les rapprocher et les unir comme des sœurs, et les exciter à se servir mutuellement. Elles sont soumises toutes deux à des chômages et à des crises qui ralentissent, interrompent le cours de leurs travaux ou qui apportent des troubles graves dans leur propre existence; mais la première est plus sujette encore que la seconde à ces vicissitudes, à ces commotions, et comme elle emploie de plus grandes masses d'individus, ses crises alarment la société, parce qu'elle en ressent en même temps le contre-coup et le danger.

L'Angleterre et l'Amérique septentrionale étant plus exposées qu'aucune autre nation à ces accidens et à ces convulsions redoutables de l'industrie manufacturière, les classes riches et aisées se sont émues à la vue d'un état social troublé par intervalles jusque dans ses fondemens, et assujetti même durant les jours calmes à des suspensions de travail, qui obligent les classes ouvrières à vivre de privations. La presse périodique dans les deux pays, et surtout en Angleterre, a étudié avec soin, les causes de ces perturbations; elle a essayé d'indiquer les remèdes qui lui paraissaient les plus efficaces, et plusieurs écrivains ont mis en tête de ces remèdes l'intervention des gouvernemens comme conseils et comme régulateurs.

Cette idée, spécieuse au premier abord, serait fertile, suivant nous, en une foule de difficultés dans l'exécution. Les spéculations de l'industrie manufacturière ont toujours quelque chose d'aléatoire, à cause de la diversité des évènemens qui peuvent en entraver le succès. Ceci est vrai principalement des opérations qui doivent être consommées sur les marchés étrangers. Ne serait-ce pas trop présumer de la sagesse d'un gouvernement et de l'exactitude de ses informations, que d'offrir ses opinions et ses conseils comme la boussole la plus certaine à suivre dans les questions qui touchent à la direction de l'industrie? Quelle serait la limite de son influence et de sa responsabilité morale? Si la spéculation qu'il aurait jugée mauvaise, sur la foi des renseignemens qui lui seraient parvenus, ou de ses conjectures, était entreprise par quelques-uns avec succès, tandis qu'elle aurait été abandonnée par d'autres, à quels commentaires, à quels soupçons, à quelle critique sa conduite ne serait-elle pas en butte de la part de ces derniers? On ne lui saurait pas gré de ses bons avis et on lui imputerait à blâme, peut-être à déshonneur, ses erreurs les plus naturelles et les plus excusables.

En résultat, un gouvernement perdrait plus en considération que l'industrie ne gagnerait en lumières dans le rôle que quelques écrivains bien intentionnés, mais peu sages, voudraient lui faire jouer. Il ne doit fournir à l'industrie et au commerce que des documens dont il est sûr, et c'est ce qui a lieu dans les nations que nous avons citées et principalement en France.

En parlant de l'organisation actuelle de l'industrie manufacturière, nous avons distingué deux classes diverses de travailleurs, les uns formant la partie sédentaire, et les autres la partie mobile de chaque établissement. Ceux-ci, aux époques de chômage, trouvent dans les travaux agricoles les moyens de subvenir à leurs besoins ; ils passent de la ville aux champs et des champs à la ville avec une égale facilité, et cet alternat, ce roulement de main-d'œuvre a l'avantage d'abréger sensiblement pour eux les temps d'arrêt si contraires au bien-être des classes ouvrières.

Ce mode de travail usité en Allemagne et en Suisse se répand dans plusieurs parties de la France; il ne peut que tourner au profit des deux industries; les fabricans y gagnent surtout, en ce que l'ouvrier se fortifie par la vie des champs et y retrempe son âme non moins que ses forces physiques. En thèse générale, les ouvriers domiciliés avec leur famille dans les campagnes, et qui se rendent à Paris pour y travailler pendant un certain temps de l'année, c'est-à-dire, pendant la période d'activité de leur profession, forment l'élite de la population ouvrière. Ils sont sobres, économes, soumis, et quand, à l'époque de la suspension des travaux, ils retournent dans leurs foyers, ils emportent avec eux le fruit de leurs épargnes pour faire valoir le petit fonds de terre qu'ils possèdent ou pour en accroître l'étendue durant les époques de chômage.

L'intervention de l'autorité publique serait utile et nécessaire, pour procurer des moyens de travail aux ouvriers qui font leur résidence habituelle dans les villes. Les maires pourraient s'entendre à cet égard avec les conseils municipaux, et les préfets avec les conseils généraux de leurs départemens, suivant que les travaux à entreprendre se rattacheraient au service communal ou départemental. Les budgets de ces services devraient spécifier des fonds de réserve afférens à ces différens travaux et dont il serait fait emploi du moment que l'industrie manufacturière commencerait à se ralentir.

Il serait important que les prévisions de l'admistration fussent calculées en raison de l'intensité des crises. Celles qui se reproduisent annuellement, font pour ainsi dire partie de l'état normal de l'industrie; elles sont attendues à point nommé, et les ouvriers prévoyans arrangent leur manière de vivre d'après la durée connue de ces temps d'arrêt. Quoiqu'ils sachent se résigner à cette espèce de non-valeur, il n'en est pas moins vrai que la période ordinaire de chômage est pour eux une période de privations et de difficultés; c'est dans l'inventaire de leurs faibles ressources une lacune qu'il importe de combler, et pour y parvenir, l'exécution des travaux d'utilité publique est la mesure la plus convenable à employer. Je ne me dissimule pas que cette mesure ne saurait avoir un effet complet, et, qu'elle serait impuissante à remédier aux embarras des corps de métiers obligés de suspendre leurs travaux pendant la saison rigoureuse, saison, qui ne permet pas de donner cours à l'exécution d'une grande partie des travaux publics. Toutefois, la réparation des routes, et les grands travaux de terrassement pour la formation des chemins de fer, seraient de nature à occuper un grand nombre d'ouvriers sans emploi, malgré la rigueur de la saison, si l'état de la température était d'ailleurs compatible avec des travaux de ce genre.

Indépendamment de ces phases annuelles de chômage, il est des crises profondes qui viennent assaillir la population ouvrière au bout de certaines périodes d'activité dont les plus longues sont de cinq ans et les plus courtes de trois ans. Ces crises se développent de diverses manières : tantôt, elles apparaissent dans un seul pays et le contre-coup s'en fait sentir dans d'autres ; tantôt, elles se déclarent presque au même instant chez plusieurs peuples à la fois et paralysent les relations commerciales qui existent entre eux. Les causes qui les déterminent tiennent ordinairement à un excès de production auquel manquent les débouchés, à des spéculations hasardeuses, à quelque trouble grave dans la circulation du papier-monnaie et à d'autres incidens qui viennent traverser la marche de l'industrie. De telles secousses sont redoutables, parce qu'elles atteignent en même temps le fabricant, le capitaliste et l'ouvrier. Celui-ci est le plus misérable, parce qu'il est le plus nécessiteux : il s'agite, il menace, il s'insurge, excité par le sentiment irrésistible du besoin. Pendant l'espace de trente ans, l'Angleterre a compté dans son sein jusqu'à dix de ces terribles séditions qu'on pourrait appeler les émeutes de la faim.

La France a eu, de son côté, des crises de cette nature à supporter, mais elles ont été moins multipliées qu'en Angleterre et aux Etats-Unis, parce que l'industriel français est moins audacieux en affaires et moins avide que l'Anglais et l'Américain. Là où elles se sont fait sentir, les efforts de la charité et les sacrifices des fabricans ont adouci les privations des ouvriers qui se sont résignés avec courage, hormis à Lyon, où, il y a peu d'années, les souffrances de l'industrie ont été aigries et exaspérées par des influences politiques coupables.

Afin de parer aux effets désastreux des secousses extraordinaires que nous avons indiquées, la ressource des travaux publics projetés, soit par l'administration, soit par des compagnies, nous paraîtrait d'autant plus efficace, qu'on pourrait en user avec un grand développement, dans le cas où l'époque de la crise viendrait à coïncider avec l'ouverture de ces travaux. Quant à ceux qui seraient organisés et défrayés par l'administration, ils devraient être l'objet de prévisions particulières, qui ne se réaliseraient qu'à mesure que les premiers symptômes de la crise seraient constatés. On sent dès-lors qu'il serait bon que de semblables travaux pussent être ajournés, sans inconvénient pour le service public, jusqu'à ce que le moment le plus opportun pour leur mise en activité fût arrivé.

Le pouvoir possède d'autres moyens de venir en aide aux classes ouvrières: ils consistent dans l'influence morale qui lui est acquise sur toutes les forces vives de la société, parmi lesquelles il faut placer, en première ligne, les producteurs de chaque industrie, à cause des masses considérables de travailleurs dont ils sont le centre.

L'homme industrieux n'a qu'un but dans l'exercice de son industrie et de son négoce: c'est le profit. Néanmoins, à mesure que les capitaux de l'entrepreneur s'accumulent, il se développe en lui une autre ambition, qui est celle des distinctions (1). C'est

(1) J'expliquerai plus bas ce que j'entends par distinctions.

ce levier, plus puissant qu'on ne pense, que je voudrais faire tourner à l'avantage des classes laborieuses, et par suite à l'avantage de la société, dont la prospérité et le repos tiennent, non pas à l'accumulation des richesses dans les mains de quelques-uns, mais à la diffusion de ces mêmes richesses dans les mains du plus grand nombre possible.

La supériorité que la presse, et par suite le pouvoir, ont donné jusqu'ici à l'intérêt politique sur tous les autres intérêts, est cause que celui des classes ouvrières n'a pas été servi par l'autorité publique autant qu'il aurait pu l'être.

Dans les départemens, cette autorité, étant à portée d'établir de fréquens rapports avec les fabricans et les manufacturiers, en raison de l'exploitation de leurs usines et des opérations de leur industrie, il serait loisible à elle de profiter de ces occasions pour appeler l'intérêt des entrepreneurs sur le bien-être de leurs ouvriers ; elle ne devrait pas se borner là : il serait utile qu'elle visitât de temps en temps les chefs d'industrie, ainsi que leurs ateliers, et qu'elle adressât aux ouvriers, suivant les circonstances, quelques-unes de ces paroles chaleureuses et pénétrantes qui relèvent le cœur du pauvre, parce qu'elles lui prouvent que la prévoyance du pouvoir sait descendre jusqu'à lui.

D'un autre côté, il ne serait pas moins convenable que l'entrepreneur trouvât dans les égards et la faveur ostensible de l'autorité, la récompense des sacrifices qu'il ferait pour le bien-être de l'ouvrier. Il y a dans la vie civile des distinctions futiles en apparence qui, en réalité, flattent pourtant celui qui en est l'objet, et dont l'autorité peut se faire un moyen utile d'influence, quand elle sait les départir avec un discernement réfléchi et une attention délicate.

A Paris MM. les maires et leurs adjoints qui militent depuis long-temps pour étendre le cercle de leurs attributions et de leur influence, feraient un grand pas vers le but auquel ils aspirent, s'ils recherchaient la connaissance de tous les habitans de leur arrondissement qui, par leur position, seraient dans le cas d'exercer un patronage bienfaisant sur les classes laborieuses, et s'ils prenaient soin de les encourager par de bons offices à améliorer le sort de ces classes. Les communications familières, qui s'établiraient entre ces fonctionnaires et les hommes influens de leurs localités, produiraient les meilleurs résultats. Elles uniraient ensemble les deux principales forces de chaque localité, la force publique et la force morale. Une semblable union absorberait bientôt à l'aide de l'exemple et de l'ascendant des chefs d'industrie ces grandes agglomérations de travailleurs, dont les factions se disputent l'empire avec une infatigable audace. Les juges de paix et les commissaires de police pourraient aussi travailler très utilement, par la propagation des idées de patronage, au perfectionnement matériel et moral des classes ouvrières.

Parmi les nombreux ministres appelés en France depuis vingt-trois ans à l'administration des affaires publiques, il en est peu qui, au milieu des soucis et des agitations de la politique, aient réfléchi, que le pouvoir social n'était pas institué seulement pour la répression des actions, mais qu'il était aussi chargé de la direction de la volonté. Quoique le père de famille et le prêtre soient les dépositaires naturels et privilégiés de cette direction, le pouvoir étant le dispensateur légal des peines et des récompenses dans la société civile, nul doute qu'il ne lui appartienne de veiller à ce que les volontés soient saines et constamment tournées vers le bien; car le père de famille ne remplit pas toujours ses devoirs, et la voix du prêtre est bien souvent méconnue là même où elle parvient à se faire entendre. Or, la nécessité de cette surveillance reconnue, les effets ne sauraient se manifester que par des récompenses ou par des rigueurs.

Le premier de ces ressorts a été employé jusqu'ici dans un but purement politique, je me trompe; les intérêts matériels ont été aussi l'objet d'une protection spéciale de la part du pouvoir; les récompenses distribuées à la suite des expositions solennelles de l'industrie en font foi. Mais les intérêts moraux ont été abandonnés à eux-mêmes. Nul stimulant, nulle récompense. Une fausse pudeur, que dis-je, une déplorable pruderie semble avoir fasciné, le public, la presse et l'autorité elle-même, de telle sorte qu'au lieu de préconiser les actes de dévoûment et de vertu, on ose à peine s'entretenir des rares distinctions décernées à leurs auteurs. On dirait que le siècle est arrivé au comble de l'humilité chrétienne, si l'on ne savait que ce raffinement apparent de modestie et de délicatesse cache au fond un froid égoïsme ou le dépit secret d'entendre parler d'un désintéressement et d'une active charité qu'on n'a pas la force de pratiquer soi-même.

Il faut que le gouvernement ranime, dans les cœurs, l'enthousiasme de la vertu en publiant sans interruption dans les journaux qui lui sont dévoués tous les actes qui honorent le plus l'humanité et qu'il a jugés dignes de la reconnaissance publique. Il faut qu'il les distingue avec éclat et qu'il donne à la distinction toute la publicité donnée à l'acte.

Le gouvernement a décoré jusqu'à présent avec profusion le courage, le talent, l'influence politique, les services civils. Qu'il décore aussi avec empressement la bonté, cette bonté qui se répand au-dehors et dont les libéralités distribués avec choix et justice font pénétrer doucement dans le sein des classes laborieuses un peu de ces aisances qui aident à porter le fardeau de la vie et que notre civilisation leur dispute avec une cruelle parcimonie! A Dieu ne plaise que je veuille encourager l'ostentation et le bruit, là où se plaisent la tendre sympathie et le mystère! Nul plus que moi ne prise la modestie dont l'homme bienfaisant aime à s'envelopper. Je la respecte, et je desire qu'on la respecte; mais la reconnaissance de l'obligé, mais l'honnêteté publique ne sauraient-elles divulguer le bienfait sans faire violence au bienfaiteur? prenez garde que la discrétion et l'exquise délicatesse du philanthrope ne tourne au profit du charlatan, et d'ériger la charité en trafic pour ne pas la récompenser dans l'homme simple et vertueux qui se cache.

Pour atteindre plus sûrement le but que j'indique, je souhaiterais que le gouvernement encourageât par ses délégués, dans tous les centres importans de l'industrie, des sociétés organisées à l'instar de celles de Mulhouse, de Nantes, de Saint-Étienne, etc., lesquelles s'occuperaient de tout ce qui pourrait tendre à améliorer la condition des classes ouvrières, et porteraient le titre de sociétés industrielles. Les chambres de commerce, les conseils de prud'hommes et les chambres consultatives des manufactures, n'ayant à délibérer, en général, que sur les intérêts mercantiles de l'industrie, on assignerait aux sociétés que nous proposons une destination matérielle et morale tout à-la-fois, mais restreinte au bien-être des classes laborieuses. L'alimentation, le logement, le vêtement de ces classes, la salubrité des ateliers où elles travaillent, celle de leurs habitations particulières, l'administration des caisses de secours mutuels, la surveillance morale des spectacles, des cabarets et de tous les lieux publics fréquentés par l'ouvrier, devraient fixer l'attention habituelle de ces sociétés, qui s'appliqueraient aussi à propager la connaissance des bons réglemens d'ateliers et l'imitation des bons exemples donnés, soit par les chefs d'établissement à leurs confrères dans l'intérêt des ouvriers, soit par ceux-ci à leurs camarades dans l'intérêt des entrepreneurs et du succès de leurs opérations.

Cette direction toute morale de l'industrie créerait des habitudes d'ordre, d'économie parmi les ouvriers, et ranimerait chez eux l'esprit de famille en leur inspirant le respect et le goût des choses honnêtes. On pourrait confier à ces sociétés le soin de fonder des bibliothèques populaires et de pourvoir à leur renouvellement, d'après les usages établis en Ecosse, usages que nous ferons connaître plus tard, lorsque nous traiterons de ce sujet. Ces sociétés correspondraient avec l'autorité locale ou centrale, suivant les cas, pour lui exposer l'état physique et moral des classes ouvrières, et proposeraient les améliorations dont cet état leur paraîtrait susceptible. Elles signaleraient en même temps à l'autorité les établissemens industriels les mieux conduits, les plus moraux, et provoqueraient, au besoin, des distinctions ou des récompenses en faveur des chefs d'industrie, des contre-maîtres et des ouvriers eux-mêmes.

Les préfets et les conseils généraux, ou les maires et les conseils municipaux des villes importantes seraient les arbitres de ces propositions, dont ils pourraient prendre, au besoin, l'initiative. Ils régleraient en même temps le mode de récompense et de distinction dû au mérite de chacun. Autrefois, les services rendus à la chose publique par les notables de chaque cité étaient l'objet d'une faveur spéciale; on leur concédait gratuitement une certaine quantité d'eau pour l'usage de leur maison; on les exemptait de l'impôt; on leur conférait des titres nobiliaires; enfin, on les faisait participer aux diverses immunités qu'il était au pouvoir de la cité d'accorder à ses habitans.

Assurément, mon intention n'est pas de conseiller l'emploi des mêmes moyens de récompense; ceux qui ne sont pas surannés pourraient devenir abusifs ou trop onéreux pour les fonds de la cité. Sans créer de nouveaux privilèges qui seraient bientôt la proie de l'intrigue et de la faveur, il serait aisé de récompenser les entrepreneurs pour leur belle conduite et leurs bonnes actions comme on les récompense pour l'utilité, la nouveauté, le bon marché et la perfection de leurs produits industriels. Des médailles consacreraient leur bienfaisance, de même que des médailles constatent la supériorité de leurs produits sur ceux de leurs émules. On pourrait même, au lieu de médailles, leur faire don de quelque tableau que l'on commanderait à nos meilleurs artistes, ou d'autres objets d'art dont l'élégance, le fini et la richesse seraient dignes de répondre au vœu et au but moral d'une grande cité ou d'un département tout entier. Ces sortes de récompenses que je n'ai voulu qu'indiquer, seraient susceptibles d'une grande diversité, quoique l'autorité dût en être sobre; on devrait les épuiser avant d'accorder la croix d'honneur à l'entrepreneur qui la recevrait comme dernière distinction.

Il en est de même de celles qui seraient destinées aux contre-maîtres et aux ouvriers jugés les meilleurs entre les bons. Les corps administratifs et les autorités, que nous avons désignés plus haut, trouveraient des moyens de récompense dans une modeste dot votée en faveur de la fille du contre-maître ou dans une bourse accordée à l'un de ses fils que l'on jugerait apte à être placé dans une école d'arts et métiers. Des avantages analogues devraient être répartis parmi les enfans des ouvriers les plus laborieux, les plus économes et les plus soumis.

Dans l'état actuel de nos mœurs, l'esprit d'association est un ressort, un moyen d'action dont le gouvernement peut tirer un parti très avantageux pour moraliser et contenir les masses. Cette arme, car c'en est une, peut être offensive et dangereuse, quand elle est maniée et employée par les factions, mais elle peut aussi être défensive et protectrice, du moment qu'elle est placée dans les mains de gens paisibles et honnêtes, occupés, sans arrière-pensée, du bien-être des classes pauvres. Les relations des sociétés philanthropiques avec l'administration ne sont pas toujours exemptes, il est vrai, de difficultés et de froissemens. Elles suscitent des plaintes réciproques, et des embarras que l'administration s'exagère peut-être un peu, en ce qui la concerne. Pourtant, lorsque ces sociétés ont à leur tête un homme sage, éclairé, jouissant de l'estime publique, il est rare que ces dissentimens aient des suites sérieuses. Il dépend de l'administration d'influer sur le choix du président de ces sociétés et sur la composition de celles-ci, en provoquant elle-même leur établissement, suivant les besoins des localités, et en offrant au dévoûment des vrais amis du peuple, un point de ralliement, un centre honorable dans la personne d'un citoyen considéré par son caractère, ses lumières, sa position sociale; tel, en un mot, qu'il eût été choisi par le suffrage unanime de ses concitoyens, si ce choix n'avait été prévenu par la désignation de l'autorité elle-même. En tout cas, il appartient à celle-ci de discuter le choix de la personne, sous les auspices de laquelle la société s'est formée, si elle y est demeurée étrangère originairement et n'a été appelée à en connaître que pour approuver les statuts de l'association.

D'après l'étude que j'ai faite des mobiles qui font agir les classes laborieuses, je suis convaincu que le gouvernement a autant et plus d'intérêt que ces classes à l'existence et au crédit des associations libres de bienfaisance. Elles font pour lui l'office de bouclier, de corps de bataille, à l'égard des associations illicites. Elles prennent sous leur tutelle, sous leur direction bienveillante et utile, les ouvriers laborieux, les instruisent de leurs devoirs en défendant leurs intérêts, et améliorent leur moral en même temps que leur condition. Le commerce que la bienfaisance établit entre le riche et le pauvre apprend aux diverses classes de la société à se connaître et à s'estimer. Le dévoûment volontaire et désintéressé du riche pour le pauvre touche ce dernier et l'affectionne à son bienfaiteur, de même que la frugalité du pauvre, les efforts continuels qu'il fait pour gagner sa vie, et sa résignation pendant les jours difficiles, inspirent au riche non-seulement un vif désir d'assister sa misère, mais un sentiment d'estime et de respect qui ôte au secours le caractère humiliant de l'aumône, et au travailleur malheureux les dehors bas et importuns qui déshonorent quelquefois l'indigence.

Si l'administration peut aider puissamment par ses prévisions et ses mesures au soulagement des crises périodiques et inévitables qui affectent l'industrie, la presse, par ses relations quotidiennes et de tous les momens avec les diverses classes de la population, n'est pas moins capable de servir l'industrie par les faits qu'elle recueille, par ses vues d'amélioration et par ses avis.

La presse se divise en deux grandes sections : l'une représente la presse centrale, et l'autre la presse départementale. Outre ses propres correspondans, la presse centrale est utilement secondée par les journaux de département, qui observent et surveillent les hommes comme les choses dans l'étendue de leur circonscription. Ces journaux s'éclairent mutuellement, par les nouvelles qu'ils contiennent, sur les localités non soumises à leur surveillance particulière; ils puisent dans la presse centrale les documens généraux. Ce flux et ce reflux perpétuels de faits et d'idées qui forment le mouvement et la vie de tous les organes de la presse, se manifeste dans tous les pays libres : c'est un des plus beaux attributs de la liberté civile.

Comment avec tant de moyens d'enquête, tant de sources de lumières, la presse s'est-elle abstenue jusqu'ici, d'aborder cet immense sujet de l'industrie? Nous l'avons dit, c'est qu'elle a subordonné cette dernière à la politique, tandis qu'elle devait s'établir immédiatement sur son domaine pour l'éclairer et le féconder.

Il est évident que le plan suivi par la presse ne répond à aucun des besoins des nombreux agens de l'industrie. Il comprend les principaux objets qui intéressent les sciences politiques, et en général, les arts de l'esprit; mais les questions qui se rattachent à l'industrie considérée dans ses diverses branches, n'y sont touchées que par accident, et pour ainsi dire, par fantaisie. L'ouvrier et l'entrepreneur y chercheraient en vain, pour leur instruction industrielle, cette suite de dissertations lumineuses qui abondent outre mesure sur les sujets politiques. Ce n'est qu'en assignant à l'industrie une place déterminée et permanente dans les colonnes de la presse, que les écrivains dévoués aux intérêts populaires pourront concourir utilement au développement et à la prospérité de ces intérêts.

En reléguant dans les traités les discussions générales d'économie politique, qui ne résolvent jamais aucune difficulté positive, les journaux quotidiens devraient soumettre à leur examen les questions spéciales et usuelles qui naissent de l'exercice de chaque industrie. Cet examen aurait du prix, non-seulement pour le producteur de quelque rang qu'il fût, et pour le capitaliste, mais aussi pour le consommateur.

A une époque comme la nôtre, époque dont le travail est tout à-la-fois, le symbole et la gloire, on a lieu de s'étonner que la presse n'ait pas donné à l'industrie, la première place parmi les objets sur lesquels elle a coutume de s'exercer ; je prends ici le mot industrie dans son sens le plus étendu, c'est-à-dire comme une appellation qui embrasse l'agriculture, les manufactures et le commerce. Quel champ plus vaste et plus fécond, en effet, pour les journaux quotidiens, que ces matières importantes ! Ils pourraient éclairer l'autorité en publiant une foule de faits utiles, et s'éclairer à leur tour des publications périodiques faites par ses soins sur diverses branches de l'économie politique. Cet échange de lumières profiterait à tous les lecteurs des journaux, détruirait beaucoup de préjugés, et mettrait en circulation des idées positives et exactes sur les intérêts les plus vitaux de la population. Le producteur marcherait d'un pas plus sûr et plus hardi dans la voie de la production, le capitaliste placerait ses fonds avec plus de discernement et de sécurité, et la foule des consommateurs qui n'est autre que celle des travailleurs, serait moins exposée aux manœuvres immorales de la cupidité et de la fraude.

L'industrie manufacturière, comme moyen de travail, est sujette à des imperfections et à des intermittences, qu'aucune force humaine ne saurait maîtriser, parce qu'elles tiennent à sa nature : essayer de les guérir, ce serait tenter l'impossible. Les voies diplomatiques internationales conduiraient peut-être à des améliorations partielles, profitables aux classes laborieuses; mais la difficulté serait d'assurer l'exécution des traités qui auraient stipulé une amélioration, non pas de puissance à puissance, mais d'industrie à industrie. Le mercantilisme, entraîné et perverti par la cupidité individuelle, parviendrait à tromper peu-à-peu la prévoyance des parties contractantes, à rendre nulles les garanties qu'elles se seraient données, et à faire prévaloir en définitive le hasard de la spéculation, sur la sécurité d'une position arrangée par de prudentes négociations. Je ne parle pas d'autres inconvéniens, dont l'effet serait de placer les peuples, entre lesquels de semblables traités seraient intervenus, dans un état d'infériorité relative à l'égard des peuples qui y seraient demeurés étrangers, et qui, forts d'avantages dont les premiers se seraient volontairement privés pour alléger le poids du travail et adoucir le sort de l'ouvrier, leur opposeraient une concurrence qu'ils ne pourraient soutenir, les moyens de production n'étant pas égaux entre tous.

L'industrie manufacturière est indispensable dans l'état de paix à la vie des peuples, et pourtant elle les menace par intervalles de perturbations profondes, que la science ne pourrait conjurer, et qui peuvent se résoudre en catastrophes terribles. Les convulsions intérieures qui agitent l'Angleterre, et qui semblent frapper d'épouvante ses hommes d'état, n'ont pas d'autre cause que ces perturbations; je me trompe, je dois ajouter que les vices inhérens à la constitution de la propriété foncière dans ce pays, ne sont pas étrangers à la plaie qui le mine, et cette dernière circonstance imprime un caractère tout particulier à sa situation.

La France, malgré ses dissensions politiques, repose sur un sol plus ferme, parce que le soleil de la propriété, si je puis m'exprimer ainsi, y luit pour tout le monde. Cet avantage inestimable diminue les privations et les dangers produits par les crises industrielles, lesquelles n'atteignent que la surface de la société, tandis que, chez les Anglais, elles ont leurs racines dans les entrailles même de celle-ci.

Quoi qu'il en soit de la position respective des deux pays, et bien que la supériorité intrinsèque appartienne à la France, il n'en est pas moins très urgent d'organiser chez nous des moyens de travail et d'existence pour les mauvais jours de l'industrie. C'est aux économistes à proposer leurs vues, comme j'ai proposé les miennes; c'est à la presse à les discuter et à les améliorer par des études continuelles; c'est à l'administration à réaliser les projets utiles, et à les réaliser à propos.

CHAPITRE V.

De l'ordre et de l'économie dans leurs rapports avec le salaire. — Combien ces deux qualités sont nécessaires aux classes pauvres. — Caisses d'épargnes. — Société de prévoyance et de secours mutuels. — Succès des caisses d'épargnes. — Dépérissement successif des sociétés de secours mutuels, ses causes, moyens de consolider ces institutions. (1)

Le travail est la source du salaire, l'ordre et l'économie le conservent et le transforment peu-à-peu en capital; ces deux qualités qu'on a justement placées au rang des vertus, sont nécessaires à tous, mais principalement aux classes pauvres; car elles pourvoient aux besoins de l'avenir, elles garantissent les travailleurs contre les incertitudes et les chômages de l'industrie: enfin, elles lui permettent en cas d'inactivité momentanée, dans sa profession, de chercher provisoirement ailleurs d'autres moyens et d'autres ressources. L'avantage de l'épargne doit moins être considéré dans les conditions laborieuses, comme propre à créer des capitaux et de petits pa-

(1) Ce chapitre est neuf.

trimoines, que comme une réserve capable de soutenir le travailleur contre les rigueurs passagères de l'industrie.

Les caisses d'épargnes ont été instituées pour recevoir les dépôts d'argent prélevés par les classes laborieuses sur leur salaire. Ces dépôts produisent au profit des déposans des intérêts capitalisés, jusqu'au moment de la remise des fonds.

Les sociétés de prévoyance et de secours mutuels offrent aussi un emploi fructueux aux économies du pauvre. Elles tiennent à sa disposition, en cas de maladie, une rétribution qui supplée jusqu'à un certain point le salaire; elles lui assurent, en outre des médicamens, l'assistance du médecin, et en général les secours les plus nécessaires à son état. Enfin elles ont pour objet de servir aux sociétaires parvenus à un âge très avancé une pension de retraite, pendant le reste de leurs jours.

Ces deux modes de placement, quoique susceptibles l'un et l'autre d'avantages incontestables, ont obtenu néanmoins des succès divers dans les pays étrangers; et en France, les caisses d'épargnes ont partout prospéré, tandis que les sociétés de secours mutuels, organisées sur des bases erronées ou mal assises, se sont dissoutes les unes après les autres, faute de consistance et d'une direction bien entendue. Les causes de dépérissement et de dissolution de ces établissemens sont nombreuses. La principale, et qui semblerait accuser les calculs de la science, consiste dans l'inexactitude des données résultant des tables de mortalité, et offertes aux associés pour déterminer le montant de leurs cotisations, ainsi que les conditions d'âge exigibles de chacun d'eux, soit pour être admis aux secours, soit pour être admis à la pension. Ces tables, qui, en Angleterre, ont été dressées par les économistes et les mathématiciens les plus habiles, ont servi de base à une foule de *sociétés amicales,* ou de prévoyance, qui ont presque toutes manqué leur but, ou qui ont été obligées de s'imposer des contributions extraordinaires, sans qu'il leur fût possible d'accomplir les promesses de leurs statuts.

A cette cause grave de destruction sont venues se joindre l'inexpérience, la légèreté et la présomption des ouvriers sociétaires, qui, livrés à eux-mêmes pour l'administration et la comptabilité de leurs fonds, n'ont pas tardé à empirer la position commune, déjà compromise par l'insuffisance des combinaisons de la science, en jetant le désordre dans la gestion de leurs intérêts les plus importans, et en mêlant à des occupations sérieuses, propres à influer sur leur avenir, des festins et des débauches que la moralité du but de l'association aurait dû leur interdire et éloigner même de leur pensée. Les sociétés de prévoyance sont devenues, dans quelques localités, des clubs industriels, des sociétés d'union, où les associés ont concerté entre eux des mesures propres à faire hausser les salaires par des voies abusives et condamnables.

En France, les sociétés de prévoyance et de secours mutuels ont éprouvé les mêmes vicissitudes et le même sort que celles d'Angleterre. Elles renferment les mêmes vices d'organisation et elles ont donné lieu aux mêmes abus. L'insurrection des ouvriers de Lyon en est une preuve irrécusable.

On distingue chez nous deux sortes de sociétés de secours mutuels. L'une composée d'associés payant rétribution et qui participent au secours créé pour la société. L'autre composée, 1_o d'associés ouvriers et intéressés à la distribution des secours ; 2_o d'associés honoraires ou bienveillans qui paient la rétribution annuelle en renonçant au secours.

Les sociétés appartenant à la première classe forment la grande majorité des établissemens existans; celles de la deuxième classe sont en très petit nombre; mais, grâce aux lumières et aux subventions des associés bienveillans, elles ont su se préserver des embarras, des fautes et des crises diverses qui ont causé la perte ou la décadence desétablissemens les plus nombreux.

La caisse de secours mutuels de Nantes est constituée sur des bases conformes à ce dernier mode d'organisation. La société industrielle de cette ville préside, par ses délégués, à la gestion des fonds de cette caisse, qu'elle a, du reste, fondée en la faisant reposer tout à-la-fois sur l'économie des ouvriers et sur la générosité des classes aisées de la cité.

L'assemblée des sociétaires est dirigée par une administration centrale, secondée par autant d'administrations spéciales qu'il y a de groupes de quinze ouvriers exerçant la même profession, et admis à faire partie de l'association. Chacune de ces dernières administrations est composée d'un président, d'un secrétaire et de deux inspecteurs pris dans son sein, au choix de ses membres. A ces quatre administrateurs doit être joint un délégué désigné par l'administration centrale, parmi les associés bienfaiteurs.

L'administration centrale se compose de trois membres de la société industrielle, de deux sociétaires bienfaiteurs, et enfin de tous les présidens et délégués des administrations spéciales.

Ce mélange habile d'élémens divers, qui s'éclairent et se contrôlent les uns les autres, explique la durée et la prospérité de la caisse de secours de la ville de Nantes. M. Degérando, dans son excellent ouvrage (1), cite avec raison cet établissement comme un modèle à imiter.

Il est à remarquer que ses fondateurs ont eu la sagesse de borner l'objet de leur œuvre à une simple distribution de secours quotidiens, aux soins du médecin et à la fourniture des médicamens. En promettant moins que les administrateurs des sociétés de première classe, ayant toutes un double but : le secours et la retraite, ils ont tenu leurs engagemens et ils ont réussi. (2)

A Paris et probablement dans la majeure partie des villes manufacturières, les ouvriers affectent une grande indépendance pour tout ce qui concerne l'établissement et la gestion des caisses de prévoyance et de secours mutuels. Loin de réclamer les conseils des entrepreneurs qui les emploient, ils les dédaignent, ils les répudient. Ils supposent que si les entrepreneurs intervenaient dans les délibérations de leurs sociétés, ils chercheraient à faire avantager les uns aux dépens des autres. J'ignore jusqu'à quel point il est permis d'ajouter foi à cette supposition; ce qu'il y a de certain, c'est qu'à quelques exceptions près, les entrepreneurs demeurent étran-

---

(1) *De la Bienfaisance publique*, Paris, 1839, 4 vol. in-8.

(2) *Réglement du comité de secours mutuels pour les ouvriers de la ville de Nantes*, 1833, chez Mellinet, imprimeur à Nantes.

gers à la création des caisses de secours et à l'administration de leurs ressources. Les ouvriers ne prennent conseil que de la société philanthropique, qu'ils appellent la société mère (1). Mais ces conseils, qui peuvent être sages et éclairés pour des cas particuliers n'embrassent ni l'organisation ni l'ensemble de chaque caisse, de sorte que les associations parisiennes, quoique très nombreuses et très intéressantes, manquent de direction générale et progressive.

Je souhaiterais que la société philanthropique, usant de l'influence méritée qu'elle exerce sur les associations de secours mutuels, placées sous son patronage, engageât les ouvriers administrateurs de ces associations à recevoir parmi eux des associés bienveillans, à l'imitation du comité de secours de Nantes et de la société protestante de prévoyance et de secours mutuels de Paris (2). Ces associés seraient affiliés à la société philanthropique et délégués par elle, suivant leurs lumières et leur expérience, dans chaque association pour représenter l'administration centrale de toutes les caisses ou de toutes les associations particulières, administration qui serait formée dans le sein de cette société d'hommes spé-

(1) *V.* sur les couvreurs et sur une société de secours mutuels qu'ils forment dans la ville de Paris (*Annales d'Hygiène publ.*, Paris, 1834, t. XII, p. 81.)

(2) Agence de la Société, rue de l'Arbre-Sec, n° 46.

ciaux et ayant le temps, ainsi que la volonté de se vouer à cette œuvre utile et bienfaisante. Les cotisations des associés désintéressés seraient réunies en un fonds commun, qui serait réparti également, ou d'après des bases que l'expérience suggérerait, entre les diverses associations. Ce subside représenterait une ressource extraordinaire, profitable à chaque association et corrigerait, sinon en totalité, au moins en partie, les inégalités inhérentes aux établissemens de secours fondés sur des chances aléatoires.

Les caisses établies d'après ces données, ayant toutes leur administration spéciale, élue par les ouvriers eux-mêmes et assistée d'un sociétaire donateur délégué par l'administration centrale, ces diverses administrations délibéreraient sur les intérêts de leurs commettans, et soumettraient le résultat de leurs votes à la sanction de la société régulatrice.

Ce projet me paraîtrait susceptible d'une exécution d'autant plus facile que le germe de l'institution subsiste et qu'il ne s'agirait que de le développer. Si les caisses d'épargnes ont généralement réussi, il faut attribuer en grande partie leur succès à la gestion probe, sage et éclairée des administrateurs de ces établissemens qui appartiennent tous aux classes aisées de la société, et dont le dévoûment est véritablement digne d'éloges.

CHAPITRE VI.

Du christianisme comme moyen de civilisation. — Système catholique, ses vicissitudes, son état en France depuis le dix-huitième siècle. — Tendance des esprits vers la morale chrétienne ou vers un christianisme général. — Signes de cette tendance dans tous les pays de l'Europe. — Moyens d'arriver au renouvellement des données chrétiennes. — Comment le catholicisme peut concourir à ce renouvellement. — Exemples éclatans à ce sujet. — Voie dans laquelle le clergé catholique doit entrer pour attirer à lui les classes laborieuses. — Chant. — Conférences religieuses et morales. — Messes avec instruction. — Nécessité de ranimer le sentiment religieux dans les classes éclairées pour l'accréditer parmi le peuple. (1)

Le christianisme est l'instrument de civilisation le plus flexible et le plus parfait qui ait jamais été au pouvoir des hommes. Il les attire les uns vers les autres par l'amour, par la fraternité; il les élève, il les ennoblit par la pureté de l'âme. Quelque opinion que l'on puisse avoir sur les origines du christianisme et sur le sceau divin que les écritures ont imprimé à la nature de son auteur, on ne saurait

(1) Ce chapitre est conçu dans le même esprit que celui qui traite du même sujet dans le mémoire, mais il offre beaucoup plus de développement et des additions importantes.

nier que l'humble mortel sorti de Nazareth pour annoncer et répandre la bonne nouvelle, ne mérite, par l'excellence de sa morale, le titre auguste et sacré que les apôtres et le monde chrétien lui ont décerné, celui de Sauveur des hommes. Le christianisme porte en soi une telle puissance d'assimilation avec l'humanité, qu'il est parvenu à s'acclimater dans toutes les régions du globe, et qu'il régnerait peut-être, en ce moment, sur l'univers connu, s'il n'avait eu à lutter contre des religions rivales et des intérêts politiques défians, obstacles bien plus redoutables pour lui que les passions de l'homme dont il est appelé à réprimer les écarts et à gouverner l'influence. L'universalité de son caractère, de son type moral le rend propre à tous les rangs, à toutes les conditions, aux plus humbles comme aux plus élevés. La divine sollicitude, les promesses éternelles de Jésus s'adressent à tous, mais principalement à ceux qui souffrent, aux faibles, aux petits. Telle est la marque distinctive de la loi chrétienne, et à ce signe seul, on reconnaît la loi de la justice, de la vraie civilisation, et de l'humanité considérée sous son point de vue le plus élevé.

Les chrétiens éprouvés d'abord par les persécutions, le martyre, le schisme et toutes les divisions qui agitent une religion naissante se classèrent avec le temps, et l'on vit, dès-lors, le système catholique s'affermir et prospérer pendant des siècles, sous l'autorité d'un seul pontife souverain réputé le successeur et le répresentant de Jésus-Christ sur la terre. Il était le directeur suprême de la morale, le dispensateur des secours spirituels, dans toutes les provinces chrétiennes soumises à sa domination, et fort de la confiance des peuples, ainsi que de celle des rois, il enseignait aux uns l'obéissance, aux autres la justice et la modération. Tel fut dans les commencemens le ministère sublime de la papauté; mais, par la suite des temps, les faiblesses et les vices se glissèrent jusque dans la chaire de saint Pierre. Le pape et les prélats formant le sacré collège semblaient ne plus croire en eux-mêmes. Le trône pontifical fut souillé par les plus honteux excès, le monde chrétien s'en émut et la réforme éclata.

Ce grand évènement fut provoqué par les attaques de Luther contre le saint-siège, par l'abjuration qu'il fit de la foi catholique, et par l'introduction du principe de libre examen dans les matières religieuses. La réforme eut pour effet de briser l'unité de l'église universelle, ou du catholicisme, et de saper l'autorité pontificale dans sa suprématie. Calvin, autre réformateur, autre protestant, suivit de près Luther. L'esprit de prosélytisme répandit les doctrines des sectes nouvelles, et le principe de la liberté religieuse en suscita d'autres, qui toutes avaient pour point de départ, comme les deux premières, la loi de Moïse, et pour terme, la loi évangélique, livrée aux lumières naturelles de la raison.

La papauté mit en œuvre tous les moyens pour dompter la réforme, ou pour la resserrer dans les limites les plus étroites. C'est ainsi qu'elle recourut à la répression sanglante de l'inquisition, dont le seul nom est, de nos jours, un blasphème; et qu'elle institua la propagande, dont le but fut moins peut-être de porter au loin la connaissance du dogme catholique que de maintenir, parmi les fidèles, l'intégrité de la foi établie par ce dogme. Les papes ne se bornèrent pas à l'emploi des moyens qu'il dépendait d'eux de créer, ils invoquèrent l'appui de l'autorité temporelle pour parvenir plus sûrement à leurs fins, et ils l'obtinrent dans les principaux états de l'Europe, grâce à l'entremise habile de leurs légats. De là vinrent en France les guerres religieuses, les dragonnades, la dispersion des solitaires illustres de Port-Royal, et la ruine de leur docte et sainte demeure.

Le dix-huitième siècle vit éclore dans notre pays une réaction formidable, non-seulement contre les abus du pouvoir religieux, mais contre le christianisme lui-même. La philosophie armée de toutes pièces attaqua l'établissement de ce dernier dans ses propres bases, et au lieu de se borner à faire triompher le principe du libre examen, qu'il eût été digne d'elle de consolider par des garanties durables, elle exagéra et le principe et ses conséquences, en telle sorte qu'elle finit par professer en matière de religion, ou le scepticisme, ou l'indifférence, ou l'athéisme. La révolution française vint clore l'œuvre de la philosophie, ou plutôt la rectifier en reconstituant, tout ensemble, la société civile et la société religieuse. La liberté de conscience fut gravée sur les tables de la loi fondamentale du pays, et malgré d'épouvantables convulsions, malgré d'affreux déchiremens, cette liberté nous est restée.

La France a été depuis cette époque, militaire, politique et industrielle; ces deux dernières qualités dominent aujourd'hui chez elle. Les idées religieuses restaurées par Napoléon, furent circonscrites avec soin dans le sanctuaire, pour éviter le renouvellement des collisions qui avaient existé jadis entre les deux puissances. Cette limitation de l'influence ecclésiastique était l'expression des théories créées par la philosophie du dix-huitième siècle et par la révolution. Les frais du culte catholique, de même que ceux des églises réformées, furent supportés par l'état, qui assura indistinctement aux ministres de ces différens cultes un traitement convenable. En couvrant d'une protection égale des cultes long-temps ennemis, le gouvernement fit preuve d'une tolérance louable; mais si la liberté de conscience fut alors définitivement fondée, le sentiment religieux ne reçut pas de l'affermissement de cette précieuse garantie, la chaleur et l'énergie qui lui manquaient; il était tiède dans les écoles, malgré le respect apparent qu'on y professait pour les formes extérieures du culte; il l'était plus encore dans les familles, quoique la population tout entière eût applaudi à la réouverture des temples.

Sous la restauration, le catholicisme ayant été proclamé la religion de l'état, eut une supériorité marquée sur les autres cultes. Le clergé essaya à plusieurs reprises de tirer les fidèles de l'engourdissement où ils étaient plongés, par le rétablissement des missions, des couvens et des congrégations, mais ses paroles n'avaient plus d'attrait, sa voix, j'ai peine à le dire, n'était même pas écoutée. Elle l'était d'autant moins, qu'il déguisait mal son aversion pour le nouvel ordre de choses créé par la révolution, laquelle en le dépossédant de ses biens au profit de l'état, avait distrait aussi de son autorité toutes les attributions qui ne se rattachaient pas directement à l'exercice du culte. Il est à regretter que les ministres d'une religion aussi détachée des biens temporels que le christianisme, n'aient pas effacé de leur mémoire le souvenir d'une opulence et d'une domination perdues sans retour, pour ne s'occuper que des intérêts de la foi. Ils n'auraient eu à combattre que le scepticisme, tandis qu'en faisant revivre sourdement, mais d'une manière non équivoque, des prétentions incompatibles avec les théories politiques de l'ordre social nouvellement établi, ils ont excité contre eux dans tous les rangs de la société, les défiances les plus fâcheuses et qu'ils ont à lutter aujourd'hui tout à-la-fois et contre le doute et contre de profondes inimitiés politiques.

Le septicisme est un état inerte, négatif, et qui laisse l'âme sans activité et sans nourriture. Comment remplir ce vide dans la vie morale? Est-ce par le raisonnement, par la controverse? Faut-il former de nouveaux docteurs, instituer une nouvelle Sorbonne, et tenter d'opérer la conversion des cœurs par la science. Le syllogisme scolastique a fait son temps et n'aurait aucune valeur dans la direction actuelle des idées. Le langage mystique, quoiqu'il ait été employé par de grands esprits, lorsque la pensée religieuse était la pensée dominante de la société, ne serait pas accueilli avec plus de faveur. Le catholicisme, depuis la querelle immortalisée par Pascal, et depuis les débats célèbres de Bossuet et de Fénélon, a dépouillé, en France, insensiblement la forme contentieuse et dogmatique pour se renfermer dans la morale évangélique. L'orthodoxe, le grave Bossuet, qui avait pressenti ce changement avant qu'il ne se manifestât par des indices certains, redoublait de vigilance pour le maintien de la tradition; et le moraliste Labruyère, dans l'intérêt de l'art plus peut-être que dans l'intérêt de la religion, semblait regretter, de son côté, les teintes austères et tristes de l'ancienne éloquence sacrée, teintes qui allaient s'affaiblissant à l'époque où il dessinait avec tant de finesse et d'élégance les caractères de ses contemporains. La transformation ébauchée par le dix-septième siècle a été consommée par le siècle suivant, et l'on peut affirmer à présent que l'ère du christianisme moral est arrivée; tout l'annonce, le sentiment public et l'opinion même des écrivains les plus dévoués à la cause du catholicisme.

La tendance commune des esprits ou plutôt des cœurs vers la morale chrétienne, me paraît devoir rapprocher les unes des autres, dans un temps qui n'est peut-être pas éloigné, toutes les églises nées de l'évangile. Jusqu'ici, leurs pasteurs et les fidèles eux-mêmes ont été enclins à ne voir entre elles que des différences, des oppositions, sans s'apercevoir des points de rapport qui les unissaient, ou, pour parler plus exactement, sans vouloir en tenir compte. Cette illusion ou, si l'on veut, ce parti pris est près de céder à une direction plus éclairée, plus sociale, et, tranchons le mot, plus véritablement pieuse. En Allemagne, où les doctrines religieuses font partie de l'enseignement scolaire dans tous ses degrés, où les théologiens des facultés protestantes aussi bien que des facultés catholiques commentent le texte des écritures avec un zèle minutieux et infatigable, plusieurs de ces théologiens, appartenant aux cultes réformés, ont été emportés par l'esprit de recherche et d'analyse jusqu'à dépouiller la loi mosaïque et l'évangile de tout caractère divin, jusqu'à nier non-seulement la divinité, mais la personnalité de Jésus-Christ. Ils ont vu dans les écritures des allégories, des symboles, une épopée, dans le Christ un mythe, c'est-à-dire un être fantastique, issu des croyances et des traditions populaires. Dans le nombre de ces mêmes théologiens, il en est qui, en regrettant la foi passive et docile de leurs aïeux comme plus consolante et mieux assortie à la faiblesse naturelle de l'homme, n'ont pas cessé néanmoins de poursuivre avec opiniâtreté l'œuvre de la science, et paraissent résignés à en subir toutes les conséquences morales. D'autres, au contraire, affligés de leurs propres lumières et de l'isolement où les laisse l'absence de toute loi religieuse, tournent les yeux vers le principe de l'autorité comme vers une planche de salut, et semblent convier le prêtre catholique à leur donner la main sur le domaine de la charité.

Voici dans quels termes un écrivain allemand, Wolfgang Menzel, qui jouit dans le monde savant d'une haute réputation de lumière et de sagacité, expose la situation de l'Allemagne, sous le rapport de la foi religieuse, dans son journal intitulé : *la Feuille littéraire*.

« Le christianisme nous semble dans une situa-
« tion qui se rapproche beaucoup de celle que le
« paganisme occupait sous Adrien. A cette dernière
« époque, tous les dieux imaginables affluaient à
« Rome, qui les accueillait avidement; les idoles d'E-
« gypte et d'Assyrie voyaient tomber à leurs pieds
« difformes la curiosité mais non la piété de l'im-
« mense population. De même aujourd'hui, les chré-
« tiens de la Germanie, incertains et indifférens sur
« la confession qu'ils doivent adopter paraissent les
« accueillir toutes à-la-fois. Les nuances les plus op-
« posées se confondent, les catholiques marchent

« dans la voie du progrès et des lumières; les voici
« bientôt devenus rationnels, modérés et paisibles
« comme des protestans. Les protestans, de leur
« côté, commencent à croire qu'ils ont été trop
« loin; ils reculent, cessent de se fier au jugement
« individuel, base de leur croyance, et se rappro-
« chent peu-à-peu par des avances, dont la coquet-
« terie est publique, des formes et des idées du ca-
« tholicisme. On ne parle plus des anciennes diffé-
« rences entre la communion luthérienne et la com-
« munion réformée. Tout un bataillon de protes-
« tans du nord a fait irruption dans le catholicisme
« du midi. Les catholiques, de leur côté, possèdent
« une fraction de véritables protestans qui se nom-
« ment anti-célibataires. Que dire de toutes ces phi-
« losophies à la mode en Allemagne, tantôt co-
« existant, tantôt se succédant, et toujours assez sou-
« ples pour s'adapter sans peine à quelque religion
« que ce soit. Au milieu de ce chaos, la majorité est
« indifférente, et pensant qu'il n'y a rien à gagner
« d'un côté ni de l'autre, elle reste provisoirement
« spectatrice. » (1)

La crise religieuse, qui s'opère en Allemagne, est

---

(1) Ce fragment est extrait de la *Revue britannique*, n° 32, août 1838, et fait partie de l'article intitulé : *du Mouvement religieux et philosophique en Allemagne*, traduit du *Foreign quaterly Review*.

finie chez nous depuis un demi-siècle. La controverse, refroidie par l'indifférence du public et lasse d'elle-même, a déserté même la Sorbonne, son antique théâtre. Est-ce à dire, cependant, que le sentiment religieux soit éteint dans les cœurs? Je suis certes bien loin de le penser. Son activité paraît suspendue, mais il n'est pas tout-à-fait oisif. Le temps, à travers l'indifférence apparente des esprits, n'a pas laissé de l'épurer; il a fait justice des blasphèmes et des ironies de Voltaire, comme il a fait justice de la superstition. Quoique les fondemens historiques de la religion chrétienne soient ébranlés, quoique beaucoup de personnes se refusent à croire à la réalité des miracles, il n'en est pas moins vrai que cette religion est considérée universellement comme un moyen incomparable de purification morale. Les philosophes, en contestant sa grandeur surnaturelle, se plaisent à rehausser sa grandeur humaine, et, s'ils ne croient pas à la divinité de son auteur, ils croient, au moins, à l'idée divine du perfectionnement de l'humanité, idée qui résume toute la loi évangélique.

Ce rationalisme, qui a pour effet de niveler en France toutes les communions chrétiennes, et qui admet sans répugnance le judaïsme lui-même, tout opposé qu'il soit au principe chrétien, dans la grande famille des religions dignes de la vénération des hommes, n'est pas le fruit, comme plusieurs le supposent, de l'influence du mouvement philosophique du dix-huitième siècle, mais bien des opinions protestantes; et ce qui le prouve, c'est que ces opinions sont arrivées graduellement et par des recherches aussi longues que consciencieuses, au même résultat que la philosophie plus hâtive, sans doute, que le principe protestant, mais non pas plus logique. La prédiction de Bossuet s'est accomplie, de nos jours, à quelques égards. Il y a dans le protestantisme, à côté d'une orthodoxie apparente, un principe de dissolution qui lui est inhérent; ce principe investigateur, comme la méthode analytique, a été conduit par la loi du progrès, non-seulement à modifier les croyances religieuses, qu'il a lui-même introduites et propagées, mais à les annuler; et dans un petit nombre d'églises réformées, le penseur ou le philosophe s'est substitué au ministre. Je sais bien qu'en revanche la cause du rationalisme a éprouvé, parmi les opinions protestantes, des pertes occasionées par un retour sincère de plusieurs sectateurs de ces opinions vers les doctrines des premiers réformateurs; mais ce retour, à vrai dire, n'est lui-même qu'une conséquence du principe dissolvant propre à la nature du protestantisme.

Que faut-il conclure de l'état présent des esprits? Si les phénomènes que nous venons de signaler étaient particuliers à quelques sectes de l'Allemagne ou à une faible minorité, en France, l'orthodoxie catholique pourrait se prévaloir avec raison de l'inanité des doctrines protestantes au profit du principe de l'autorité, qui, n'admettant pas le libre examen, prévient le doute ou tout au moins la discussion. Mais il n'en est pas ainsi : les symptômes de fusion et de fraternité religieuses qui se montrent en Allemagne et en France, se révèlent également dans le reste de l'Europe. Partout, les traits particuliers, qui différenciaient les communions chrétiennes les unes des autres, tendent à s'effacer, pour ne laisser subsister que la morale religieuse et pour introniser, en quelque sorte, un christianisme général. Les Israélites eux-mêmes, qui furent si long-temps immobiles dans leur croyance, comptent aussi leurs rationalistes. Le sentiment religieux semble abjurer ses vieilles antipathies et dépouiller ses formes diverses pour renaître dans une nouvelle unité. Ceux qui s'intéressent au développement des idées religieuses et qui en étudient la marche ont pu observer un assez grand nombre de faits qui annoncent, parmi les sectateurs de tous les cultes chrétiens, un desir ou plutôt un besoin universel de rapprochement. Ce phénomène est le dernier terme de la transformation progressive que le christianisme a subie depuis son institution. Il semblerait prouver que le raisonnement a épuisé ses ressources dans le cercle où il s'est exercé jusqu'ici, qu'il en a même abusé, puisque chacun tend à décliner sa compétence, et que le temps est venu de renouveler les données chrétiennes en remontant à leur source primitive, qui est l'évangile.

Comment ce renouvellement peut-il s'opérer ? faut-il recourir à l'autorité d'un concile universel pour atteindre un but si élevé et entouré de tant de difficultés ? Supposé, que ce concile fût livré à lui-même et que les influences politiques restassent étrangères à ses délibérations, serait-on fondé à attendre de lui la solution d'un problème qui a frappé d'impuissance le génie de Bossuet et de Leibnitz ? C'est au temps, au temps seul, à consommer le grand œuvre de la rénovation chrétienne.

Un concile ne pourrait procéder que par le raisonnement, et l'on sait que, dans les matières religieuses, le raisonnement n'engendre, chez les peuples vieillis dans les raffinemens de la civilisation, que la dispute et le doute. C'est par le cœur, par des actes de charité profitables à tous les chrétiens sans distinction, par des instructions et des exercices adaptés à toutes les confessions, que le prêtre catholique peut espérer d'amener à lui et les fidèles de son église, attiédis par le scepticisme ou par l'indifférence, et les protestans, las des fluctuations et de l'insuffisance du jugement individuel. De nos jours le catholicisme ne saurait être digne de sa noble ambition qu'en se montrant plus compréhensif, c'est-à-dire plus attirant et plus universel, sans abjurer, toutefois, ses croyances dogmatiques. Ce qui se passe en Allemagne témoigne assez que cet espoir ne serait pas en France impossible à réaliser.

Il y a parmi les catholiques et parmi les réformés eux-mêmes deux classes de croyans. Les uns attachés à l'esprit de l'évangile, esprit de tolérance, de concorde et d'amour, les autres esclaves de la forme religieuse, absorbés par les idées étroites et exclusives de leur culte, sectaires plutôt qu'hommes de piété et portant dans le lieu saint où les fidèles se rassemblent le fiel et la haine, qui divisent les partis et les écoles philosophiques. Les haines religieuses sont même d'autant plus violentes que le caractère des individus qui en sont affectés est plus passionné, et que leurs lumières sont plus bornées. Sous ce rapport, les églises séparées de l'église catholique ne sont pas moins animées les unes contre les autres, que celle-ci l'est contre elles-mêmes.

Là où le pouvoir épouse une de ces églises et tolère les autres, il est rare que l'église dominante ne soit pas oppressive. Le catholicisme s'est montré odieusement tyrannique chez nous pendant les dernières années du règne de Louis XIV, et, en Irlande, il a été opprimé à son tour par la religion anglicane, espèce de catholicisme réformé. L'émancipation des sectateurs de l'église romaine dans la Grande-Bretagne ne date que de quelques années, et elle n'est pas encore complète. L'union intime et politique des deux puissances n'a jamais produit et ne produira jamais que prééminence et faveur pour l'église élue, dépendance et humiliation pour les autres églises. Cela est si vrai que, dans les états du roi de Sardaigne où l'église catholique déploie en ce moment l'influence la plus puissante et domine tout à-la-fois la société religieuse et la société civile, les sujets non catholiques, et les juifs sont traités autrement que le reste des citoyens. Ils ne jouissent des droits civils que par exception et d'une manière très restreinte, ce qui établit entre les nationaux des différences civiles qui, par opposition aux plus saines doctrines de droit public, ont leur source dans la foi. (1)

(1) Voyez le Mémoire lu à l'Académie des sciences morales et politiques, par M. le comte Portalis sur le Code civil nouvellement promulgué dans les états

Si l'on compare la marche imprimée au catholicisme dans l'Amérique du nord, en Allemagne et en France, avec celle qui est suivie dans les états du roi de Sardaigne, dans quelques parties de l'Italie et en Espagne, on verra que la cour de Rome est restée fidèle à son antique politique, politique expectante mais souple et raffinée. Elle règne là où elle peut s'incorporer au pouvoir temporel ; elle prescrit aux pasteurs de son église de s'envelopper d'une grande circonspection, de s'effacer et d'attendre là où elle n'est pas la plus forte, soit que la population se trouve partagée entre des cultes chrétiens différens, soit que vouée en majorité au principe catholique, l'essor de sa foi se trouve entravé par les dissentimens politiques qui la séparent du clergé, ou par la défiance que lui inspire l'esprit de domination dont ce dernier est secrètement animé.

Ce calcul de la cour de Rome peut être habile humainement parlant, mais il est peu fait pour gagner au catholicisme les peuples les plus avancés en civilisation. Ceux-ci refoulés vers la philosophie

---

du roi de Sardaigne. Ce mémoire dont l'Académie a ordonné l'insertion dans le recueil de ses mémoires, et que l'auteur a fait imprimer à part, est intéressant non-seulement par l'examen comparé du Code sarde avec celui qui nous régit, mais par des considérations de l'ordre le plus élevé sur plusieurs points de droit public et de législation.

par une théologie exclusive et ambitieuse, deviennent en religion, spéculatifs, raisonneurs et étrangers à toute espèce de culte, quand ils ne tombent pas dans l'incrédulité. Parmi les esprits les plus préocupés d'idées religieuses, quelques-uns doués d'une vive sensibilité, se livrent à l'illuminisme, et quelquefois aux plus monstrueuses rêveries. Un semblable résultat ne prouve pas sans doute en faveur de la philosophie, mais il ne prouve pas davantage en faveur du catholicisme dévot, formaliste et ambitieux, religion dure, intraitable, sans charme, qui asservit au dogme la morale naturelle, et répudie la miséricorde pour la superstition.

Le catholicisme fondé sur l'exclusion est aujourd'hui sans force en Europe. Ses ministres et le petit nombre de ses fidèles supposent, que la tiédeur générale n'est qu'un accident, qu'elle est due à la maligne influence de la liberté de conscience, et que, si la propagation de la foi catholique était appuyée par le pouvoir temporel comme autrefois, les idées religieuses ressaisiraient leur influence sur les esprits. Cette supposition repose sur une erreur. C'est précisément par le motif que le sentiment public est antipathique à toute idée de contrainte et de privilège, en matière de foi, surtout en France, que tous les gens de bien aspirent à un renouvellement religieux par la douceur, la persuasion, et la charité.

La pente naturelle des esprits vers le christianisme moral est d'autant plus universelle, que partout où le prêtre catholique se rapproche par des sentimens de bienveillance ou par des bienfaits des personnes étrangères à ses croyances, il est loué et encouragé non-seulement par les partisans nombreux des idées religieuses, mais par les sectateurs encore plus nombreux des idées philosophiques, qui se plaisent à rendre hommage à la pureté vraiment évangélique de sa foi. Respect mutuel des croyances dogmatiques, et bienveillance universelle ; voilà, ce me semble le symbole auquel se rallie de plus en plus l'immense majorité des catholiques et des protestans. L'épiscopat français était digne de guider les pasteurs de la chrétienté dans cette voie nouvelle. Un de ses membres les plus éminens qui a édifié les deux mondes (1), par ses vertus, M. de Chéverus, mort cardinal et archevêque de Bordeaux, avait compris le catholicisme comme nous le sentons. Il marchait à la conquête des âmes par la bonté. Dans l'effusion aimable de sa piété, il répandait ses dons sur tous les êtres malheureux

---

(1) M. de Chéverus a long-temps résidé à Boston où il était évêque.

sans acception de croyance. Il consolait par sa parole ceux qui n'avaient pas besoin de ses libéralités ; les juifs aussi bien que les protestans étaient l'objet de sa sollicitude paternelle. Il portait dans le monde l'aménité qui rendait ses formes si attrayantes, et avant d'exciter l'admiration, sa conduite pastorale pleine d'indulgence et de mansuétude, avait excité un étonnement mêlé de scandale, tant le préjugé religieux, comme tous les préjugés, est aveugle et difficile à surmonter. L'évêque de l'Algérie, M. l'abbé Dupuch, a été formé à l'école de M. de Chéverus; et a débuté dans sa carrière épiscopale par la manifestation de sentimens dignes de celui qu'il s'est proposé pour modèle.

On ne saurait trop préconiser de tels exemples, afin de détromper les dévots en les éclairant, et de multiplier parmi le clergé français les disciples d'un prélat, à qui la postérité assignera une place à côté de Fénélon, et qui, dès à présent, peut être considéré comme une des plus belles âmes apostoliques des temps modernes. Les catholiques orthodoxes diront que nous dénaturons le catholicisme tel que les lois canoniques et les traditions l'ont fait ; que vivre en communion par la morale naturelle et par le sentiment religieux avec des personnes de toutes les sectes et de toutes les religions, c'est abdiquer de fait la qualité de catholique, et même celle de chrétien. Je pense, au contraire, que l'évangile qui est la loi suprême du catholicisme, comme de toutes les autres confessions chrétiennes, permet d'allier la foi la plus vive avec la miséricorde, et que, par la grâce de cette vertu, un catholique est le frère d'un protestant, comme il est le frère d'un juif et d'un mahométan. Sous ce rapport, la civilisation moderne nous paraît être plus conforme à l'esprit de l'évangile, que l'opinion de bien des catholiques exclusifs. Jésus-Christ conversait avec les pécheurs, avec les plus méprisables hypocrites.

Quelle que soit la forme nouvelle que le temps réserve au christianisme; quelles que puissent être les vicissitudes que cette nouvelle forme aura à subir par le cours des siècles, il est un sentiment unique, dans lequel les hommes policés de toutes les nations se rencontreront toujours, c'est celui de l'existence d'un Dieu, auteur de la nature et père commun des hommes, parce que ce sentiment se rattache à l'un de nos instincts les plus irrésistibles, et qu'il est général comme l'amour de soi, comme l'amour du bien-être. Voilà l'unité qui demeurera immuable, au milieu des déchiremens politiques et religieux, qui prévaudra contre l'audace des systèmes et l'entêtement de l'incrédulité, parce qu'elle peut se suffire à elle-même, et que son tabernacle invisible est la conscience.

La maxime, que hors de l'église il n'y a point de salut, est tacitement abrogée depuis long-temps. Elle choque nos mœurs autant qu'elle blesse nos consciences, et les prêtres les plus pieux, c'est-à-dire les plusc haritables, en usent envers leur prochain appartenant à une autre religion que la leur, comme si cet aphorisme de malheur n'existait pas. Cette façon d'agir, quoique encore bien rare, n'a pas empêché le saint prélat, dont nous avons tout-à-l'heure rappelé les vertus, d'être élevé à la plus haute dignité de l'église catholique.

En dernier résultat, les religions intolérantes sont des religions anti-sociales, parce qu'elles transforment les dissidences en haines, et les haines en agitations politiques. Les annales de la France, de l'Angleterre et de presque toutes les nations de l'Europe, démontrent la vérité de ce que j'avance.

Les considérations générales que je viens d'exposer m'ont paru un préliminaire indispensable pour faire connaître clairement la voie dans laquelle le clergé catholique doit entrer pour attirer à lui les classes pauvres et laborieuses, et pour leur faire aimer les pratiques de la religion. Ces classes sont, en effet, imbues, comme les classes éclairées, des idées et des sentimens que j'ai exprimés dès le commencement de ce chapitre; les consolations et les préceptes de la religion leur sont d'autant plus nécessaires, qu'elles sont, plus qu'aucune autre, éprouvées par le besoin, la convoitise et l'adversité. L'universalité, disons mieux, la popularité de l'influence du christianisme n'est due qu'à ses affinités intimes avec la situation précaire, obscure et pénible du plus grand nombre. Jésus est né d'une mère pauvre, laborieuse et vivant du travail de ses mains; il est né dans le plus humble réduit, et il a travaillé lui-même comme un simple ouvrier; aussi ne dissimulait-il pas sa prédilection pour le peuple. Il aimait à se trouver là où la foule se rassemblait : c'est à elle que ses enseignemens étaient adressés; c'est à elle qu'étaient réservées plus expressément les promesses de la vie éternelle. Comment la classe pauvre ne serait-elle pas sensible au charme de la parole divine, lorsque cette parole compatit à ses privations et à ses souffrances; qu'elle loue la modération de ses desirs, sa résignation, et qu'elle proclame ses mérites comme supérieurs à ceux des classes riches, et comme les plus dignes des récompenses que le tout-puissant destine à ses élus. S'il est vrai que le sentiment religieux ne soit pas un vain mot, et qu'il soutienne l'espérance de tous les hommes que la corruption n'a pas dégradés, quel sujet de satisfaction pour le pauvre d'être assuré que l'humilité de la condition humaine, lorsqu'elle est supportée honorablement, peut valoir à celui de qui elle est le partage, non-seulement l'estime des hommes, mais encore la faveur divine! Quel bonheur de penser que l'exercice des vertus de son état ennoblit sa propre misère, et qu'en ne considérant ces vertus que sous un point de vue purement humain, on y trouverait encore la matière des éloges les plus complets et les plus mérités!

Quoique, de nos jours, la vérité de ces réflexions soit moins généralement comprise et sentie qu'à l'époque où la religion exerçait sur les esprits un empire non contesté, les rapports continuels que les frères de la doctrine chrétienne ont avec les personnes de tout âge qui composent les classes pauvres, les mettent plus à portée que tous autres de réchauffer en elles le sentiment religieux, et de les amener à contracter le goût des habitudes de piété, par lesquelles ce sentiment s'épure et se conserve. Depuis qu'ils ont eu la sagesse d'adopter, du moins à Paris, les méthodes les plus avancées, soit pour l'enseignement des premiers rudimens de l'instruction, soit pour l'enseignement du chant, ils se sont placés à côté des instituteurs primaires les plus habiles; et le grand nombre d'élèves adultes qui s'empressent à suivre leurs cours du soir témoigne tout à-la-fois et de l'intérêt de leurs leçons, et de la confiance qu'ils ont su inspirer à leurs élèves. Les allocutions morales qu'ils adressent de temps en temps à ceux-ci seraient, ce me semble, un moyen tout naturel de les préparer à la fréquentation des exercices religieux, et de régler, pour ainsi dire de concert avec eux, la part qu'ils prendraient à ces exercices. Les professeurs placés à la tête des écoles de chant seraient aussi en position de recommander à leurs élèves adultes de semblables habitudes, et de les exhorter à y persévérer. Les notions du chant sont déjà assez répandues parmi les élèves qui fréquentent les différens cours du soir, pour les mettre en état d'exécuter chaque dimanche, pendant la durée d'une messe qui leur serait destinée, des chœurs dont les paroles et la musique auraient été composés avec beaucoup de soin. Je sens que l'autorité ecclésiastique aurait droit d'exiger le choix le plus exquis dans les sentimens comme dans les expressions de ces chœurs. Mais n'y aurait-il pas de l'inconvénient à vouloir imprimer à des chants populaires, et faits pour émouvoir le sens moral autant que le sentiment religieux, un caractère trop mystique? Je crois que, dans l'examen de pareilles compositions, il faudrait ne pas perdre de vue le but important auquel elles doivent tendre : ce but est l'amélioration morale du peuple, par le développement régulier du sentiment religieux. Ne le manquerait-on pas, si on le dépassait en l'exagérant, ou si l'on se montrait trop timide et trop vétilleux dans la forme ?

En admettant donc qu'un recueil de cantiques adopté par l'autorité épiscopale permît aux pieux instituteurs des classes pauvres, et aux artistes honorables qui procurent à celles-ci de nobles délassemens par l'enseignement du chant, de réaliser, d'une manière systématique et avec suite, une idée, qui, du reste, a été tentée avec succès dans quelques églises de la capitale, mais non d'une manière continue, je pense que ce recueil devrait être mis dans les mains de chaque élève adulte, et servir de thème pour les exercices de chant, de telle sorte que, dans les principales églises de Paris, un ouvrier ou un apprenti muni de son livre de chant, pût s'associer à l'exécution des cantiques chantés pendant la célébration du saint sacrifice. Cette coutume, ainsi généralisée, produirait les meilleurs résultats, et en faisant pénétrer dans le cœur des classes pauvres des émotions religieuses, elle les préparerait par degrés à des mœurs plus régulières, et à des sentimens plus doux. Ajoutons que le dogme ne souffrirait aucune atteinte de cette innovation, puisque le fidèle participerait au saint mystère célébré devant lui, non-seulement par ses chants, mais aussi par la pensée. Il serait d'autant plus aisé d'organiser cette mesure comme moyen de moralisation, qu'un certain nombre d'élèves priés par les Frères d'aller exécuter dans quelques églises des villages voisins de Paris, plusieurs morceaux de chant dans des messes solennelles célébrées à l'occasion des grandes fêtes de l'année, se sont empressés de déférer à cette prière, et que depuis, ces mêmes élèves et d'autres ont offert spontanément leurs services à MM. les curés des communes rurales, qui les ont acceptés avec reconnaissance.

A Versailles, les élèves-maîtres de l'école normale primaire chantent tous les dimanches, dans leur chapelle, des morceaux sacrés de Rossini, et des meilleurs compositeurs. L'exécution de ces morceaux a produit une telle impression sur les fidèles admis dans la chapelle de cet établissement, que M. l'évêque a prié le directeur de permettre que ses choristes vinssent chanter à l'église métropolitaine les jours de grande fête. Leur premier exercice, dans cette église, date de la fin de 1837.

La prédication offrirait un moyen non moins puissant d'améliorer l'état moral des classes laborieuses, mais il faudrait en user avec discrétion, et l'accommoder à l'intelligence et aux besoins de ces classes. Des conférences sur les points fondamentaux de la morale chrétienne et sur les devoirs de famille ne pourraient manquer d'intéresser vivement les ouvriers, du moment qu'elles n'auraient lieu que pour eux seuls, à l'imitation des conférences établies dans l'église de Notre-Dame de Paris, et qu'elles seraient dirigées dans un esprit capable de leur en faire apprécier l'utilité. Il y a dans l'alliance de la morale et de la religion un charme et un attrait inexprimables; l'onction des paroles de l'orateur chrétien vient de cette alliance elle-même. La morale attache l'homme aux principes de la société, et la religion dirige sa pensée vers la possession des biens éternels. L'une comme l'autre tend à son amélioration, à son perfectionnement. Sans la morale, la religion offrirait à l'homme un aliment trop léger, trop raffiné, trop mystique. Sans la religion, la morale ne répondrait pas aux instincts les plus élevés de l'homme; l'idéal qui le détache par intervalle et dans les momens d'épreuve, des choses d'ici bas, pour le transporter, par une sorte d'extase, vers les choses divines, se perdrait dans l'infini et arriverait au néant. La morale et la religion se frayent le chemin l'une à l'autre, elles s'entr'aident et se complètent mutuellement.

Il me semble, qu'en étudiant sous ce double point de vue, la méthode à suivre pour l'instruction des classes pauvres et laborieuses, le prédicateur devrait, dans ses discours, réserver à la morale une place plus étendue qu'à la religion. L'évangile propose à tous la même doctrine, mais il varie les règles de la piété suivant les conditions de chacun. Plus cette condition est humble et pénible, moins il exige de pratiques religieuses de celui qui s'y trouve placé. Aussi, dit-il, que celui qui travaille, prie (*qui laborat, orat*). Cette maxime se rapporte principalement à l'ouvrier et à l'artisan obligés de gagner leur vie à la sueur de leur front. En effet, s'ils ne travaillaient pas pour se livrer à la prière, ils manqueraient à leur devoir le plus essentiel, qui est d'accomplir leur destinée d'homme et de citoyen, destinée dont la première loi est le travail, parce que son premier besoin est l'existence.

Le christianisme est plein de bon sens; l'auteur et le consommateur de notre foi a mis les préceptes de sa philosophie en parfait accord avec les nécessités fondamentales de la société. Si l'homme, en travaillant, marche par cela seul dans la voie du salut, la mère de famille, qui dirige avec sagesse l'éducation de ses enfans, acquiert aussi par le seul accomplissement de cette tâche difficile, des titres certains à la protection divine. Le prince des apôtres n'hésite même pas à penser que la mère de famille, fidèle à ses devoirs maternels, n'aurait pas besoin d'autres vertus pour assurer son salut. Quels textes que le travail et l'éducation des enfans pour l'instruction morale du peuple! En traitant de pareils sujets, le ministre de l'évangile devrait choisir les traits de mœurs les plus saillans et les plus généraux, qui se rencontrent dans la vie des classes ouvrières, pour leur faire sentir par leur propre expérience les avantages de l'esprit d'ordre, et de la modération, la douceur et l'estime attachées à l'excercice des devoirs de la paternité, en même temps que les inconvéniens et les dangers de l'oisiveté, de la dissipation et du désordre des passions. Il serait impossible de trouver une occasion plus favorable, pour prévenir les orgies du cabaret, en faisant ressortir l'état de dégradation de celui qui n'a pas honte de s'y livrer; nulle circonstance ne serait plus propice, pour plaider avec succès la sainte cause des enfans abandonnés; le contraste des tableaux et la vivacité des allusions conduiraient naturellement l'orateur, à exciter dans l'âme de ses auditeurs, émus par la réalité des peintures et par la force poignante des souvenirs, des sentimens pleins d'amertume et des leçons d'une haute moralité.

L'éloquence de la chaire pourrait s'exercer avec non moins d'utilité et d'éclat sur la dignité du mariage opposée à la bassesse et à l'incertitude du commerce libre; sur le respect et les soins dus à la vieillesse abandonnée comme l'enfance à la charité publique; sur le bon exemple; sur la crainte et la défiance de soi-même, sur les charmes de la vie de famille, en un mot sur tout ce qui est propre à rendre l'homme meilleur. Ces conférences, morales par le fond, emprunteraient un intérêt tout particulier d'une sage distribution dans le discours des faits et des figures, soit de la bible, soit de l'évangile, qui pourraient y trouver place naturellement par leurs rapports avec le sujet. Il serait à propos de diversifier les matières, afin de faire succéder l'instruction religieuse aux exhortations purement morales, et de corriger de la sorte ce que celles-ci pourraient offrir de trop monotone, si elles se suivaient d'une manière continue.

Nous n'avons parlé jusqu'ici que des moyens de faire concourir la religion à l'amélioration morale des adultes-hommes appartenant aux classes laborieuses. L'instruction chrétienne des jeunes filles et des adultes-femmes n'exige pas les mêmes procédés. Le chant, qui est un puissant moyen d'action sur les adolescens et sur les hommes faits pour les amener à suivre les exercices du culte et pour les introduire en quelque sorte sans effort dans le monde religieux, serait pour certaines classes d'adultes-femmes une cause de distraction sujette à de graves inconvéniens; aussi, dans les cours du soir destinés aux élèves de cette catégorie, on se borne à l'enseignement des premiers rudimens de l'instruction, sans y joindre aucune notion de chant. On a craint avec raison, que le goût de la musique ne les détournât de leurs occupations habituelles ou qu'il ne les entraînât à fréquenter les petits spectacles. Quant aux jeunes filles, le chant leur est enseigné jusqu'à l'âge de leur première communion, dans les écoles mutuelles. Les sœurs n'ont pas jugé à propos de l'admettre dans leurs écoles, par des considérations de prudence analogues à celles que nous venons d'indiquer; mais je crois que leurs appréhensions à cet égard sont exagérées. La preuve en est que MM. les curés recherchent avec empressement pour la direction des chants qui se mêlent aux exercices du catéchisme, les jeunes personnes qui suivent les cours de chant dans les premières de ces écoles, et que l'expérience n'a pas justifié jusqu'ici les craintes conçues par les sœurs à l'égard de cette branche de l'instruction primaire.

Il existe dans l'église de Saint-Roch un usage que je crois utile de publier, parce qu'on pourrait l'employer avec avantage à l'instruction religieuse des adultes-femmes dans toutes les autres églises de la capitale. M. le curé a fondé pour l'édification des femmes de chambre et des domestiques demeurant sur le territoire de sa paroisse, une messe qui est dite tous les dimanches, de bon matin à une heure fixe, et qui est suivie d'une exhortation morale appropriée à la condition des personnes composant l'assistance. Ces exhortations paraissent être très intéressantes et fort goûtées de celles à qui elles s'adressent. Pourquoi MM. les maires de Paris ne s'entendraient-ils pas avec MM. les curés pour faire profiter les adultes-femmes de leur arrondissement, ouvrières ou autres d'un usage si favorable à la propagation des habitudes de piété et des bonnes mœurs. La messe est un acte de la religion catholique dont le sens mystique n'est pas à la portée de tout le monde, et qui par cela même a peu d'attrait pour les classes populaires. Une instruction orale qui leur expliquerait ce grand mystère et qui servirait successivement à leur inculquer les vérités de la morale et de la religion, aurait pour elles des avantages dont elles ne tarderaient pas à sentir le prix. Une messe semblable dans chaque église serait suffisante pour les besoins des femmes-adultes appartenant aux classes laborieuses, même dans les quartiers industriels. A mesure que cette coutume s'introduirait dans une église, il serait convenable, que M. le curé en avertît ses paroissiens au prône, en les priant d'y donner toute la publicité possible, et que l'autorité municipale fît circuler de son côté, le même avis dans tous les établissemens affectés à l'instruction primaire des classes pauvres.

Il en est des religions positives comme de toutes les institutions morales qui agissent sur l'âme humaine : elles s'altèrent et languissent au bout de certains intervalles, et de même que cette altération s'opère par une progression lente, et successive, de même, le retour aux idées religieuses exige un laps de temps qui ne peut se mesurer que sur l'état de décadence des mœurs. Il faut pour assurer ce retour, que le vieil homme fasse place à l'homme nouveau ; il faut une transformation dans sa nature morale, propre à y ramener le calme, l'équilibre et la santé ; or, un tel phénomène ne saurait être le résultat que d'un système d'habitudes plus régulières, et ce système, que le temps seul peut fonder et perfectionner, doit avoir son point d'appui dans les classes éclairées, pour pouvoir s'accréditer aisément parmi les masses et influer sur leurs mœurs. Chez tous les peuples et dans tous les siècles, les influences morales, bonnes ou mauvaises, sont descendues des régions élevées de la société, et plus l'instruction rapproche les hommes, plus cette expansion des sommités aux derniers degrés de la hiérarchie sociale est prompte, active et irrésistible.

Quelque habiles, quelque persévérans que puissent être les efforts de l'autorité publique et du clergé pour ranimer le sentiment religieux dans le cœur des masses, si les premières étincelles de piété ne brillent dans les rangs supérieurs et intermédiaires, ces efforts demeureront stériles, l'avortement de l'entreprise révélera toute la profondeur du mal, et en décourageant le zèle des hommes généreux qui eussent été prêts à se vouer à la restauration des bonnes mœurs, il ne fera qu'accroître ce marasme moral, que tout le monde sent, dont tout le monde se plaint, et que peu de personnes, parmi celles qui le déplorent le plus, ont la force de combattre par le seul moyen capable de le dissiper, je veux dire par l'exemple d'une piété douce, mais solide et hautement avouée. Il serait digne de la philosophie, de hâter le moment de ce renouvellement desiré, en se rapprochant d'une religion, dont le merveilleux, sage et consolant, satisfait aux élans les plus sublimes de nôtre âme et s'allie en même temps à la morale la plus naturelle et la plus exquise; il serait digne de la philosophie de servir cette religion, non-seulement par la pureté de ses doctrines, mais par le culte grave et fidèle du Dieu bon et miséricordieux qu'elle a fait connaître aux hommes.

FIN DU TOME PREMIER.

TABLE

DES MATIÈRES CONTENUES DANS CE VOLUME.

	Pages.
AVANT-PROPOS.	i
INTRODUCTION	1

PREMIÈRE PARTIE.

Documens statistiques sur les classes dangereuses. — Lacunes qu'il est possible ou impossible de combler. — Voies à suivre pour obtenir, relativement à la force de ces classes, des données positives ou des chiffres approximatifs.

TITRE Ier. — DE LA CLASSE VICIEUSE. 17

CHAP. Ier. — Moyens de connaître le nombre des ouvriers à Paris. — Livrets. — Leur régime. — Améliorations qu'il pourrait recevoir. — Nombre des ouvriers calculé d'après la moyenne des livrets expédiés pendant quatre ans. — Autre mode de supputation basé sur le nombre des ouvriers habitant des maisons garnies. — Fixation du nombre des ouvriers, des apprentis et des chiffonniers. — Revue des moyens d'enquête à employer pour évaluer la force numérique des ouvriers vicieux. — Difficultés inhérentes à tous ces moyens. — Estimation du nombre des ouvrières vicieuses, sujette aux mêmes difficultés. — Évaluation par aperçu de la partie vicieuse de ces deux classes et de celle des chiffonniers. . . . . . . *Id.*

CHAP. II. — Élémens de la portion vicieuse des classes aisées. — Procédés employés pour arriver à la connaissance de ces élémens. — Catégories principales. — Difficultés d'estimer le nombre de la partie vicieuse de chaque catégorie. 36

TITRE II. — DE LA CLASSE DANGEREUSE. 43

CHAP. Ier. — Recherches faites par l'administration pour essayer de déterminer la force effective de cette classe. — Élémens dont celle-ci se compose. — Impossibilité de les répartir tous dans des catégories distinctes. — Ces catégories telles qu'elles existent, ne sont que nominales. — Quel peut être le chiffre de certaines catégories envisagées privativement? — Quel peut être le chiffre d'autres catégories estimées ensemble? — Détails statistiques sur les individus qui n'ont pas de moyens d'existence assurés, et qui ne se livrent pas à des professions utiles. — Sur les filles publiques, leurs amans et souteneurs, et sur les maîtresses de maisons de prostitution. — Sur les vagabonds et sur ceux qui vivent du produit d'industries illicites ou criminelles. 43

CHAP. II. — Indication des procédés à suivre pour parvenir à la connaissance des élémens vicieux ou dangereux de la population de Paris. — Relevés numériques par profession des ouvriers, ouvrières, apprentis, chefs de maisons de commerce et commis marchands. — Cadres de la hiérarchie industrielle. — Obstacles insurmontables que doit rencontrer la statistique pour déterminer d'après des données positives le chiffre de la classe vicieuse. — Ces difficultés ne se rencontrent pas au même degré pour l'estimation numérique des élémens de la classe dangereuse. — Parti que l'on pourrait tirer à cet égard des feuilles d'arrestation quotidiennes dressées à la préfecture de police, des états de situation des maisons garnies et du nombre des plaintes portées à l'occasion des crimes et des délits. 59

DEUXIÈME PARTIE.

Des mœurs, des habitudes et du genre de vie des classes vicieuse et dangereuse. 69

TITRE Ier. — DES MOEURS DE LA PORTION VICIEUSE DES CLASSES OUVRIÈRES. — CAUSES DE SES VICES. . . . . *Id.*

CHAP. Ier. — Des ouvriers. — Qualités morales qui distinguent les ouvriers. — Fraternité qui les lie. — Leur humanité envers les pauvres. — Leur dévoûment aux intérêts de l'entrepreneur qui les emploie. — Du mariage et de l'état de concubinage dans les classes ouvrières. — Enfans nés hors mariage. — Divers modes d'emploi du salaire. — Causes qui attirent l'ouvrier au cabaret. — Chômage du lundi. — Excès occasionés par l'intempérance. — Femmes et enfans non exempts de ce vice. — Désordre domestique

TABLE DES MATIÈRES.

Pages.

des individus qui y sont sujets. — Dettes. — État précaire de la famille 69

CHAP. II. — Ouvrières. — De celles qui se recommandent par une vie retirée ou par des mœurs pures. — Leurs habitudes, soit dans l'atelier, soit au dehors. — Du défaut de vigilance des chefs d'atelier. — Conséquences qui en résultent sous le rapport moral. — Influence fâcheuse des mauvais traitemens ou de la parcimonie des parens sur la conduite des ouvrières. — Division des ouvrières en deux classes. — Ouvrières en boutique. — Ouvrières de manufactures. — Traits distinctifs de ces deux classes. — Mœurs des ouvrières en boutique. — Effet de la modicité du salaire ; conjonctions illégitimes. — Prostitution accidentelle. — Ouvrières de manufactures. — Détails intérieurs sur les fabriques. — Rapports des adultes et des apprentis. — Corruption prématurée de ceux-ci dans l'un et l'autre sexe. — Concubinage, état habituel de ces ouvrières. — Elles ne répugnent pas à l'abandon de leurs enfans. — Désordres hors de la manufacture. — Ivrognerie 89

CHAP. III. — Chiffonniers. — Gain du chiffonnier, division de ses tours de ronde. — Triage de *la marchandise* pendant les intervalles de repos. — Chiffonniers ambulans et chiffonniers entreposeurs. — Manière de vivre du chiffonnier ambulant. — Ses saillies. — Ses goguettes en cas de riche trouvaille. — Tableau de l'intérieur du chiffonnier. — Gain des chiffonnières et des enfans. — Traits de mœurs des uns et des autres. — Désordres communs à tous. — Elémens dont se compose cette classe de la population. 104

TITRE II. — DES MŒURS DE LA PORTION VICIEUSE DES CLASSES AISÉES. — CAUSES DE SES VICES 111

CHAP. UNIQUE. — Objet spécial de ce chapitre. — Aspect général des catégories faisant partie de la classe vicieuse. — Raisons pour lesquelles on s'est contenté de décrire les mœurs des *écrivains* ou *copistes*, des *étudians*, et des *commis-marchands*. — Détails caractéristiques sur ces trois catégories . . . . *Id.*

TITRE III. — DES MŒURS DE LA CLASSE DANGEREUSE. — CAUES DE SA DÉPRAVATION ET DE SES MÉFAITS. 133

CHAP. Ier. — De la topographie morale de Paris. — Division administrative de cette ville. Arrondissemens municipaux. — Quartiers. — Maisons recherchées par les logeurs tenant des garnis infimes. —

TABLE DES MATIÈRES.

[Pages.

Quartiers habités de préférence par les malfaiteurs. — Description générale de ces quartiers. — Nombre de repaires existant dans plusieurs d'entre eux. — Distribution des prostituées. — Peinture de l'intérieur des repaires.. 134

CHAP. II. — De l'organisation de la police à Paris. — Ses attributions générales. — Division de la police en deux branches : *police administrative* et *police active*. — Concours des commissaires de police à la *police active*. — *Police municipale*, première subdivision de la police active destinée à contrôler l'action des commissaires. — Officiers de paix, leurs attributions dans l'exercice de la police municipale. — *Police de sûreté*, autre subdivision de la police active. — Son objet, ses agens ostensibles et secrets. — Indicateurs. — Attributions distinctes des deux subdivisions. — Action commune de leurs agens dans certaines occurrences 142

CHAP. III. — Des joueurs. — Privations qu'ils s'imposent pour satisfaire leur passion. — Leurs rapports soit dans les garnis, soit dans les maisons de jeu avec les élémens les plus dépravés de la classe vicieuse. — Malfaiteurs adonnés au jeu. — Traits caractéristiques de la fureur du jeu dans les prisons. 149

CHAP. IV. — Des filles publiques, de leurs amans ou souteneurs, et des maîtresses de maisons de prostitution, publiques ou clandestines. 153

SECTION 1re. — De la prostitution publique. 155
SECTION II. — De la prostitution clandestine. 185

CHAP. V. — Des vagabonds. — Vagabonds adultes. — Leur genre de vie, leurs habitudes. — Jeunes vagabonds. — Par quel degré, ils arrivent à l'état de vagabondage. — Appui mutuel qu'ils se prêtent pour vivre dans cet état. — Détails de mœurs à cet égard. — De ceux d'entre eux qui se livrent au vol. — Leur argot, leur organisation, les lieux qu'ils fréquentent de préférence, leurs habitudes désordonnées. — Vagabonds exerçant de petites industries dans les marchés, leur manière de vivre, circonstances particulières qui attestent que le vagabondage est une passion chez quelques-uns. — Vagabondage forcé, ses causes 192

CHAP. VI. — Des fraudeurs. — Des diverses espèces de fraudes mises en pratique à Paris. — Définition de chacune d'elles. — De quels élémens se compose la population des fraudeurs. — Elémens permanens, élémens mobiles et accidentels 201

CHAP. VII. — Des filous, voleurs, escrocs, voleuses et recéleurs. . . 205

TABLE DES MATIÈRES.

Pages

SECTION 1re. — Considérations sur les causes du vol. — De la misère et des degrés par lesquels l'honnête homme malheureux est conduit au vol. — Du vol commis de propos délibéré et dans un esprit de fraude. — Des petits vols ou de la filouterie. — Manœuvres des filous. — Vol simple ou qualifié. — Différentes espèces de voleurs. — Assassins. — Variétés les plus saillantes d'escroquerie. — Femmes qui se livrent à la filouterie. — Voleuses, diversité de leur industrie et de leurs procédés. — Cas d'escroquerie particuliers aux femmes. — Recéleurs 205

SECTION II. — Elémens qui servent au recrutement de la classe malfaisante. — Des condamnés libérés, placés sous la surveillance de la police. — Des catégories dont ils se composent, nombre de chacune d'elles dans le département de la Seine, et notamment à Paris. — Evaluation du nombre des libérés en état de rupture de ban. — Mœurs des libérés. — Voleurs proprement dits, de leurs penchans à s'associer, bandes, leur organisation, leur effectif, des chefs de bande, de l'affinité existant entre les manœuvres de quelques-uns de ceux-ci et celles des malfaiteurs connus à Londres sous le nom de gros voleurs. — Habitudes et genre de vie des voleurs et filous. — Mœurs des voleuses 254

TROISIÈME PARTIE.

Préservatifs contre l'invasion du vice. 267

OBSERVATIONS PRÉLIMINAIRES. — Nature des maux décrits précédemment. — Ils sont inhérens à toute société. — Efforts des législateurs et des moralistes pour prévenir ces maux. — Réaction corruptrice de la société et quelquefois de la famille. — Nécessité de cultiver le sens moral. — Le vice et le crime ne sont pas susceptibles d'une guérison absolue. — Impuissance des lois répressives pour parvenir à cette guérison. — Le seul moyen au pouvoir de l'homme pour résister au mal moral est d'opposer une forte barrière à ses progrès et d'en resserrer le siège de plus en plus. — Ressorts généraux à employer. — Préservatifs. — Remèdes. . . . . *Id.*

TITRE Ier. — DES MOYENS A EMPLOYER POUR PRÉSERVER LA CLASSE PAUVRE ET IGNORANTE DES INFLUENCES DU VICE. . . . 279

CHAP. Ier. — Besoins de l'homme. — Ces besoins sont simples et dévaient être tels pour ne pas excéder ses forces naturelles. — Facultés départies à l'homme, et suffisantes non-seulement au soutien de son existence, mais à lui procurer les moyens de bien-être les plus étendus. — Travail, fondement de l'existence individuelle et de toutes les jouissances sociales. — Travail, nécessité imposée à l'homme, et moyen de consolation. —Rapport du travail avec les divers agens de l'industrie. — Influence de la demande du travail et de la concurrence sur le sort de l'ouvrier. — De l'ordre, de l'économie et des autres vertus nécessaires au travailleur.— Obstacles qui s'opposent à l'exercice de ces vertus. — Comment il serait possible de les vaincre 279

CHAP. II. — Industrie manufacturière. — Vue générale. — Formes principales de l'industrie en France. — Première forme : Etablissemens fondés sur l'unité d'intérêt. — Deuxième forme : Etablissemens complexes et fondés sur la pluralité d'intérêts. — Répartition territoriale de ces deux classes d'établissemens. — Avantages qui leur sont propres respectivement. — Leurs inconvéniens. — Organisation de l'industrie. — Mode d'organisation particulier à Paris. — Causes qui séparent les ouvriers des chefs d'industrie. — Causes qui établissent la sympathie et la solidarité entre eux. — Du patronage exercé par l'entrepreneur sur l'ouvrier. — Exemples choisis dans la haute, la moyenne et la petite industrie basée sur l'unité d'intérêts. — Procédé de l'industrie appartenant à la deuxième forme. — Influence de ce procédé sur le sort de l'ouvrier en cas de chômage. — Des contremaîtres et de l'action morale qu'ils pourraient exercer sur les ouvriers. — Résumé 288

CHAP. III. — Considérations générales sur le salaire des classes ouvrières. — De son insuffisance. — Est-elle imputable aux chefs d'industrie ou au cours du prix de la main-d'œuvre ? —Coalitions illicites formées en Angleterre pour faire hausser les salaires, réduire le temps du travail et le nombre des apprentis. — Détails à ce sujet. — Essais de coalition abusifs en France. — De la contrainte morale ou de la prudence considérée dans ses rapports avec l'usage des forces reproductives de la population et avec la concurrence industrielle. — De la commandite du travail. — Moyen d'arriver à une fixation équitable du salaire. — Nécessité de recourir au patronage pour suppléer aux non-valeurs résultant du manque de travail. —Salaire des ouvrières. — Salaire des chiffonniers. — Des devoirs de l'ouvrier envers l'entrepreneur.

TABLE DES MATIÈRES.

Pages.

— Bien-être de l'ouvrier subordonné à l'accomplissement de ces devoirs. — Examen de la conduite des ouvriers sous ce rapport.   313

CHAP. IV. — Nécessité d'encourager le développement de toutes les industries, et en particulier de l'industrie manufacturière. — De l'intervention des gouvernemens comme régulateurs dans l'industrie. — Utilité des travaux agricoles pour réparer les temps d'arrêt de l'industrie manufacturière. — Utilité des travaux publics pour atteindre le même but. — Comment on pourrait combiner l'exécution de ces derniers travaux avec les crises de l'industrie. — Avantages de l'influence morale de l'autorité sur les entrepreneurs, quant à l'amélioration du sort des classes ouvrières. — Distinctions et récompenses à décerner aux entrepreneurs les plus bienfaisans, aux contre-maîtres et aux ouvriers les plus dignes d'éloge. — Création de sociétés industrielles dans l'intérêt des ouvriers. — Du rôle que la presse pourrait remplir en vue du même intérêt. — Considérations sur l'urgence d'organiser des moyens de travail et d'assistance pour les mauvais jours de l'industrie   359

CHAP. V. — De l'ordre et de l'économie dans leurs rapports avec le salaire. — Combien ces deux qualités sont nécessaires aux classes pauvres. — Caisses d'épargnes. — Sociétés de prévoyance et de secours mutuels. — Succès des caisses d'épargnes. — Dépérissement successif des sociétés de secours mutuels, ses causes, moyens de consolider ces institutions.   384

CHAP. VI. — Du christianisme comme moyen de civilisation. — Système catholique, ses vicissitudes, son état en France depuis le dix-huitième siècle. — Tendance des esprits vers la morale chrétienne ou vers un christianisme général. — Signes de cette tendance dans tous les pays de l'Europe. — Moyens d'arriver au renouvellement des données chrétiennes. — Comment le catholicisme peut concourir à ce renouvellement. — Exemples éclatans à ce sujet. — Voie dans laquelle le clergé catholique doit entrer pour attirer à lui les classes laborieuses. — Chant. — Conférences religieuses et morales. — Messes avec instruction. — Nécessité de ranimer le sentiment religieux dans les classes éclairées pour l'accréditer parmi le peuple   392

FIN DE LA TABLE DU TOME PREMIER.

www.ingramcontent.com/pod-product-compliance
Lightning Source LLC
Chambersburg PA
CBHW070528230426
43665CB00014B/1607